寮國發展現況與展望

施正鋒、紀舜傑 主編

台灣國際研究學會 策畫

「寮國——發展現況與展望」學術研討會議程

主辦單位：台灣國際研究學會
時　　間：2024 年 3 月 2 日（六）
地　　點：線上會議
召 集 人：施正鋒、紀舜傑

時間	議程	
9:00	主辦單位致詞　台灣國際研究學會理事長　紀舜傑	
9:10 ~ 10:40	主持人：台灣國際研究學會副理事長　林健次	
	寮國的獨立自主 台灣國際研究學會常務理事　施正鋒	評論人：康培德　教授 國立師範大學台灣歷史研究所
	寮國的族群政治 雲林科技大學通識教育中心兼任教授　謝國斌	評論人：劉名峰　主任 金門大學閩南文化碩士學位學程
	寮國的國家認同 淡江大學教育與未來設計系副教授　紀舜傑	評論人：石雅如　主任 慈濟大學外語中心
10:40	休息	
10:50 ~ 12:00	主持人：臺灣大學農業經濟系教授　吳珮瑛	
	寮國農村發展：國際貿易和中國影響 臺灣大學生物產業傳播暨發展學系副教授　闕河嘉	評論人：李明峻　秘書長 台寮交流協會
	是終點還是起點？中老鐵路對寮國區域經濟的影響 淡江大學中國一帶一路研究中心主任　陳建甫	評論人：顏建發　教授 健行科技大學企管系

12:00	午休	
13:30 ~ 14:50	主持人：台灣國際研究學會常務監事　林崇義	
	再怎樣也要奮力開出一朵花：寮國近現代的雕像 暨南大學東南亞學系教授　嚴智宏	評論人：張壯熙　副教授 華梵大學美術與文創學系
	寮國國防武力及其與大國關係 台南大學兼任助理教授　吳東林	評論人：王崑義　理事長 台灣國際戰略研究學會
14:50	休息	
15:00 ~ 16:20	主持人：政治大學俄羅斯研究所所長　魏百谷	
	寮國的外交關係：行走在巨人之間 崑山科技大學副教務長　范盛保	評論人：陳志瑋　主任 淡江大學公共行政學系
	甘迺迪政府對寮國「中立主義」政策之認知與對策 台灣國際研究學會理事　鄧育承	評論人：陳俐甫　助理教授 真理大學人文與資訊學系

目次

「寮國──發展現況與展望」學術研討會議程 iii

寮國的獨立自主／施正鋒 1

    壹、早期的歷史 1

    貳、暹羅支配、越南控制 7

    參、法國的殖民統治 11

    肆、日本的介入、泰國的反撲 17

    伍、獨立後的內戰 21

    陸、捲入美國的越戰 28

    附錄：條約、協定、憲章 38

    參考文獻 40

寮國的族群政治／謝國斌 49

    壹、寮國的族群組成 49

    貳、族群分類與國族打造：二分法與多分法間的擺盪 53

    參、寮共政權與苗族的歷史恩怨 60

    肆、從族群關係到國際關係：寮國與泰國的近與競 63

    伍、結語：從寮國看族群階層 72

    參考文獻 76

寮國的國家認同——殖民與戰爭後的重建／紀舜傑 81
 壹、前言 81
 貳、國家認同理論回顧 83
 參、寮國歷史：外力的介入 85
 肆、戰後重建：佛教與社會主義的融合 89
 伍、苗族的認同議題 92
 陸、全球化下新寮國 94
 柒、結論 97
 參考文獻 99

寮國的外交關係——行走在巨人之間／范盛保 101
 壹、前言 101
 貳、泰寮雙邊關係 105
 參、寮越雙邊關係 109
 肆、寮中雙邊關係 113
 伍、結語 116
 參考文獻 118

美國甘迺迪政府對寮國內戰之認知與對策／鄧育承 121

壹、緒論 121

貳、國安會之變革：甘迺迪的領導統御與治理 123

參、甘迺迪政府對「寮國內戰」之認知 126

肆、甘迺迪推動中立寮國的政策意涵 130

伍、結論 133

參考文獻 135

寮國農村發展──國際貿易和中國影響／闕河嘉 137

壹、前言 137

貳、新經濟改革下的農業政策：現代化、契約農業 139

參、寮國農業發展與中國 143

肆、中寮鐵路對寮國農業的影響 147

伍、世界銀行與中寮經濟走廊 148

陸、寮國農村社會變遷：中國的影響 154

柒、結論：與中國狼共舞的寮國農業 156

參考文獻 158

寮國經濟發展的挑戰與展望／陳建甫 161

壹、研究緣起與目的 161

貳、文獻回顧 167

參、寮國的外交政策選擇 176

肆、債務危機：基礎建設的代價 179

伍、寮國面臨未來情節與策略敘述 182

陸、結語 190

參考文獻 192

寮國國防武力及其與大國關係／吳東林 197

壹、前言 197

貳、寮國安全環境 201

參、寮國國防任務與組織 206

肆、寮國政府和人民武裝部隊挑戰與作為 216

伍、寮國共產主義政權與大國關係 219

陸、結論 225

參考文獻 227

出新意於法度之中——寮國近現代的佛教雕像／嚴智宏 231

壹、緒論 231
貳、文獻探討與分析架構 233
參、寮國近現代的作品 244
肆、討論 267
伍、結語 272
參考文獻 278

寮國的獨立自主

施正鋒
政治學者

壹、早期的歷史

　　寮族（Lao people, Laos, ethnic Lao）佔寮國人（Laotian）的53.2%[1]，是指講寮語（Lao language）的人，屬於傣族（Tai peoples）的一支，主要分佈在寮國（3,427,665 人）、及位於泰國／暹羅[2]東北部的依善地區（Isan）（17,822,432 人）[3]；至於傣族是指操壯傣語支（Tai languages 廣義的傣語）者，就語言學的分類，往上一層屬於壯侗語系（Kra-Dai languages, Tai-Kadai 侗傣語系），往下則可以分為北部、中部、及西南部，而西南部壯傣語支又分為中東部（泰族、黑泰、白泰、紅泰）、西北部（撣族、德宏傣、傣仂、德宏傣族）、以及東北部（寮族）（Wikipedia, 2003: Lao people; Demographics of Laos; Kra-Dai languages; Lao language; Tai languages; Isan people；維基百科，2023：壯泰語民族）。

---

[1] 有關於寮國的族群組成，見 Schlemmer（2017）、Goudineau（2003）、Halpern（1961）、Wikipedia（2023: List of ethnic groups in Laos）。
[2] 泰國（Thailand）原來稱為暹羅（Siam），在 1939 年改名。
[3] 稱為伊森人（Isan people），有時候稱為寮族伊森人（Lao Isan）、或傣寮族（Thai Lao）（Wikipedia, 2023: Isan people）。

傣族原本居住中國西南的雲南、貴州、及廣西，建有南詔（Nan Chao, 738-902），全盛時期版圖擴及四川南部、西藏東南部、及中南半島北部，與中國結盟遏制吐蕃（618-842）的擴張；傣族在西元 7 世紀因為面對唐朝（618-907）壓力開始南遷，到了 13 世紀中，已經遍布湄公河盆地；忽必烈滅大理國（937-1253）、及蒲甘王國（Pagan Kingdom, 849-1297），區域均勢平衡不變，傣族在權力真空下加速南遷，他們由高地集水區沿著湄公河、湄南河、薩爾溫江、及伊洛瓦底江河谷南下，來到越南、寮國、泰國、及緬甸（Harrison, 1966: 38-40; Williams, 1976: 15-17; Wyatt, 1982: 12-15, 30-37; Cady, 1964: 19, 109, 143-45; Stuart-Fox, 1997: 8-9）。

一般根據居住的地方，將寮國人分為 3 大類，低地平原的寮龍族（Lao Loum）就是寮族，也就是後來才移入的傣族，膚色較淡，丘頂的寮聽族（Lao Theung）是原住的孟族（Mon people）、高棉人（Khmer people）後裔，膚色較深，在傣族來後往丘陵遷移，而住在高地的寮松族（Lao Soung）則是最慢遷來的；根據傣族在寮國與泰北的共同傳說，先祖坤布倫（Khun Borom）有 7 子，的長子坤洛（Khun Lo）擊敗寮聽族，在上寮建立小邦孟蘇瓦（Muang Sua, 698-1353），寮族開始成群結隊前來，把孟族—高棉人趕上丘陵的頂部（Rakow, 1992: 10-14, 58; Viravong, 1964: chaps. 1-5）。

從 9 世紀起，中南半島盛行一種稱為曼荼羅體系（Mandala）的同心圓政治安排，權力的核心採取直接統治、外圍則是藩屬；共主透過個人的本事（prowess）累積政治、經濟、及軍事實力，來取得效忠及領土擴張，包括娶妻、嫁女，小邦（meuang）奉為宗主國（suzerain state），接受扈從成為附庸（vassal）、或從屬國（client state），卻可以維持相當程度的自主性；在同一個時間，往往有多個權力核心並存，彼此之間的界線未必涇渭分明，領土歸屬含混不清,更沒有現代國家主權獨立概念,因此,輻射的外緣不免有重疊處,小邦雙重朝貢不足為奇;大體而言,這種個人化的權力網絡不會自動傳承,一旦有新霸主崛起,新的曼荼羅蓄勢待發,傣族順手接收挪用(Stuart-Fox, 1997: 6-7, 10-11, 19; Evans, 2002: 6-7, 14, 26, 40; Ivarsson, 2008: 25-27; Wikipedia, 2023: Mandala (political model))。

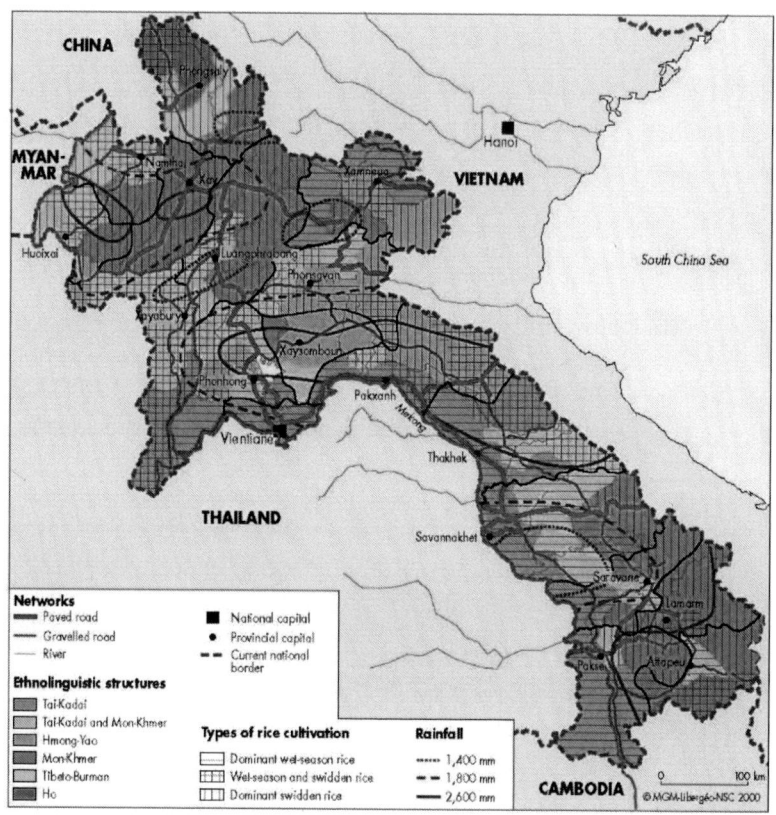

來源:Sisouphanthong 與 Taillard(2020: 150)。

圖1:寮國族群的分布

早先，屬於原住南亞語系（Austroasiatic Languages）的高棉人在湄公河三角洲建有扶南（Funan, 68-627）、真臘（Chenla, 550-802）、及高棉帝國（Khmer Empire, 802-1431）[4]，他們沿著湄公河北上擴及寮國、及泰國東部。在 12-13 世紀，往南遷徙的傣族墾殖者陸續在阿薩姆、上緬甸、以及暹羅建立大大小小的土邦，特別是素可泰王國（Sukhothai Kingdom, 1238-1438）、及蘭納王國（Lan Na Kingdom, 1292-1775），取代既有的王國[5]；阿瑜陀耶王朝（Ayutthaya Kingdom, 1350-1767）在 14 世紀中葉建立，與北鄰素可泰相互交鋒，對於瑯勃拉邦（Luang Prabang, Muang Sua 孟蘇瓦）鞭長莫及，王子法昂（Fa Ngum, 1353 -72）趁機統一寮國各邦、建瀾滄王國（Lan Xang, 1353-1707），定都「瀾滄洪考」（Kingdom Lan Xang Hom Khao）[6]；由於南部的平原比較肥沃、適合種水稻，逐漸成為政治權力重心，首都乾脆遷往永珍（Vientiane）（Evans, 2002: 4-6, 8-12; Stuart-Fox, 1997: 9-10; Rakow, 1992: 58-61; Viravong, 1964: chap. 5）。

---

[4] 另外，同為南亞語系的孟族在泰北有陀羅鉢地王國（Dvaravati Kingdom, 200-1200）、哈利奔猜（Hariphunchai, 629-1292）、羅渦（Lavo Kingdom, 648-1388）。孟族與高棉人往往合稱孟族－高棉人（Mon-Khmer）。

[5] 這時候，在寮國東邊有占族（Cham people）的占婆（Champa, 192-1832）、及越南人（Vietnamese people）的大越（Đại Việt, 1054-1804），而西邊有驃人（Pyū people）的驃國（Pyu city-states, -1050）、孟族的直通（Thaton, -1057）、及緬族（Burman people）的蒲甘（Pagan, 849-1297）。

[6] 意思是「萬象白傘之土地」（維基百科，2023：法昂），後來改稱瑯勃拉邦。

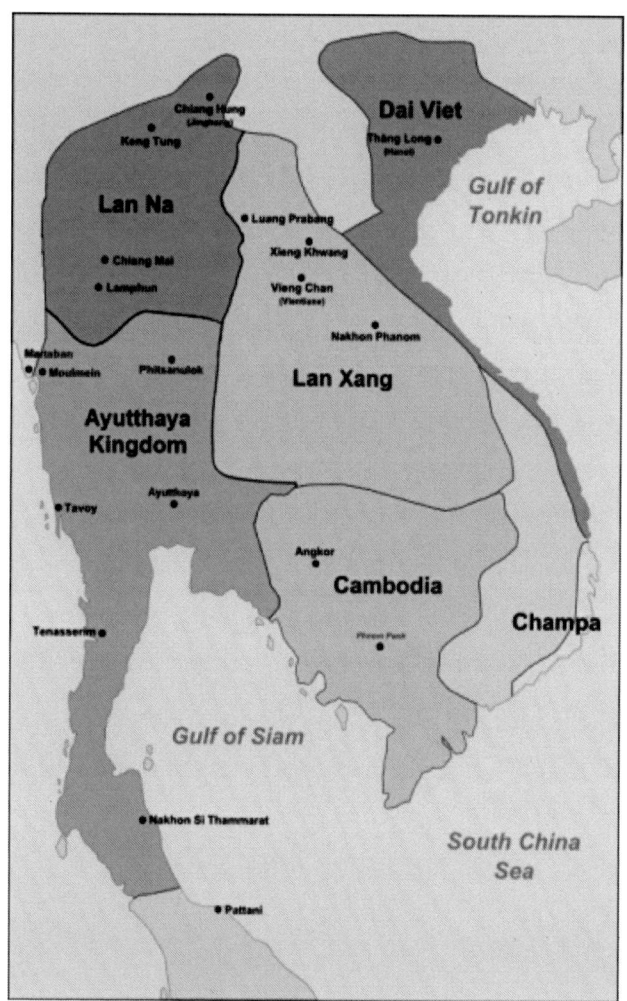

來源：Wikimedia（2023: File:Southeast Asian history - Around 1540.png）。

圖 2：瀾滄王國版圖（1540）

　　法昂在喪妻後因暴虐被黜流放，由在暹羅成長的長子桑森泰（Samsenethai, 1372-1416）接位，儘管接受中國冊封、稱臣納貢，後來卻被疑暗助越南黎利（Lê Lợi, 1428-33）而交惡；桑森泰死後由長子蘭坎登（Lan Kham Deng, 1416-28）接位，雖然繼續朝貢中國，卻出兵幫忙黎利藍山起義（Lam Sơn Uprising, 1418-27）抗中，終究又翻來覆去與中國結盟反越，他死後，由於寮國並未奉行嚴格的長子繼承制（primogeniture），陷入 10 年的繼承之爭[7]；宮廷為了王位鬥爭，派系結盟高度流動，沒有永久的承諾，只好以流血定奪，這是傣族政治特色；終究，乍加帕‧潘漂（Chakkaphat Phaen Phaeo, 1442-81）分封諸子及近親為省長或朝臣，寮國繼承之爭稍止、卻已元氣大傷；越南後黎朝（Lê Dynasty, 1428-1789）盛氣凌人，在 1479 年入侵寮國（Đại Việt-Lan Xang War, 1479-84 大越-瀾滄戰爭）、攻破寮國都城，披耶猜南逃，長子溺死；次子梭發那‧班朗（Souvanna Banlang, 1479-86）復國，與蘭納結盟，接下來的國王[8]轉向阿瑜陀耶王朝（Evans, 2002: 13-15; Stuart-Fox, 1997: 10-12; Rakow, 1992: 61-63; Viravong, 1964: chap. 5; Wikipedia, 2023: Fa Ngum; Lan Kham Deng, Đại Việt-Lan Xang War (1479-1484); Souvanna Banlang; Lan Xang；維基百科，2020：乍加帕‧潘漂；2023：瀾滄王國；桑森泰）。

---

[7] 國王有波馬塔（Phommathat, 1428-29）、坎登（Khamteum, 1429）、尤空（Yukhon, 1429-30）、孔坎（Khong Kham, 1430-32）、盧賽（Lusai, 1432-33）、坎坦賽（Kham Tem Sa, 1432）、凱‧布瓦‧班（Khai Bua Ban, 1433-36）、坎格（Kham Keut, 1436-38）（維基百科，2022：寮國君主列表；Wikipedia, 2023: List of monarchs of Laos; Viravong, 1964: chap. 5）。

[8] 包括拉森泰‧布瓦納（La Sen Thai, 1485-96）、及孫普王（Somphou, 1495-1501）。

貳、暹羅支配、越南控制

　　阿瑜陀耶王朝到了 15 世紀如日中天，於 1433 年洗劫吳哥、滅掉高棉帝國，寮國不再受制於高棉，揚眉吐氣；然而，寮國因為先天物質條件不足，即使有稅收、朝貢、及貿易，國力依然不足對抗阿瑜陀耶。進入 16 世紀，寮國逐漸復甦，維蘇納拉（Visoun, 1500-20）、波迪薩拉（Photisarath, 1520-48）、及賽塔提拉（Setthathirath, 1548-71）勵精圖治；先是，位於緬甸的孟族勃固王國（Pegu, 1287-1522）將蘭納王國據為藩屬，賽塔提拉被迫遷都永珍，不得不向崛起的暹羅阿瑜陀耶王朝求援；緬甸東固王朝（Toungoo Dynasty, 1531-1753）在 1558 年征服蘭納，寮王賽塔提拉於 1560 年將首都南遷永珍，寮族墾殖者隨著往南開發湄公河西岸呵叻高原[9]（Khorat Plateau）、占巴塞（Champasak）；賽塔提拉在 1563 年與阿瑜陀耶結盟，東固於 1569 年攻入阿瑜陀耶[10]，又短暫佔領永珍，率軍打游擊的賽塔提拉離奇死亡，首相森蘇林（Sen Soulintha, 1571-75）篡位；此後 30 年，寮國淪為緬甸附庸，王位繼承往往血腥，直到蘇里雅‧翁薩（Sourigna Vongsa, 1637-94）接位，宣佈獨立，不再受制於緬甸；由於財富不足，寮國無法仿效阿瑜陀耶發展為絕對王朝（Evans, 2002: 15-23; Stuart-Fox, 1997: 12; Rakow, 1992: 63-72; Viravong, 1964: chap. 5; Wikipedia, 2023: Lan Xang; Sourigna Vongsa; Setthathirath; Burmese-Siamese War (1568-1569); 維基百科，2023：瀾滄王國）。

---

[9] 位於依善地區的東北部。
[10] 東固王朝 9 度征戰暹羅（Burmese-Siamese Wars）（Wikimedia, 2023: Burmese-Siamese wars）。

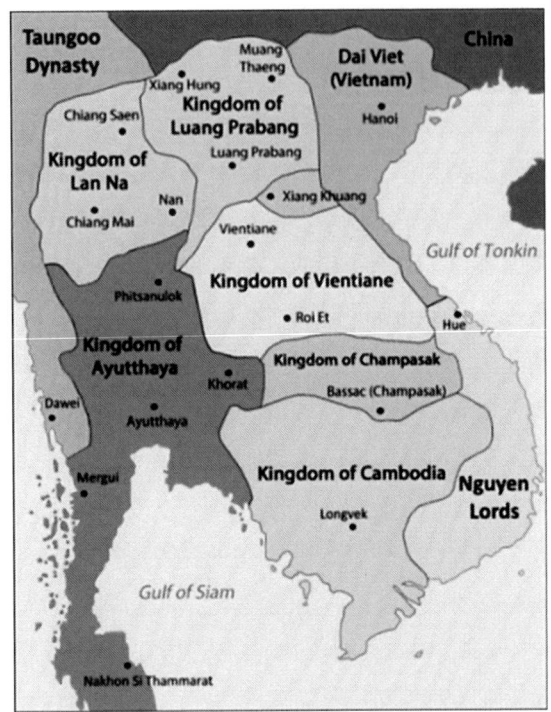

來源：Wikimedia（2023: File:Laos - Division territòriala vèrs 1750 (vuege).png）。

圖3：三王國時期的寮國（1750）

事實上，蘇里雅‧翁薩政權之所以能維持穩定，端賴與南北貴族維持微妙的權力平衡，死後，瀾滄王國裂解為三個小王國：北部的瑯勃拉邦王國（Kingdom of Luang Prabang, 1707-1947）尚能維持自主，而位於中部的萬象王國（Kingdom of Vientiane, 1707-1828）是緬甸的附庸，至於南部的占巴塞王國（Kingdom of Champasak, 1713-1904）則親近暹羅，另外在瑯勃拉邦與萬象王國間，還有夾縫生存的小邦川壙[11]王國（Principality of Phuan, 1707-1899），彼此

---

[11] Muang Phuan 又稱為 Xieng Khouang，越南人稱為鎮寧（Trấn Ninh）

征戰，讓外力有機可乘；暹羅的阿瑜陀耶王朝在 1767 年亡於緬甸貢榜王朝（Konbaung Dynasty, 1752-1885），達信（Taksin, 1767-82）旋驅逐緬軍復國、建立吞武里王朝（Thonburi Kingdom, 1767-82），將北部、及東部小邦納為藩屬；當時，緬甸視寮國為東進的基地，越南因為內亂自顧不暇，寮國各方勢力向暹羅求助，卻引狼入室；達信發動暹寮戰爭（Lao-Siamese War, 1778-79），驅逐緬甸佔領軍，將占巴塞納入暹羅曼荼羅體系，最後在瑯勃拉邦協助下圍城萬象 4 個月，殺國王翁本（Ong Boun, 1767-81）、擄諸王子為人質、納其女昭衝文（Khamwaen）為妾，儘管終允長子南塔森（Nanthasen, 1781-95）回永珍接位，寮國全境淪為暹羅屬國（1778-1893），兩國從此反目成仇（Evans, 2002: 24-25; Rakow, 1992: 72-75; Viravong, 1964: chap. 6; Kittikhoun, 2009: 40; Dommen, 1971: 8; Wikipedia, 2023: Kingdom of Vientiane; Lao-Siamese War (1778-1779); Ong Boun; 2021: Nanthasen）。

達信在位時，萬象、及占巴塞比較親暹羅，王位繼承必須獲得曼谷的首肯，瑯勃拉邦則還要向中國朝貢，稱雙重附庸（double vassalage）；越南阮朝嘉隆帝阮福映（Gia Long, Nguyễn Phúc Ánh, 1802-20）開國，萬象王國也要向越南朝貢，其實就是一種共管；當時，徭役（corvée）是絕對王權的象徵，卻克里王朝（Chakri dynasty, 1782-）拉瑪一世[12]（Rama I, 1782-1809）為了管制人力資源，要求自由人（農民）紋身、還強迫徭役，與傳統運行的曼荼羅關係背道而馳，諸侯有所不滿（Evans, 2002: 24-27, 13; Stuart-Fox, 1997: 14-15 Viravong, 1964: chap. 7）。

（Wikipedia, 2023: Muang Phuan；維基百科，2020：川壙王國）。
[12] 暹羅於 1771 年大軍入侵高棉，沒有想到將領陣倒戈自立為王。

眼見暹羅陷於內憂外患，萬象末代國王昭阿努[13]（Anouvong, 1805-28）立意伺機脫離其宰制，在 1826 年兵發 4 路攻向呵叻高原，兵敗逃難越南順化（Hué），泰軍大肆洗劫永珍；昭阿努求助越南，阮朝明命帝阮福晈（Minh Mạng, 1820-39）原本不願意得罪暹羅，勉強伸出援手反攻，被稱為昭阿努之亂（Lao rebellion, 1826-28）；昭阿努再度挫敗、逃往川壙，萬象城被攻破夷平、湄公河中下游流域居民被悉數遷往湄公河以西，昭阿努被囚曼谷、遊街示眾而死，這是現代寮國民族主義[14]（Laotian nationalism）的發端；對於暹羅來說，寮國忘恩負義，但是對於寮國人來說，卻是正正當當之舉（Evans, 2002: 25-29; Stuart-Fox, 1997: 14-15; Ivarsson, 2008: 28-29; Viravong, 1964: chap. 6; Whitaker, et al., 1972: 31; Dommen, 1994: 11; Rakow, 1992: 75-78; St John, 1998: 12-14; Wikipedia, 2023: Anouvong; Kingdom of Vientiane; Lao rebellion (1826-1828)）。

在 1820-30 年代，暹羅驅離湄公河東岸人口，特別是萬象與占巴塞間，只留下緩衝的川壙無奈向越南及暹羅兩邊朝貢；當時，越南專注在高棉的擴張已經自顧不暇，並未積極迴護自己的朝貢國寮國，只在這裡駐紮一些軍隊，終究短兵相接，暹羅採取焦土政策，西洋人在 1873 年前來寮國，發現這裡儼然是廢墟（Stuart-Fox, 1997: 16; Ivarsson, 2008: 29; Wikipedia, 2023: Siamese-Vietnamese War (1841-1845)）。拉瑪五世（Chulalongkorn, 1868-1910）展開暹

---

[13] 昭阿努跟家人在寮戰爭後被擄往曼谷，當人質 16 年；長兄南塔森（Nanthasen, 1781-95）獲准回萬象接位，後來溫為被疑與越南暗通暗通款曲而罷黜囚於曼谷身亡，由二哥因塔翁·賽塔提拉三世（Inthavong, 1795-1805）接位，死後，昭阿努被送回當王（Wikipedia, 2021: Nanthasen; 2023: Ong Boun; Inthavong; Anouvong）。
[14] 也就是共同的民族意識與不同的文化認同共存，異於充滿族群沙文主義的寮族民族主義（Lao nationalism）（Christie, 1979: 156）。

羅的現代化，將領土分為內省（inner province）、外省（outer province）、及朝貢國（tributary state），後者包括萬象王國、及占巴塞王國，特別是在簽訂『法暹條約』（1893）後加緊湄公河西岸的控制、課徵人頭稅，不免引起反感（Murdoch, 1974: 48-49, 52-54）。

參、法國的殖民統治

在 1641 年，任職於荷蘭東印度公司（Dutch East India Company, 1602-1799）的 Gerrit van Wuysthoff 受邀來到內陸永珍，寮國與西方的貿易開展；法國於 1670 年代開始將天主教傳入高棉、及越南，由於擴張暹羅失利、只好暫時退卻法屬印度（French India, 1664-1954），於 18 世紀下半葉再度前來寮國，發現湄公河與安南山脈（Annamite Range）間人煙稀少，卻是暹羅與越南的競技場；進入 19 世紀，法國波旁復辟（Bourbon Restoration, 1815-30）官方重燃對中南半島的興趣，博物學家亨利・穆奧（Henri Mouhot）前來探險，進而啟發海軍軍官拉格雷（Ernest Doudart de Lagrée）與安鄴（Francis Garnier）接力帶領的湄公河探險（Mekong expedition of 1866-68），由西貢沿湄公河北上、抵達長江上游、再沿江東下出海；當時，英國透過緬甸前往中國，法國也試圖尋覓類似的路徑互別苗頭[15]，安鄴建議由寮國走後門銜接中國的西南方，屆時，西貢就可以成為東南亞的上海，卻是大失所望，法國海軍將箭頭轉向位於越

---

[15] 在 1870 年代，法國消費上海一半、及廣東三分之一的絲出口，卻必須轉口英國而來，當然是心有未甘；相對地，英國只希望跟法國保持距離、以確保暹羅的獨立及貿易，也就是在緬甸與寮國之間有緩衝地（MaCoy, 1970: 69-71）。

北的紅河（Red River）（Evans, 2002: 20-21; Ivarsson, 2008: 29-32; Rakow, 1992: 82-86; St John, 1998: 8-9; Benson, 2018; Wikipedia, 2022: Mekong expedition of 1866-1868; Gerrit van Wuysthoff; 2023: Henri Mouhot; Francis Garnier）。

法國在 1859 年攻佔西貢、又在 1862 年席捲交趾支那（Cochinchina 南圻），接著轉向暹羅的附庸高棉、於 1863 年趁著暹羅衰退之際吸納高棉為保護國[16]（French Protectorate of Cambodia, 1863-1953）。法國在普法戰爭（Franco-Prussian War, 1870）落敗後割讓亞爾薩斯—洛林（Alsace-Lorraine）、鉅額賠款，第三共和國（French Third Republic, 1870-1940）必須另謀財源，殖民擴張鹹魚翻身，包括對於湄公河流域的興趣；法國認定湄公河東岸的高棉、及寮國是擴張暹羅的踏腳石，在中法戰爭（Sino-French War, 1884-85）後開始積極著手經營，於安南山脈的分水嶺設置軍事哨站，暹羅驚覺派軍進駐；在 1886 年，暹羅為了制約法國的擴張，以討伐中國盜匪[17]為由佔領川壙、及桑怒（Xam Neua），法國雖然獲允在瑯勃拉邦設置副領事，卻是承認暹羅對於寮國的宗主權；白泰土酋刁文持（Đèo Văn Trị）在 1887 年結合黑旗軍攻入瑯勃拉邦、焚燒王宮，王室南逃尋求法國庇護，首任副領事帕維（Auguste Pavie, 1886-89）由越南召來軍隊平亂，國王溫坎（Oun Kham, 1868-95）

---

[16] 到了 1867 年，暹羅被迫訂約（Franco-Siamese Treaty, 1867）放棄高棉的宗主權給法國，交換保有西北的馬德望（Battambang）、暹羅那空（Siam Nakhon）、及詩梳風（Sisophon）；法國透過『第一次順化條約』（Treaty of Hué, 1883）及『第二次順化條約』（Treaty of Hué, 1884）將越南納為保護國、承諾有責任捍衛越南的領土，最後於 1887 年結合高棉為法屬印度支那（French Indochina, 1887-1954）（St John, 1998: 9-12）。

[17] 在 1865-90 年間，來自中國雲南的軍隊入侵寮國北部、越南西部、及暹羅北部（琅勃拉邦與東京之間），稱為「霍人戰爭」（Haw Wars），暹羅著手平亂（Wikipedia, 2023: Haw wars; 維基百科，2023：霍人戰爭）。

心懷感激；終究，法國藉口寮國過去是越南的朝貢國，以平亂為由出兵發動法暹戰爭（Franco-Siamese War, 1893），索取安南、及高棉在湄公河東岸的土地[18]，簽訂條約（*Franco-Siamese Treaty,* 1893）吞噬湄公河中上游東岸寮國的領土[19]，將寮國正式納為保護國（French Protectorate of Laos, 1893-1953）、再於 1898 年併入法屬印度支那，接著在 1899、1904、1907 年由暹羅手中陸續取得川壙、占巴塞、及沙耶武里（Sainyabuli），與暹羅瓜分寮國（Ivarsson, 2008: 32-40; Stuart-Fox, 1997: 21-29; Evans, 2002: 40-42; Rakow, 1992: 87-88; St John, 1998: 12-18; Walker, 2008; Kittikhoun, 2009: 41; MaCoy, 1970: 73-75; Dommen, 1971: 9-11; Briggs, 1946: 444-46; Wikipedia, 2023: Laos-Thailand border; Franco-Siamese War; Đèo Văn Trị; 維基百科，2023：刁文持）。

在 1899 年，法國於萬象王國設資深參政司（*Resident-Superior*）[20]，將瑯勃拉邦、萬象、占巴塞、及川壙合併為法屬寮國（*le Laos français*），這是「寮」（Laos）一詞的初現[21]；法國允許位於北部的瑯勃拉邦保有王室、接受法國的保護（間接統治），表

---

[18] 其實，法國一開頭的要求並不清楚是指湄公河中段與安南山脈之間長 360 英里、寬 100 英里的土地（36,000 平方英里），還是要求暹羅出讓的是所有湄公河東岸由寮國到中國交界 60,000 平方英里土地（包含琅勃拉邦王國），暹羅原本以為只是緯度 18 度以南的部分，畢竟暹羅與法國在 1867 年簽訂的條約並未提及寮國、而是放棄高棉主權；法國引用該條約，擴大解釋暹羅的主權僅止於湄公河畔、不含河流本身，然而暹羅認為，果真湄公河屬於法國，該條約就沒有必要多此一舉說法國有航行的自由（Curzon, 1893: 273-74; Ministry of Foreign Affairs, Kingdom of Thailand, 2002）。
[19] 暹羅還同意在湄公河西岸 25 公里設置非軍事區（St John, 1998: 12）。
[20] 有關於法國派駐在寮國的殖民官，見 Wikipedia（2022: List of administrators of the French protectorate of Laos）、及 World Statesmen.org（n.d.）。
[21] 對於暹羅政府而言，Lao、及 Laos 有礙泛傣民族主義（Thai nationalism）的推動（Easum 2015）。

面上享有自治，其實只是充當好看的門面，其他的王國則降為省[22]（直接統治），找聽話的親王代管，王室不再享有尊榮、默默地接受法國的統治；另外，法國採取垂直的跨族群統治，任命村落的寮聽族頭人收稅、交給寮松族稅吏、上繳區域的寮龍族負責人，最後是聽命於法國移入以夷制夷的的越南人；法國心不在焉，殖民統治採取帕維所謂「心悅誠服」（conquest of hearts），並未使用高壓手段，除了嚴控財政就是堅持廢奴，當地人視法國為「必要的保護者」，沒有重大騷動[23]，幾乎不見現代的民族意識，直到二次世界大戰（World War II, 1939-45）爆發（Whitaker, et al., 1972: 32; Stuart-Fox, 1997: 16-18, 29-41; Rakow, 1992: 89; Mehta, 1973: 264; Kittikhoun, 2009: 44; MaCoy, 1970: 77-87; Mishra, 1985; Dommen, 1971: 11-15; Wikipedia, 2023: French protectorate of Laos）。

---

[22] 寮國過去由下到上村（bang）、鄉縣（muang 孟勐芒）、到省（khong），法國行政採 4 級，由村、區（tasseng）、縣（muong）、到省（維基百科，2023：寮國；勐；Wikipedia, 2023: Mueang; MaCoy, 1970: 78）。

[23] 在 1901 年，位於布拉萬高原（Bolaven Plateau）的寮聽族部落因為不堪法國人的稅捐、徭役、及生意管制，在翁膠（Ong Keo）的領導下爆發「聖人之亂」（Holy Man's Rebellion, 1901-36）；翁膠於 1910 年在談判時被法國人暗殺，逃過一劫的副手翁貢曼丹（Ong Kommandam）繼承其志，改採非暴力的方式，寫了許多陳情書給殖民統治者，揭露寮國人所遭受的虐待、要求能夠依法行政；法國人的回應是無條件投降，出動飛機轟炸、大軍圍剿，最後他被槍斃，3 個兒子被丟入山溝，更小的 3 個不是被槍斃就是餓死，老大 Khamphan 跟弟弟 Sithon 後來參加二次大戰、最後加入巴特寮（Rakow, 1992: 91-93; Murdoch, 1974; MaCoy, 1970: 88-89; Dommen, 1971: 74; Wikipedia, 2023: Holy Man's Rebellion）。

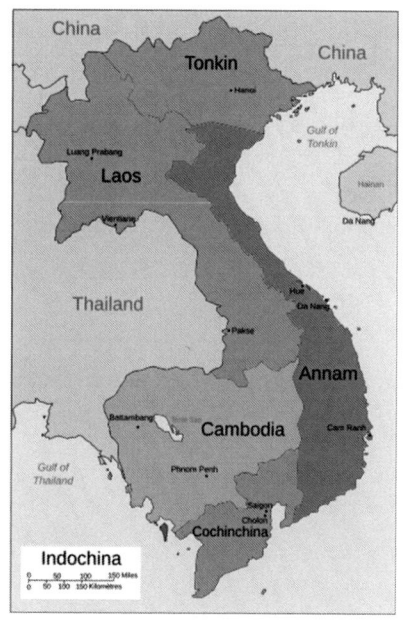

來源：Wikimedia（2023: File:French Indochina subdivisions.svg）。

圖 4：法屬印度支那

　　法國殖民統治仰賴寮國菁英的配合，讓他們保有傳統的影響力，其子弟藉機獲得前往越南、法國接受教育的機會；然而這些天之驕子對於殖民者未必言聽計從，他們嘗試文化民族主義（cultural nationalism）來塑造寮國的民族認同，甚至領導反抗殖民主義，尤其是琅勃拉邦副王（*uparaja*, viceroy）汶孔（Bounkhong, 1857-1920）的次子佩差拉・拉達納馮[24]（Phetsarath Ratanavongsa, 1890-1959），

---

[24] 白泰刁文支持在 1887 年入侵瑯勃拉邦，副王梭發那・蓬瑪（Souvanna Phomma）被斬首，傳子汶孔；瑯勃國王拉邦扎卡林（Zakarine, 1895-1904）病死，原本應該由副王汶孔接位，法國人卻遣回才 18 歲、在巴黎唸書、比較順服的西薩旺・馮（Sisavang Vong, 1904-45）繼承王位；汶孔死後，法國人乾脆廢掉副王這個位子，直到 1941 年才恢復封給佩差拉，確認他在王室的領

及其頭角崢嶸御弟親王,包括梭發那臘(Souvannarath, 1893-1960)、梭發那‧富馬(Souvanna Phouma, 1901-84)、以及蘇發努馮(Souphanouvong, 1909-95)(Rakow, 1992: 95-96, 98-99; Christie, 1979: 148; Ivarsson & Goscha: 2007; Wikipedi, 2023: Phetsarath Ratanavongsa; Souvanna Phouma; Souphanouvong)。

來源:History of Laos(2016)。

圖 5:琅勃拉邦副王汶孔

在二次大戰期間,泰國出兵佔領湄公河西岸法屬寮國、及高棉的土地,爆發第二次泰法戰爭(Franco-Thai War, 1940-41),佩差拉‧拉達納馮開始體會到寮國的未來無法寄望法國;他在 1940 年跟泰國秘密聯繫,只要寮國不要像依善地區的寮族被「民族整合」(integrated nationally),兩個王國應該可以共存,那麼,他並不反對寮國以某種「結合」(union)的方式「重回」(return)泰國,譬如以邦聯的方式;在這同時,他又希望能將湄公河兩岸的寮族塑造為「大寮民族」(Greater Lao Nation)、成立一個現代的民族國家(nation-state)「大寮國」(Greater Lao State),然後,或許可以考

導地位(Ivarsson & Goscha, 2007: 63-64)。

慮與泰國、或高棉結合為邦聯（Ivarsson & Goscha, 2007: 63, 66-69; Wikipedia, 2023: Franco-Thai War, 1940-41）。

肆、日本的介入、泰國的反撲

在 1930 年代，泰國試圖與法國談判取回於 1893 年戰敗割讓的失土，未果；直到法國本土在二次大戰淪陷，日本於 1940 年佔領法屬印度支那，維琪法國（Vichy France, 1940-44）屈從，同床異夢，多數寮國人日子照過，儘管面對雙重帝國主義，只有少數人從事地下反抗；戰爭爆發，法國為了捍衛在中南半島的殖民地、遏阻泰國的擴張主義，刻意鼓勵寮國的文化及民族主義；泰國於 1940 年趁機出兵佔有位於湄公河西岸跟寮國、及高棉有爭議的土地，經過日本斡旋，佔領占巴塞、及沙耶武里兩省[25]，法國顏面喪盡；為了補償領土損失，維琪法國將瑯勃拉邦納為保護國，並歸併萬象、川壙、會曬（Houayxay）、及胡康（Houakhong, Luang Namtha 琅南塔省），賦予行政權，國王西薩旺・馮任命佩差拉・拉達納馮親王為相（1941-45）（Evans, 2002: 74-78; Mehta, 1973: 265; Kittikhoun, 2009: 44; MaCoy, 1970: 68, 92-95; Christie, 1979: 148; Rakow, 1992: 96-97; St John, 1998: 18-21; Ivarsson & Goscha, 2007: 63）。

---

[25] 法國與泰國簽訂條約（*Tokyo Peace Convention, 1941*），取得馬德望、披汶省（Phibunsongkhram, 包含暹粒省 Siem Reap、奧多棉吉省 Oddar Meanchey、及班達棉吉省 Banteay Meanchey／詩梳風省）、及那空-占巴塞省（Nakhon Champassak, 包含寮國的占巴塞）（Wikipedia, 2023: Phra Tabong province; Phibunsongkhram province; 2022: Nakhon Champassak province）。戰後，法國與泰國於華盛頓簽訂條約（*Franco-Thai Settlement Treaty, 1946*），放棄先前所攫取的領土（Stuart-Fox, 1997: 66; Leifer, 1961-62）。

來源：Wikimedia（2023: File:Une affiche de propagande gaulliste dénonçant la politique de Decoux en Indochine.jpg）。

圖 6：法國流亡政府嘲諷維琪法國的宣傳海報（1940's）

　　在 1945 年 3 月 9 日，強弩之末的日本發動軍事政變結束法國殖民政權，法軍轉進前移交槍枝、囑咐寮國人誓死捍衛自己的國家，瑯勃拉邦國王西薩旺・馮原先宣示效忠法國，儲君佩差拉以法國未能保衛寮國防止泰國、及日本入侵為由，在日本的推波助瀾下，說服國王在 8 月 8 日宣佈獨立，自己繼續擔任傀儡王國的首相；日軍在 8 月 28 日投降，將武器交給佩差拉，他隨即通電各省獨立的地位不變，只不過，對法國忠心耿耿的西薩旺・馮堅持恢復保護國地位，在 10 月 10 日將他解職，佩差拉結合反法民族運動者成立自由寮（*Lao Issara*, Free Laos）、誓言反對回復殖民地的地位，乾脆在 10 月 12 日逕自又宣布獨立、罷黜國王、公布臨時憲法、成立臨時議會、建立自由寮臨時政府、自任元首[26]；雙方終究妥協，西薩旺・馮勉強接受新憲、於 1946 年 4 月被加冕為寮王；法國在 1946 年 3 月 6 日與北越簽訂臨時協定（*modus vivendi*）言和，第一次印度支那戰爭（First Indochina War, 1946-54）的重心轉到寮國，法軍積極由南往北反攻，傘兵很快就班師回朝「光復」萬象、及瑯勃拉邦，恢復「保護」，自由寮部隊打散為游擊隊，時不我與，以佩差拉為首的民族主義份子逃往泰國建立流亡政府（1946-49）；法國改弦更張，趕緊在 8 月 27 日簽訂暫行協定（*Franco-Lao modus vivendi,* 1946）、扶植寮王國（Kingdom of Laos, 1947-75），形式上賦予自治、同意在次年初舉行制憲會議選舉，於 9 月公布新憲，由占巴塞的文翁親王（Boun Oum, 1948-50）擔任首相（Kikuchi, 2017; Whitaker, et al., 1972: 33-34; Stuart-Fox, 1997: 61-68; Evans, 2002: 82-85; Kittikhoun, 2009: 30-31; Mehta, 1973: 267; Rakow, 1992: 97-106; Dommen, 1971: 22-29; Ivarsson & Goscha, 2007: 65-72; Wikipedia, 2023: Kingdom of Luang Prabang (Japanese puppet state)）。

來源：Xayxana Leukai（2019）。

圖 7：蘇發努馮親王與胡志明（1953）

---

[26] 總理為披耶・坎冒（Phaya Khammao, 1945-46）。

自由寮流亡政府兄弟對於寮國前途看法不一，大哥佩差拉親王追求寮國完全獨立、反對與法國有任何瓜葛、拒絕接受招安，而率領自由寮武裝部隊的么弟蘇發努馮親王尋求與越盟合作、在 1949 年 5 月決裂而去，至於梭發那親王則試圖透過法國來獲致獨立、尚且可以接受自治，結束曼谷的流亡回國擔任總理（1951-54）；根據法寮雙方所簽訂的獨立協約（*General Convention between France and Laos regarding the Independence of Lao,* 1949），法國承認寮國是法蘭西聯盟[27]（French Union, 1946-58）下的「聯合邦」（associated state），寮國獲得較多的外交權，譬如獲准申請加入聯合國，泰國率先承認，包括美國在內的西方國家也跟進；由於越盟（*Viet Minh*, League for the Independence of Vietnam, 越南獨立同盟會）在 1950 年發動攻勢，法國把重心放在越南，急忙簽訂條約（*Franco-Lao Treaty of Amity and Association,* 1953），由培・薩納尼空（Phoui Sananikone, 1950-51）擔任首相，寮國在 1954 年正式獲得獨立（Ivarsson & Goscha, 2007: 72-73; Whitaker, et al., 1972: 34; Stuart-Fox, 1997: 74-78; Rakow, 1992: 101-103; Mehta, 1973: 268-70; Dommen, 1971: 22-23, 36-38; Pholsena, 2006; Wikipedia, 2023: Souvanna Phouma）。

---

[27] 法國原先的盤算是將法屬印度支那改頭換面為聯邦（Indochinese Federation），卻因為寮國、及高棉的民族主義者擔心越南支配而作罷（Ivarsson & Goscha, 2007: 72）。

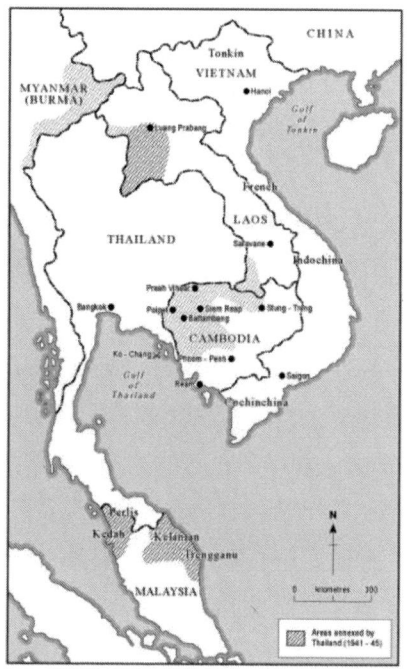

來源:St John(1998: 20)。

圖 8:泰國併吞的土地(1941)

伍、獨立後的內戰

　　寮國獨立後滿目瘡痍、百廢待舉,不過,除了法國繼續提供經濟援助,美國也透過法國間接挹注梭發那親王主政的寮國皇家政府(Royal Lao Government, RLG, 1947-75),一開頭國家發展看來樂觀,迫在眉睫的是來自北越的威脅。蘇發努馮親王在 1948 年前往河內,加入越盟、以及印度支那共產黨(Indochinese Communist Party, ICP, 1930-45),於 1950 年成立寮共門面組織自由寮陣線(Neo

Lao Issara, Free Lao Front)，誓言抗拒法國殖民主義、及美國帝國主義，其武裝部隊巴特寮（*Pathet Lao*, Lao Nation, Land of the Lao）於 1953 年結合越盟攻入北寮，在胡康省所謂「解放區」（liberated zone）建立打對台的「抗爭政府」（resistance government），黨政軍三位一體隱然成形[28]；對於寮國政府來說，巴特寮只不過是越南的傀儡，相對地，巴特寮則認為越盟是志願前來的義師，然而，無法掩蓋的事實是，寮國戰場是第一次印度支那戰爭的一部份，寮國無法避免被捲入（Stuart-Fox, 1997: 82-83; Evans, 2002: 94-104; Rakow, 1992: 103-106）。

梭發那親王被國人尊崇為正派的人，他認為寮國與中國、及北越為鄰，其他強權絕對不會任其自主，勢必尋覓聽話的代理人來介入，既然如此，他相信如果要維持中立，必須把切斷這些扈從與恩主的恩寵關係、想辦法將其拉回寮國的主流政治，特別是對北越有好感的蘇發努馮親王；然而，美國並不是那麼喜歡蘇發努馮親王，以為任何不想跟美國一鼻出氣的都是共產黨徒，也因此，左派也不敢公然主張跟北越、或是中國聯手，只能口頭說說支持中立支應；右派卡代・薩索里特（Katay Don Sasorith, 1954-56）原本就與蘇發努馮親王水火不容，後來投美國之所好，乾脆發動政變，拉下梭發那親王、黃袍加身[29]（Evans, 2002: 106-107）。

---

[28] 巴特寮的正式名稱是寮國人民解放軍（Lao People's Liberation Army），而寮國愛國陣線（*Neo Lao Hak Sat,* NLHS, Lao Patriotic Front, LPF）則是對外運作的群眾式組織／政黨，至於真正的大腦是是寮國人民黨（*Phak Pasason Lao,* Lao People's Party, 1955-72），也就是寮國共產黨，後改名寮國人民革命黨（*Phak Pasason Pativat Lao,* Lao People's Revolutionary Party, LPRP, 1972-）（Stuart-Fox, 1997: 78-82; Kittikhoun, 2009: 45; Dommen, 1971: chap. 5; Christie, 1979: 153; Zasloff, 1973; Wikipedia, 2023: Pathet Lao; Lao People's Revolutionary Party）。

[29] 在日軍佔領時期，卡代・薩索里特主張應該積極配合日本、才能遏止越南

在 1954 年，法國於奠邊府戰役（Battle of Dien Bien Phu, 1954）重挫，政府驚慌失措，在民意的壓力下被迫參加日內瓦會議[30]（1954 Geneva Conference）；『日內瓦協定』（*Geneva Agreements, 1954*）除了在宣言（*Final Declaration of the Geneva Conference on the Problem of Restoring Peace in Indo-China, 1954*）確認寮國脫離法國獨立，根據其中的停火協定（*Agreement on the Cessation of Hostilities in Laos, 1954*），巴特寮與越盟所據的華潘（Houaphanh）、及豐沙里（Phongsaly），留待寮國愛國陣線加入政府後再解決；負責監督停火的國際委員會（International Control Commission, ICC）成員因為共識決而一籌莫展；經過幾度談判，終於達成協議（*Vientiane Agreements, 1957*），將巴特寮文武納入梭發那親王重作馮婦的第一聯合政府（1956-58），蘇發努馮親王放下武器投誠、交出兩個省，而流亡泰國 10 年的佩差拉也終於獲允回國；兩省在 1958 年 5 月舉行國會議員補選，巴特寮竟然獲得過半席次，美國總統艾森豪（Dwight D. Eisenhower, 1953-61）擔心重演捷克的木馬屠城（1949）、憤而終止援助[31]，寮國財政陷入困境，團結政府倉皇下台（Whitaker, et al., 1972: 35-36; Stuart-Fox, 1997: 84-104; Evans, 2002: 109-11; Rakow, 1992: 106-10; Dommen, 1971: 51-57, 79-80, chap. 6; Ivarsson & Goscha, 2007: 76-78; Rust, 1985: 30; Wikipedia,

---

的入侵（Christie, 1979: 149）。

[30] 美國國務卿杜勒斯（John Foster Dulles, 1953-59）拒絕跟中國代表周恩來握手，因為當時美國不承認中華人民共和國（Wikipedia, 2023: 1954 Geneva Conference）。

[31] 美國在選前投入美金 140 萬元從事農村建設，代號「助推器射擊行動」（Operation Booster Shot, 1958），這是當年軍援的 4 倍，右派因為候選人太多的失利，美國大使格雷漢姆・帕森斯（J. Graham Parsons, 1956-58）臉上無光（Wikipedia, 2023: Programs Evaluation Office）。

2023: 1954 Geneva Conference）。

　　法國殖民末期的寮王國首相培・薩納尼空接任總理（1958-59），美國卵翼的政黨保衛國家利益委員會（Committee for the Defence of National Interests, CDNI）掌控政府，軍事顧問的寵兒是右翼軍人富米・諾薩萬（Phoumi Nosavan），表面高唱改革入雲，卻創下軍人干政惡例；培・薩納尼空政府刻意排除巴特寮，軟禁蘇發努馮親王，外放梭發那親王到巴黎擔任大使；當時，北越正規軍入侵支援巴特寮，一籌莫展的培・薩納尼空政府要求聯合國安理會出兵遏止，小組委員會實地訪查苦無證據，秘書長哈瑪紹（Dag Hammarskjöld, 1953-61）在 1959 年 3 月造訪寮國，曉以大義必須真的維持中立、才能獲得聯合國的幫忙，情勢稍有舒緩；蘇發努馮親王及政府裡頭的寮國愛國陣線盟友被關了將近一年，終究在 1960 年 5 月摸黑北逃加入巴特寮打游擊（Whitaker, et al., 1972: 36; Rust, 1985: 29-31; Stuart-Fox, 1997: 105-109; Dommen, 1995: 43-45; 1971: 110-11, chap. 7; Evans, 2002: 112-15; Rakow, 1992: 110-13, 117; Wikipedia, 2023: Committee for the Defence of National Interests; Phoumi Nosavan）。

來源：UN Photo（1959/3/9）。

圖 9：哈瑪紹會見培・薩納尼空（1959）

在 1959 年 12 月 16 日，培・薩納尼空眼見興風作浪的富米不受節制，毅然決然清除保衛國家利益委員會閣員，而不甘示弱的富米則在中央情報局（Central Intelligence Agency, CIA）的撐腰下於 25 日發動政變反制，傘兵指揮官貢勒（Kong Le）帶兵佔領首都永珍；只不過，貢勒心儀中立、不耐政爭，也對於美國介入軍方、及政治深具戒心，在 1960 年 8 月 10 日反政變拉下富米，幾經波折，新王西薩旺・瓦達納（Sisavang Vatthana, 1959-75）終於召回美國支持的梭發那親王主持中立政府（1960），由於富米恃寵而驕拒絕入閣，梭發那轉而向蘇發努馮招手，引起美國人戒心；富米擁兵自重盤據南部沙灣拿吉（Savannakhet），在泰國軍方、及中央情報局的協助下，於 1960 年 12 月 16 日奪回永珍，建立軍事強人政府[32]；貢勒帶著他的中立武裝部隊（*Forces Armee Neutraliste*, Neutralist Armed Forces）竄逃東北，在 1961 年 1 月攻下石缸平原（Plain of Jars），又結合巴特寮、並接受北越及蘇聯的援助，絕地反攻頗有斬獲；新上任的甘迺迪政府（John F. Kennedy, 1961-63）表示不能坐視共黨接收政權，原先打算派兵前往增援，後來因為柏林危機（Berlin Crisis of 1961）作罷，秘密展開水車作戰（Operation Millpond, 1961），由沖繩派軍機、透過泰國援助寮國展開清剿（Whitaker, et al., 1972: 36; Stuart-Fox, 1997: 109-19; Dommen, 1995: 43-46; 1971: chap. 8; Evans, 2002: 115-22; Rakow, 1992: 118-23; Rust, 1985: x, 29-33; Hofmann 2009; Castle, 2015; Freeman, 2000: 294; Wikipedia, 2020: 1960 Laotian coup; 2023: Phoumi Nosavan; Battle of Vientiane; Operation Millpond）。

---

[32] 先後掛名當總理的是昭・宋薩寧親王（Somsanith Vongkotrattana, 1960）、及文翁親王（1960-62）。獲得西方國家承認，蘇聯、中國、及印度則繼續承認梭發那政府（Freeman, 2000: 294）。

日內瓦會議（International Conference on the Settlement of the Laotian Question, 1961）再度召開，14 國簽訂『關於寮國中立的宣言的議定書』（*International Agreement on the Neutrality of Laos, 1962*）[33]，共同保證寮國的中立、禁止外國軍事人員進駐，再度委由國際監督委員會視事，戰火稍停；這時，寮國有三股政治勢力，右派的靈魂人物是來自南部占巴塞的文翁親王、加上富米將軍，佔有湄公河低地，左派蘇發努馮親王獲得自由寮支持，控制東部高地，而主張中立的梭發那親王背後有貢勒撐腰，勢力範圍位於兩者之間；終究由中立派的梭發那親王出面組閣（1962-75），右派的富米將軍、及左派的蘇發努馮親王擔任副相，重大決策採取共識決，特別是國防、及外交政策，內閣席次分別是中立派 11、左派 4、右派 4，卻是貌合神離；到了 1963 年初，貢勒的部隊與巴特寮衝突、被迫撤出石缸平原，中立派轉而跟右派聯手抗衡，戰火又起、停火協議形同廢紙，第二聯合政府（1962-64）病入膏肓，右派軍人卻又虎視眈眈（Whitaker, et al., 1972: 37; Stuart-Fox, 1997: 118-34; Evans, 2002: 123-25; Rakow, 1992: 123-25; Dommen, 1971: chaps. 10-12）。

梭發那親王、蘇發努馮親王、及富米將軍三人會商談和不成，右翼在 1964 年 4 月發動政變、逮捕梭發那，由於未能獲得國王西薩旺・瓦達納的背書而作罷；然而，左派的蘇發努馮親王也不願意接受梭發那政府，巴特寮猛攻石缸平原、驅逐貢勒的部隊，並且堅拒國際監督委員會的訪視，寮國皇家政府益加倚賴美國，美軍開始派機前往「偵察」，三方打打停停；右派在 1965 年 1 月發動流產政變，影舞者富米將軍逃亡泰國；在 1965 年 7 月的大選，共黨拒

---

[33] 包含宣言（*Declaration on the Neutrality of Laos, 1962*）、及議定書（*Protocol to the Declaration on the Neutrality of Laos, 1962*）。

絕參選、也不准佔領區舉辦選舉；梭發那親王繼續執政，內閣分配沿襲三方共治的公式，延聘蘇發努馮親王、及右翼代表為副手；在1966年9月，政府因為國會拒絕預算而垮台，於1967年1月進行改選，儘管寮共仍然杯葛，梭發那親王依然獲得多數支持而連任；在1973年，寮國財政窘困，加上美國總統尼克森（Richard Nixon, 1969-74）決心撤走中南半島，寮國皇家政府不得不委曲求全接受『關於在寮國恢復和平和實現民族和睦的協定』（*Vientiane Treaty, 1973*），結束內戰、三度成立聯合政府，終究還是由梭發那親王擔綱；他自信國家需要自己，卻無奈當美國的傀儡，因為人家可以隨時換人，因此只能偶而嚷嚷下台討價還價，直到美國於1975年終止援助、寮人民民主共和國（Lao People's Democratic Republic, LPDR, 1975-）成立為止（Whitaker, et al., 1972: 37-38; Stuart-Fox, 1997: 135-36, 156-67; Evans, 2002: 127, 165-71）。梭發那忿忿不平（Evans, 2002: 122）：

> The Americans say that I am a Communist. All this is heartbreaking. How can they think I am a Communist? I am looking for a way to keep Laos non-Communist. To be pro-West, on the other hand, does not necessarily mean to be pro-Communist. When we say we are anti- American, we are against the American policies of the moment. We are anti-American because these Americans don't understand Laos, they have regard only for their own interests.

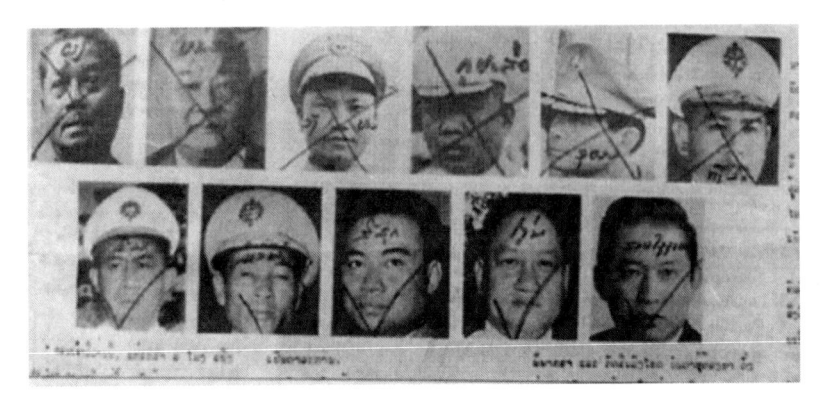

來源：Vang（2912）。
說明：被宣判死刑的是培・薩納尼空（流亡法國）、文翁親王、王寶將軍（Vang Pao，流亡美國）、高柏席將軍（Koupasith Abhay，流亡法國）、歐東・薩納尼空將軍（Oudone Sananikone，流亡美國）、Thonglith Chokbengboun 將軍（流亡法國）。

圖 10：被新政府宣判死刑者（1962）

陸、捲入美國的越戰

　　羅斯福總統（Franklin D. Roosevelt, 1933-45）原本高唱反殖民[34]，一些美國軍人也信誓旦旦支持寮國獨立，然而，美國戰後因為憂心歐洲的安危、及蘇聯的擴張，便聽任法國恢復在亞洲的殖民統治；

---

[34] 在 1941 年 7 月，羅斯福建議日本將中南半島中立化，不成（Dommen, 1971: 18）；在美國加入二次大戰前，羅斯福與英國首相邱吉爾（Winston Churchill, 1950-45, 1951-55）所簽訂的『大西洋憲章』（*Atlantic Charter, 1941*）揭櫫：Third, they respect the right of all peoples to choose the form of government under which they will live; and they wish to see sovereign rights and self government restored to those who have been forcibly deprived of them;
因此，當法國在 1949 年底向中南半島的殖民地讓步，美國認為這是唯一可以遏止共黨擴張的途徑；只不過，究竟法蘭西聯盟下的聯合邦是什麼地位，法蘭西第四共和國（French Fourth Republic, 1946-58）政權更替頻仍，自己也沒有什麼定論（Dommen, 1971: 34-35）。

韓戰（Korean War, 1950-53）爆發前，杜魯門總統（Harry S. Truman, 1945-53）才調整事不關己的態度，宣布對法國提供經濟、軍事援助，武器、及顧問開始湧入南越（Rakow, 1992: 99; Rust, xiii）。艾森豪總統的國務卿杜勒斯（John Foster Dulles, 1953-59）對於『日內瓦協定』（1954）相當不滿意，認為未能確保非共的政府、及防止共產主義的擴散，因此未簽字、而是「注意到」（take note）；艾森豪政府認為中立的想法過於天真，促成東南亞公約組織（Southeast Asia Treaty Organization, SEATO, 1954-77），寮國因為是中立國不能加入，卻列為共黨侵犯而可能危及簽署國（泰國）的「條約協定國家」（protocol state）落入保護傘[35]；『日內瓦協定』規定他國不得在寮國設置軍事基地、不准締結軍事同盟，卻允許法國留下一個小型的顧問團來協助軍隊培訓，美國認為法國辦事不牢、緩不濟急，便在1955年底於永珍開辦一個掛羊頭賣狗肉的「專案評估辦公室」（Programs Evaluation Office, PEO），軍援快速成長；國務院擔心被扣上違反『日內瓦協定』的大帽子，辦公室人員都是從國防部借調過來、不掛軍階的「技術人員」；美國在1958年跟法國私相授受，擴充美軍顧問團的編制（Stuart-Fox, 1997: 89-90; Dommen, 1995: 37, 42; 1971: 60-68, 97-109, 195-99; Rust, 1985: 29; Wikipedia, 2023: Programs Evaluation Office）。

---

[35] 根據『東南亞公約組織條約協定』（*Protocol1 to the Southeast Asia Collective Defense Treaty, 1954*），高棉、寮國、及南越適用『東南亞公約組織條約』（*Southeast Asia Collective Defense Treaty, 1954*）第4條（防衛）、及第3條（經濟）援助，或依據法蘭西聯盟的聯合邦資格（Fall, 1957: 27）。

來源：White（1953）。

圖 11：東南亞公約組織的保護傘

　　癥結在於越南戰爭（Vietnam War, 1955-75）的擴大，北越在1958年底入侵、佔領邊界車幫（Xépôn）的幾個小村落，寮國政府抗議無效，右派民族主義者寄望美國能提供更多的奧援；艾森豪政府憂心的是，寮國著手將兩營（1,500人）巴特寮部隊納入政府軍（Royal Lao Army, RLA），並未過濾共黨成員、或進行整編，華府因此訓令大使館跟寮國政府明言，如此便宜行事恐怕無法獲得國會的撥款；由於戴高樂（Charles de Gaulle, 1959-69）入主，法國與美國競相影響寮國，到了1950年代末期，美國每年4,000萬美金外援有80%流向寮國，包括寮國政府的所有軍事預算（軍餉、及當地的軍事採購）；為了掩人耳目，美國的軍援以經援的方式挹注，軍事顧問放在經濟顧問團裡頭，寮國軍人體會到以反共討好美國人就有甜頭，貪汙腐化屢見不鮮，他們的權力水漲船高，以保衛國家利益掩飾奪權的野心；巴特寮眼見整併有所延宕、判斷其中必有緣故，便在1959年7月趁著雨季開溜，培·薩納尼空政府大肆逮捕蘇發努馮親王及國會寮國愛國陣線成員，北越肆無忌憚在邊界開打（Dommen, 1995: 42-44; Rakow, 1992: 110-12, 124; Stuart-Fox, 1997: 90-93; Christie, 1979: 151）。

總理富米在1960年8月的政變後逃往泰國，秘密會見美國大使館官員、及美軍顧問團團長，開口要求美國及泰國幫忙反攻，特別是提供空運、燃料、軍餉、及廣播電台；美國軍方擔憂寮國政府軍分裂、立意扶植反共勢力，這些要求立即獲得首肯，專案評估辦公室跳過永珍政府直接與富米聯繫、還幫他在泰國訓練軍隊，中央情報局則透過外圍民航空運公司（Civil Air Transport, 1946-68）運補；當時，泰國軍事強人沙立・他那叻（Sarit Thanarat, 1959-63）是伊森人、富米的表弟，悍然對永珍進行非正式的禁運，寮國經濟雪上加霜；臨危授命的梭發那親王政府被迫轉而向蘇聯求援，獲得緊急空運燃料，美國毫不客氣於1960年11月底切斷援助，公然支持富米攻下永珍；飽受壓力的國王西薩旺・瓦達納昭告天下，「寮國蒼生塗炭，除了要歸咎內部的不團結，還要怪外國的干預，他們根本不在乎我們的利益及和平，只關心自己的利益」（Dommen, 1995: 4-47; 1971: 172-75; Evans, 2002: 118-22）。

其實，美國內部對於1959-60年的政變的看法不一，派駐當地的中央情報局站長在寮國軍方有自己的人，大使赫拉斯・H・史密斯（Horace H. Smith, 1958-60）不以為然，而新任大使溫思羅普・布朗（Winthrop G. Brown, 1960-62）則同情貢勒、屬意梭發那親王，國防部與中央情報局卻支持富米將軍；美國在1960年10月中止金援，派遣回任國務院亞太事務助卿（Assistant Secretary of State for East Asian and Pacific Affairs, 1959-61）的前大使雷漢姆・帕森斯前往永珍，堅持寮國皇家政府必須斷絕跟巴特寮的談判，梭發那不敢苟同，大使布朗出面妥協，只要政府同意美國繼續軍援富米，美國保證這些武器只會用來對付寮共，那麼就可以恢復經援，沒有標記的飛機開始運送軍事物資載到沙灣拿吉；梭發那親王經由金邊飛往叛軍地區，和解努力卻是徒勞無功，被迫下台的他痛批帕森斯的無知、邪惡、及不道德（Evans, 2002: 117-19）：

> He understood nothing about Asia and nothing about Laos. The Assistant Secretary of State is the most nefarious and reprehensible of men. He is the ignominious architect of disastrous American policy toward Laos. He and others like him are responsible for the recent shedding of Laos blood.

接任總統的甘迺迪把重心擺在南越、立場不變，希望在直接派兵介入與協商和解之間有妥協，轉而全力支持寮國中立[36]，他與蘇聯頭子赫魯雪夫（Nikita Khrushchev, 1953-64）在維也納高峰會議（Vienna Summit, 1961）促膝長談，14 國在日內瓦會議共同確立寮國的中立[37]，儘管美國撤出 700 名軍事顧問，北越卻只召回 40

---

[36] 推手是國務院遠東事務國務卿哈里曼（W. Averell Harriman, 1961-63），他獨排眾議讓當局接受梭發那回鍋組閣；富米沒有料到美國竟然琵琶別抱，倒也無意加入聯合內閣，畢竟，他有自知之明，要不是美國軍方的支持，個人的威望不足、軍事表現乏善可陳，不足以取天下；當時，華府討論要如何讓他妥協，譬如用錢收買、或斷絕軍援，甘迺迪總統甚至於考慮乾脆撤出特種部隊，但是又怕他鋌而走險，因此決定讓蘇聯支援巴特寮，讓他有繼續存在的價值而加以馴服；最後，哈里曼採取折衷之道，先斷他的軍餉、再知會泰國共同施壓（Freeman, 2000: 342-46）。

[37] 其實，美國與北越都不願意放棄寮國的戰略價值，競相提供軍火給其附庸，缺乏奧援的中立派政府左右為難；對於美國來說，為了贏得越戰，支持寮國中立化的目的是遏止北越使用胡志明小徑（Ho Chi Minh Trail）來滲透南越，相對地，北越則希望寮國政府能像高棉一樣，睜一隻眼、閉一隻眼就好，而巴特寮也不願意讓人知道北越在背後撐腰，大家都不想張揚；雙方競逐交鋒要津是石缸平原，特別是北越憂心美國掌控後可能對本土構成威脅，因此，一方面驅離貢勒的中立派部隊，另一方面則是對付 CIA 訓練盤據環山的苗族（Hmong people 蒙族）游擊隊（Facts and Details, 2019: Evans,

名平民顧問，中立政府搖搖欲墜[38]；詹森總統（Lyndon B. Johnson, 1963-69）接任，戰事高昇，美國益加支配皇家政府，大使被調侃為「第二總理」；北越與美國在 1965 年競相增兵，寮國雖非主要戰場，不免波及，一條游擊戰線沿胡志明小徑，另一條則是共軍與政府軍的正規戰、各自依據本身的優勢交替在乾季、雨季發動攻勢；共軍佔領戰略要津石缸平原，進而擴展南、中、及東北部（Wehrle, 1998; Mahajani, 1971; Freeman, 2000: 295-304, 352-55; Shaplen, 1970: 480-82; Evans, 2002: 122, 147; Rakow, 1992: 123-25; Stuart-Fox, 1997: 119-26; Dommen, 1971: 175-77, 188-95; Gabriel, 2002: 4-9）。

來源：Wikimedia（2023: File:John Kennedy, Nikita Khrushchev 1961.jpg）。

圖 12：甘迺迪與赫魯雪夫的維也納高峰會議（1961）

 2002: 145-46）。
[38] 梭發那親王在 1962 年 6 月造訪華府，被告知美國會在鄰國（南越、泰國）維持強大的軍事部署，來確保寮國的和平（Rakow, 1992: 124; Kittikhoun, 2009: 47-48）。

梭發那親王政府無計可施，為了繼續獲得美國的經援、軍援，終於同意由泰國空軍基地、南越峴港、越南外海的航空母艦、及關島的美軍 B-52 轟炸機「偵察」胡志明小徑，每天 200-300 架次地毯式轟炸[39]，石缸平原淪為自由炸射地區，尼克森總統上台不到半年，甚至於允許飛越寮國領空轟炸北越；儘管各方都知道在寮國的「秘密戰爭」（Secret War, 1964-73）是現在進行式，特別是由中央情報局出錢的美國航空（Air America, 1946-76）、及大陸航空（Continental Airlines, 1934-2012）欲蓋彌彰，國際媒體在東南亞的特派員多少耳聞，不過，各方都不想揭穿國王的新衣，直到寮國戰事在 1969 年惡化引起美國參議院外交委員（Symington Subcommittee of the Senate Foreign Relations Committee）關注，總算才為世人所知（Shaplen, 1970: 482-85; Evans, 2002: 147-49; Rakow, 1992: 126-27; Stuart-Fox, 1997: 136-45; Dommen, 1971: chap. 13; Ahern, 2006; Celeski, 2019; Anthony & Sexton, 1993）。

---

[39] 包括在東北部的滾筒行動（Operation Barrel Roll, 1964-73）、及南部的鐵虎行動（Operation Steel Tiger, 1965-68）（Wikipedia, 2023: Operation Barrel Roll; Operation Steel Tiger）。

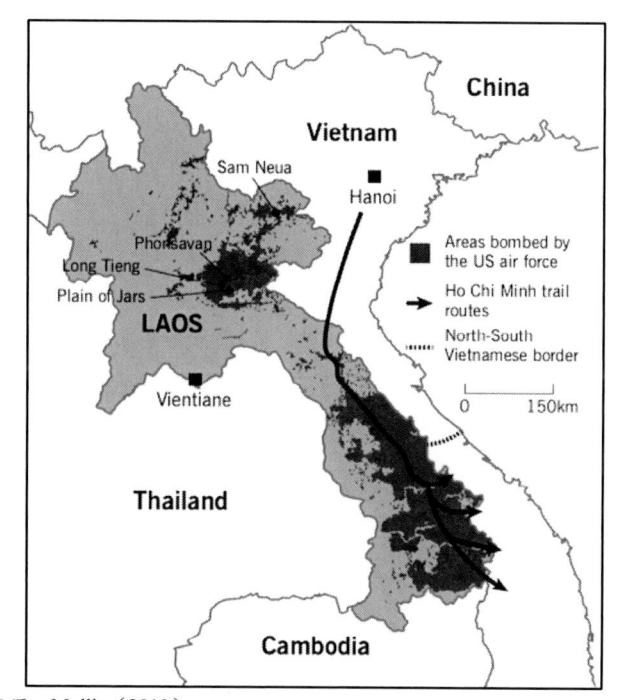

來源：Mullin（2019）。

圖 13：美軍秘密轟炸寮國

美國在 1973 年初與北越簽訂《巴黎和平協約》（*Paris Peace Accords, 1973*），保證寮國與高棉的中立（第 20 條）：

> （甲）參加關於越南問題的巴黎會議的各方必須徹底尊重 1954 年關於柬埔寨問題的日內瓦協議和 1962 年關於老撾問題的日內瓦決議所承認的柬埔寨和老撾人民的基本民族權利，即這些國家的獨立、主權、統一和領土完整。各方必須尊重柬埔寨和老撾的中立。參加關於越南問題的巴黎會議的各方保證不利用柬埔寨的領土和老撾的領土

去侵犯彼此和其他國家的主權和安全。

(乙)各外國停止在柬埔寨和老撾的一切軍事活動,從這兩個國家全部撤出、並不再重新運進軍隊、軍事顧問、軍事人員、武器、彈藥和作戰物資。

(丙)柬埔寨和老撾的內政應由這些國家的人民在沒有外來干涉的情況下自行解決。

(丁)印度支那各國之間的問題將由印度支那各方在互相尊重獨立、主權和領土完整以及互不干涉內政的基礎上加以解決。

會後,副總統安格紐(Spiro Agnew, 1969-73)、國務卿季辛吉(Henry Kissinger, 1973-77)、及前駐寮大使蘇利文(William H. Sullivan, 1964-69)隨即造訪永珍,軟硬兼施寮國皇家政府與巴特寮簽訂『寮國議定書』(*Vientiane Treaty,* 1973)停火;然而,季辛吉隨後訪問北越,這時才知道自己上了黎德壽(Lê Đức Thọ)的當,因為北越根本只是緩兵之計、無意撤軍;其實,早先尼克森在1972年訪問中國,寮國原本還寄望北京能幫忙跟北越講些好話,後來才發現中國其實是使不上力、臉上無光;話說回來,美軍撤手的好處是寮國軍方不再為所欲為,流亡泰國的空軍發動政變失敗、領導者被處決(Evans, 2002: 167-68; Stuart-Fox, 1997: 150-56)。

Halpern 與 Halpern(1964: 178-81)歸納美國在《日內瓦協定》(1954)以來的寮國政策,基本上是在東南亞公約組織捍衛下的緩衝地、絕非反共的堡壘,因此,除了經濟援助,軍事援助師法二次大戰的租借法案(Lend-Lease),在意識形態上既反殖民、又反共,政策規劃流於機械性,執行上便宜行事、又充滿殖民主義心態;換句話說,國務院瞧不起衰敗的法國、外交政策不願意請益前車之鑒,相信幫忙建軍就可以對抗共黨,援助規劃行禮如儀,造成寮國菁英在思想及行動上的倚賴,把國家淪為美國的附庸,甚至於操弄美國人對於共產主義的懼怕藉機自肥;簡而言之,雙方都是自欺欺人。Christie(1979)嘆息,寮國菁英習於仰人鼻息、任人擺佈,終究出賣獨立自主交換保護,左中右皆然。

附錄：條約、協定、憲章

Franco-Siamese Treaty, 1867
Treaty of Huế, 1883
Treaty of Huế, 1884
Franco-Siamese Treaty, 1893 (http://images.library.wisc.edu/FRUS/EFacs2/1893-94v01/reference/frus.frus189394v01.i0026.pdf) (2024/1/1)
Franco-Siamese Treaty, 1904 (http://images.library.wisc.edu/FRUS/EFacs/1905/reference/frus.frus1905.i0038.pdf) (2024/1/1)
Franco-Siamese Treaty, 1907
Atlantic Charter, 1941
Tokyo Peace Convention, 1941
Franco-Lao modus vivendi, 1946
Franco-Thai Settlement Treaty of 1946
General Convention between France and Laos regarding the Independence of Lao, 1949 (https://lawcat.berkeley.edu/record/363048) (2023/12/6)
Franco-Lao Treaty of Amity and Association, 1953
Geneva Agreements, 1954 (https://peacemaker.un.org/sites/peacemaker.un.org/files/KH-LA-VN_540720_GenevaAgreements.pdf) (2023/12/14)
Final Declaration of the Geneva Conference on the Problem of Restoring Peace in Indo-China, 1954 (https://peacemaker.un.org/sites/peacemaker.un.org/files/KH-LA-VN_540720_GenevaAgreements.pdf) (2023/12/14)
Agreement on the Cessation of Hostilities in Laos, 1954 (https://avalon.law.yale.edu/20th_century/inch004.asp) (2023/12/14)
Southeast Asia Collective Defense Treaty, 1954 (https://treaties.un.org/doc/publication/unts/volume%20209/volume-209-i-2819-english.pdf) (2023/12/27)
Protocol1 to the Southeast Asia Collective Defense Treaty, 1954 (https://www.vassar.edu/vietnam/documents/doc4.html) (2023/12/27)
Vientiane Agreements, 1957
French Union Treaty, 1957
International Agreement on the Neutrality of Laos, 1962 (https://treaties.un.org/doc/publication/unts/volume%20456/volume-456-i-6564-english.pdf) (2023/12/19)

Paris Peace Accords, 1973 (https://zh.wikisource.org/zh-hant/关于在越南结束战争、恢复和平的协定#第七章_关于柬埔寨和老挝)(2024/1/1)

Vientiane Treaty, 1973 (https://peacemaker.un.org/sites/peacemaker.un.org/files/LA_730221_Vientiane%20ceasefire%20agreement.pdf) (2023/12/19)

參考文獻

維基百科，2020。〈川壙王國〉（https://zh.wikipedia.org/zh-tw/川壙王國）（2023/12/11）。
維基百科，2020。〈乍加帕・潘漂〉（https://zh.wikipedia.org/zh-tw/乍加帕・潘漂）（2023/12/11）。
維基百科，2020。〈梭發那・班朗（https://zh.wikipedia.org/zh-tw/梭发那・班朗）（2023/12/11）。
維基百科，2022。〈寮國君主列表〉（https://zh.wikipedia.org/zh-tw/老挝君主列表）（2023/12/11）。
維基百科，2023。〈刁文持〉（https://zh.wikipedia.org/zh-tw/刁文持）（2023/12/11）。
維基百科，2023。〈壯泰語民族〉（https://zh.wikipedia.org/zh-tw/台语民族）（2023/12/11）。
維基百科，2023。〈沙立・他那叻〉（https://zh.wikipedia.org/zh-tw/沙立・他那叻）（2023/12/11）。（https://zh.wikipedia.org/zh-tw/沙立・他那叻）（2023/12/11）。
維基百科，2023。〈勐〉（https://zh.wikipedia.org/zh-tw/勐）（2023/12/11）。
維基百科，2023。〈桑森泰〉（https://zh.wikipedia.org/zh-tw/桑森泰）（2023/12/11）。
維基百科，2023。〈寮國〉（https://zh.wikipedia.org/zh-tw/老挝）（2023/12/11）。
維基百科，2023。〈霍人戰爭〉（https://zh.wikipedia.org/zh-tw/霍人战争）（2023/12/11）。
維基百科，2023。〈瀾滄王國〉（https://zh.wikipedia.org/zh-tw/澜沧王国）（2023/12/11）。（2023/12/11）。
Ahern, Thomas L. Jr. 2006. *Undercover Armies: CIA and Surrogate Warfare in Laos, 1961-1973*. Langley, Va.: Center for the Study of Intelligence, Central Intelligence Agency.
Alchetron. 2022. "French Indochina." (https://alchetron.com/French-Indochina) (2023/2/10)
Anthony, Victor B., and Richard R. Sexton. 1993. *The War in Northern Laos, 1954-1973*. Washington, D.C.: Office of Air Force History, United States Air Force.
Benson, Frederic. 2018. "European Explorers in Northeastern Laos, 1882-1893." *Journal of Lao Studies*, Vol. 6, No. 1, pp. 56-74.
Briggs, Lawrence Palmer. 1946. "The Treaty of March 23, 1907 between France and Siam and the Return of Battambang and Angkor to Cambodia, *Far Eastern Quarterly*, Vol. 5, No. 4, pp. 439-54.
Cady, John F. 1964. *Southeast Asia: Its Historical Development*. New York: McGraw-

Hill Book Co.
Castle, Timothy N. 2015. "Operation MILLPOND: The Beginning of a Distant Covert War." *Studies in Intelligence*, Vol. 59, No. 2, pp. 1-17.
Celeski, Joseph D. 2019. *Special Air Warfare and the Secret War in Laos: Air Commandos 1964-1975*. Maxwell Air Force Base, Ala.: Air University Press.
Christie, C. J. 1979. "Marxism and the History of Nationalist Movement in Laos." *Journal of Southeast Asian Studies*, Vol. 10, No. 1, pp. 146-58.
Curzon, George N. 1893. "England and France in Siam: An English View." *North American Review*, Vol. 151, No, 442, pp. 268-78.
Dommen, Arthur. J. 1971. *Conflict in Laos: The Politics of Neutralization,* rev. ed. New York: Praeger Publishers.
Dommen, Arthur. J. 1995. "Historical Setting," in Andrea Matles Savada, ed. *Laos: A Country Study*, pp. 1-75. Washington, D. C.: U. S. Government Printing Office.
Easum, Taylor M. 2015. "Imagining the 'Laos Mission': On the Usage of 'Lao' in Northern Siam and Beyond." *Journal of Lao Studies*, Special Issue, pp. 6-23.
Evans, Grant. 2002. *A Short History of Laos: The Land in Between*. Crows Nest, NSW: Allen & Unwin.
Fall, Bernard B. 1957. "The International Relations of Laos." *Pacific Affairs*, Vol. 30, No. 1, pp. 22-34.
Freeman, Lawrence. 2000. *Kennedy's Wars: Berlin, Cuba, Laos and Vietnam*. New York: Oxford University Press.
Gabriel, Jürg Martin. 2002. "Neutrality and Neutralism in Southeast Asia, 1960-1970." (https://www.research-collection.ethz.ch/bitstream/handle/20.500.11850/146973/eth-25943-01.pdf) (2023/12/31)
Goudineau, Yves, ed. 2003. *Laos and Ethnic Minority Cultures: Promoting Heritage*. Paris: UNESCO.
Halpern, Joel. 1961. "Geographic, Demographic, and Ethnic Background of Laos." (https://core.ac.uk/download/pdf/13620032.pdf) (2023/12/31)
Halpern, Barbara; and Joel Halpern. 1964. "Laos and America: A Retrospective View." *South Atlantic Quarterly*, Vol. 63, No. 2, pp. 175-87.
Harrison, Brian. 1966. *South-East Asia: A Short History*. London: Macmillan.
History of Laos. 2016. "1906 Prince Bounkhong he's the father Prince Phetsarath, Prince Souvanna Phouma, Prince Souphanouvong." (acebook.com/789193917864797/photos/1906-prince-bounkhong-hes-the-father-prince-phetsarath-prince-souvanna-phouma-pr/1125716477545871/) (2024/1/1)
Hofmann, George R., Jr. 2009. "Operation Millpond: U.S. Marines in Thailand, 1961." (https://www.marines.mil/portals/1/Publications/Operation%20Millpond%20US%20Marines%20in%20Thailand%20PCN%2010600001800.pdf?ver=2017-04-27-112439-533) (2023/12/31)

Ivarsson, Søren. 2008. *Creating Laos: The Making of a Lao Space between Indochina and Siam, 1860-1945*. Copenhagen: NIAS Press.
Ivarsson, Søren, and Christopher E. Goscha. 2007. "Prince Phetsarath (1890–1959): Nationalism and Royalty in the Making of Modern Laos." *Journal of Southeast Asian Studies*, Vol. 38, No. 1, pp. 55-81.
Kikuchi, Yoko. 2017. "Japanese Involvement in Laos: From the Invasion of the Japanese Army in Northern French Indochina in 1940 to the End of World War," in in Masaya Shiraishi, Nguyễn Văn Khánh, and Bruce M. Lockhart, eds. *Vietnam-Indochina-Japan Relations during the Second World War: Documents and Interpretations*, pp. 60-70. Tokyo: Waseda University Institute of Asia-Pacific Studies (WIAPS).
Kittikhoun, Anoulak. 2009. "Small State, Big Revolution: Geography and the Revolution in Laos." *Theory and Society*, Vol. 38, pp. 25-55.
Leifer, Michael. 1961-62. "Cambodia and Her Neighbours." *Pacific Affairs*, Vol. 34, No. 4, pp. 361-74.
MaCoy, Alfred W. 1970. "French Colonialism in Laos, 1893-1954," in Nina S. Adams, and Alfred W. McCoy, eds. *Laos: War and Revolution*, pp. 67-99. New York: Harper & Row.
Mahajani, Usha. 1971. "President Kennedy and United States Policy in Laos, 1961-63." *Journal of Southeast Asian Studies*, Vol. 2, No. 2, pp. 87-99.
Mazard, Eisel. 2014. "An Historical Introduction to Laos in 1893." (https://medium.com/@eiselmazard/an-historical-introduction-to-laos-in-1893-e9844c270f9d) (2023/11/27)
Mehta, J. L. 1973. "Growth of Nationalism in Laos." *Proceedings of the Indian History Congress*, Vol. 34, pp. 264-71.
Ministry of Foreign Affairs, Kingdom of Thailand. 2002. "Threats to National Independence 1886 - 1896." (https://www.mfa.go.th/en/page/threats-to-national-independence) (2023/12/31)
Mishra, P. P. 1985. "Resistance Movement in Laos under the French Rule." *Proceedings of the Indian History Congress*, Vol. 46, pp. 643-49.
Mullin, Chris. 2019. "The World's Most Bombed Country." *Prospect*, October 10 (https://www.prospectmagazine.co.uk/essays/39354/the-worlds-most-bombed-country) (2023/12/26)
Murdoch, John B. 1974. "The 1901-1902 'Holy Man's' Rebellion." *Journal of the Siam Society*, Vol. 62, No. 1, pp. 47-66.
Pholsena, Vatthana. 2006. "The Early Years of the Lao Revolution (1945-49)." *South East Asia Research*, Vol. 14, No. 3, pp. 403-30.
Rakow, Meg Regina. 1992. *Laos and Laotians*. Honolulu: Center for Southeast Asian Studies, University of Hawaii.

Rust, William J. 1985. *Kennedy in Vietnam: American Vietnam Policy1960-63*. New York: Da Capo Press.
St John, Ronald Bruce. 1998. "The Land Boundaries of Indochina: Cambodia, Laos and Vietnam." *Boundary and Territory Briefing*, Vol. 2, No. 6 (https://web.archive.org/web/20201113021107/https://myoceanic.files.wordpress.com/2013/03/land-boundaries-of-indochina-ca) (2023/12/26)
Schlemmer, Grégoire. 2017. "Ethnic Belonging in Laos: A Politico-Historical Perspective," in In Vanina Bouté, and Vatthana Pholsena, eds. Changing Lives in Laos: Society, Politics, and Culture in a Post-Socialist State, pp. 251-85. Singapore: NUS Press
Shaplen, Robert. 1970. "Our Involvement in Laos." *Foreign Affairs*, Vol. 18, No. 3, pp. 479-93.
Shvangiradze, Tsira. 2022. "The US' Secret War in Laos: The Most Heavily Bombed Country in History." *TheCollector*, January 22 (https://www.thecollector.com/war-in-laos-most-heavily-bombed-country-in-history/) (2023/11/27)
Sisouphanthong, Bounthavy, and Christian Taillard. 2000. *Atlas of Laos the Spatial Structures of Economic and Social Development of the Lao People's Democratic Republic*. Copenhagen: NIAS Publishing.
Taiwan Today. 1953. "Geneva Accord." August 1 (https://taiwantoday.tw/print.php?unit=4&post=7303) (2024/1/4)
UN Photo. 1959/3/9. "UN Secretary-General Visits Laos." UN7513476 (https://dam.media.un.org/asset-management/2AM9LOX7VHDQ) (2023/12/27)
Vang, Geu. 2912. "The Last Lao Coalition Government," in *Unforgettable Laos* (https://www.unforgettable-laos.com/the-end-of-the-war/5-3-the-last-lao-coalition-government/) (2023/12/27)
Viravong, Maha Sila. 1964. *History of Laos*, trans. by the U.S. Joint Publications Research Service. New York: Paragon Book Reprint Co.
Walker, Andrew. 2008. "Borders in Motion on the Upper Mekong: Siam and France in the 1890s," in Yves Goudineau, and Michel Lorrillard, eds. *Recherches nouvelles sur le Laos* (*New Research on Laos*), pp. 183-208. Paris: École Française D'Extrême-Orient.
Wehrle, Edmund F. 1998. "'A Good, Bad Deal': John F. Kennedy, W. Averell Harriman, and the Neutralization of Laos, 1961-1962." *Pacific Historical Review*, Vol. 67, No. 3, pp. 349-77.
Whitaker, Donald P., Helen A. BarthSylva,n M. BermanJudith, M. HeimannJohn, E. MacDonald, Kenneth W. Martindale, and Rinn-Sup Shinn. 1972. *Area Handbook for Laos*. Washington, D. C.: U. S. Government Printing Office.
Wikimedia. 2023. "File:French Indochina subdivisions.svg."

(https://commons.wikimedia.org/wiki/File:French_Indochina_subdivisions.svg) (2024/12/5)

Wikimedia. 2023. "File:John Kennedy, Nikita Khrushchev 1961.jpg." (https://commons.wikimedia.org/wiki/File:John_Kennedy,_Nikita_Khrushchev_1961.jpg) (2024/1/3)

Wikimedia. 2023. "File:Laos - Division territòriala vèrs 1750 (vuege).png." (https://commons.wikimedia.org/wiki/File:Laos_-_Division_territòriala_vèrs_1750_(vuege).png) (2023/12/5)

Wikimedia. 2023. "File:Southeast Asian history - Around 1540.png." (https://commons.wikimedia.org/wiki/File:Southeast_Asian_history_-_Around_1540.png) (2023/12/5)

Wikimedia. 2023. "File:Une affiche de propagande gaulliste dénonçant la politique de Decoux en Indochine.jpg." (https://commons.wikimedia.org/wiki/File:Une_affiche_de_propagande_gaulliste_dénonçant_la_politique_de_Decoux_en_Indochine.jpg) (2023/12/5)

Wikipedia. 2020. "1960 Laotian coups." (https://en.wikipedia.org/wiki/1960_Laotian_coups) (2023/12/4)

Wikipedia. 2021. "Nanthasen." (https://en.wikipedia.org/wiki/Nanthasen) (2023/12/5)

Wikipedia. 2022. "Gerrit van Wuysthoff." (https://en.wikipedia.org/wiki/Gerrit_van_Wuysthoff) (2023/12/4)

Wikipedia. 2022. "List of administrators of the French protectorate of Laos." (https://en.wikipedia.org/wiki/List_of_administrators_of_the_French_protectorate_of_Laos) (2023/12/4)

Wikipedia. 2022. "Nakhon Champassak province." (https://en.wikipedia.org/wiki/Nakhon_Champassak_province) (2023/12/4)

Wikipedia. 2022. "Operation Booster Shot." (https://en.wikipedia.org/wiki/Operation_Booster_Shot) (2023/12/4)

Wikipedia. 2023. "1954 Geneva Conference" (https://en.wikipedia.org/wiki/Nakhon_Champassak_province) (2023/12/4)

Wikipedia. 2023. "Anouvong." (https://en.wikipedia.org/wiki/Anouvong) (2023/12/5)

Wikipedia. 2023. "Battle of Vientiane." (https://en.wikipedia.org/wiki/Battle_of_Vientiane) (2023/12/5)

Wikipedia. 2023. "Burmese-Siamese wars." (https://en.wikipedia.org/wiki/Burmese–Siamese_wars) (2023/12/5)

Wikipedia. 2023. "Committee for the Defence of National Interests." (https://en.wikipedia.org/wiki/Committee_for_the_Defence_of_National_Interests) (2023/12/4)

Wikipedia. 2023. "Đại Việt-Lan Xang War (1479-1484)." (https://en.wikipedia.org/wiki/Đại_Việt–Lan_Xang_War_(1479–1484))

(2023/12/4)
Wikipedia. 2023. "Demographics of Laos."
  (https://en.wikipedia.org/wiki/Demographics_of_Laos) (2023/12/4)
Wikipedia. 2023. "Đèo Văn Trị." (https://en.wikipedia.org/wiki/Đèo_Văn_Trị)
  (2023/12/4)
Wikipedia. 2023. "Fa Ngum." (https://en.wikipedia.org/wiki/History_of_Laos)
  (2023/12/4)
Wikipedia. 2023. "Francis Garnier." (https://en.wikipedia.org/wiki/Francis_Garnier)
  (2023/12/4)
Wikipedia. 2023. "Franco-Siamese War." (https://en.wikipedia.org/wiki/Franco-Siamese_War) (2023/12/4)
Wikipedia. 2023. "Franco-Thai War, 1940-41." (https://en.wikipedia.org/wiki/Franco-Thai_War) (2023/12/4)
Wikipedia. 2023. "French protectorate of Laos."
  (https://en.wikipedia.org/wiki/French_protectorate_of_Laos) (2023/12/4)
Wikipedia. 2023. "Haw wars." (https://en.wikipedia.org/wiki/Haw_wars) (2023/12/4)
Wikipedia. 2023. "Henri Mouhot." (https://en.wikipedia.org/wiki/Henri_Mouhot)
  (2023/12/4)
Wikipedia. 2023. "History of Laos." (https://en.wikipedia.org/wiki/History_of_Laos)
  (2023/12/4)
Wikipedia. 2023. "Holy Man's Rebellion."
  (https://en.wikipedia.org/wiki/Holy_Man%27s_Rebellion) (2023/12/4)
Wikipedia. 2023. "Inthavong." (https://en.wikipedia.org/wiki/Inthavong) (2023/12/4)
Wikipedia. 2023. "Isan people." (https://en.wikipedia.org/wiki/Isan_people)
  (2023/12/4)
Wikipedia. 2023. "Kingdom of Luang Prabang (Japanese puppet state)."
  (https://en.wikipedia.org/wiki/Isan_people) (2023/12/4)
Wikipedia. 2023. "Kingdom of Vientiane."
  (https://en.wikipedia.org/wiki/Kingdom_of_Vientiane) (2023/12/4)
Wikipedia. 2023. "Kra-Dai languages." (https://en.wikipedia.org/wiki/Kra–Dai_languages) (2023/12/4)
Wikipedia. 2023. "Lam Sơn uprising." (Lam_Sơn_uprising) (2023/12/4)
Wikipedia. 2023. "Lan Kham Deng." (https://en.wikipedia.org/wiki/Lan_Kham_Deng)
  (2023/12/4)
Wikipedia. 2023. "Lan Xang." (https://en.wikipedia.org/wiki/Lan_Xang) (2023/12/4)
Wikipedia. 2023. "Lao language." (https://en.wikipedia.org/wiki/Lao_language)
  (2023/12/4)
Wikipedia. 2023. "Lao people." (https://en.wikipedia.org/wiki/Lao_people)
  (2023/12/4)

Wikipedia. 2023. "Lao People's Revolutionary Party."
(https://en.wikipedia.org/wiki/Lao_People%27s_Revolutionary_Party)
(2023/12/4)
Wikipedia. 2023. "Lao rebellion (1826-1828)."
(https://en.wikipedia.org/wiki/Lam_Sơn_uprising) (2023/12/4)
Wikipedia. 2023. "Lao-Siamese War (1778-1779)."
(https://en.wikipedia.org/wiki/Lao–Siamese_War_(1778–1779)) (2023/12/4)
Wikipedia. 2023. "Laos-Thailand border." (https://en.wikipedia.org/wiki/Laos–Thailand_border) (2023/12/4)
Wikipedia. 2023. "Lê Lợi." (https://en.wikipedia.org/wiki/Lê_Lợi) (2023/12/4)
Wikipedia. 2023. "List of ethnic groups in Laos."
(https://en.wikipedia.org/wiki/List_of_ethnic_groups_in_Laos) (2023/12/4)
Wikipedia. 2023. "List of monarchs of Laos."
(https://en.wikipedia.org/wiki/List_of_monarchs_of_Laos) (2023/12/4)
Wikipedia. 2023. "Mandala (political model)."
(https://en.wikipedia.org/wiki/Mandala_(political_model)) (2023/2/15)
Wikipedia. 2023. "Muang Phuan." (https://en.wikipedia.org/wiki/Muang_Phuan)
(2023/2/15)
Wikipedia. 2023. "Mueang." (https://en.wikipedia.org/wiki/Mueang) (2023/12/4)
Wikipedia. 2023. "Ong Boun." (https://en.wikipedia.org/wiki/Ong_Boun) (2023/12/4)
Wikipedia. 2023. "Operation Barrel Roll."
(https://en.wikipedia.org/wiki/Operation_Barrel_Roll) (2023/12/4)
Wikipedia. 2023. "Operation Millpond"
(https://en.wikipedia.org/wiki/Operation_Millpond) (2023/12/4)
Wikipedia. 2023. "Operation Steel Tiger."
(https://en.wikipedia.org/wiki/Operation_Steel_Tiger) (2023/12/4)
Wikipedia. 2023. "Pathet Lao."(https://en.wikipedia.org/wiki/Pathet_Lao) (2023/12/4)
Wikipedia. 2023. "Phetsarath Ratanavongsa."
(https://en.wikipedia.org/wiki/Phetsarath_Ratanavongsa) (2023/12/4)
Wikipedia. 2023. "Phibunsongkhram province."
(https://en.wikipedia.org/wiki/Phibunsongkhram_province) (2023/12/4)
Wikipedia. 2023. "Phra Tabong province."
(https://en.wikipedia.org/wiki/Phra_Tabong_province) (2023/12/4)
Wikipedia. 2023. "Programs Evaluation Office."
(https://en.wikipedia.org/wiki/Programs_Evaluation_Office) (2023/12/4)
Wikipedia. 2023. "Setthathirath." (https://en.wikipedia.org/wiki/Setthathirath)
(2023/12/4)
Wikipedia. 2023. "Siamese-Vietnamese War (1841-1845)."
(https://en.wikipedia.org/wiki/Siamese–Vietnamese_War_(1841–1845))

(2023/12/4)
Wikipedia. 2023. "Souphanouvong." (https://en.wikipedia.org/wiki/Souphanouvong) (2023/12/4)
Wikipedia. 2023. "Sourigna Vongsa." (https://en.wikipedia.org/wiki/Sourigna_Vongsa) (2023/12/4)
Wikipedia. 2023. "Souvanna Banlang." (https://en.wikipedia.org/wiki/Souvanna_Banlang) (2023/12/4)
Wikipedia. 2023. "Souvanna Phouma." (https://en.wikipedia.org/wiki/Souvanna_Phouma) (2023/12/4)
Wikipedia. 2023. "Tai languages." (https://en.wikipedia.org/wiki/Tai_languages) (2023/12/4)
Williams, Lea E. 1976. *Southeast Asia: A History*. New York: Oxford University Press.
Wisaijorn, Thanachate. 2022. "International Relations of the Peoples: The Unheard History of Thailand-Laos Relations." *Political Science and Public Administration Journal*, Vol. 13 No. 1 (https://so05.tci-thaijo.org/index.php/polscicmujournal/article/view/251264) (2023/11/26)
World Statesmen.org. n.d. "Laos." (https://www.worldstatesmen.org/Laos.htm) 2023/12/16)
Wyatt, David K. 1963. "Siam and Laos, 1767-1827." *Journal of Southeast Asian History*, Vol. 4, No. 2, pp. 13-32
Wyatt, David K. 1982. *Thailand: A Short History*. New Haven: Yale University Press.
Xayxana Leukai. 2019. "The Revolutionary Life of President Souphanouvong." *Vientiane Times*, August 31 (https://laospdrnews.wordpress.com/2019/08/31/the-revolutionary-life-of-president-souphanouvong/) (2023/12/26)
Zasloff, Joseph J. 1973. *The Pathet Lao: Leadership and Organization*. Lexington, Mass.: Lexington Books.

寮國的族群政治

謝國斌

雲林科技大學通識教育中心兼任教授

壹、寮國的族群組成

寮國是一個多元族群的國家，人口 780 多萬。當代寮國政府以語言屬性來歸類，把寮國族群分成四大語族，合計承認 49 個族群。四大語族分別是寮傣語族（Lao-Tai）[1]（64.9%）、孟高棉語族（Mon-Khmer）（22.6%）、漢藏語族（Sino-Tibetan）（2.8%）、苗瑤語族（Hmong-Iu Mien/Miao-Yao）（8.5%）（Baird, 2013: 270; Cincotta-Segi, 2014: 106）。根據美國中央情報局（Central Intelligence Agency，簡稱 CIA）最新統計資料，其中以寮族（Lao）人口最多，佔總人口約半數（53.2%），其餘是數量頗眾的少數族群，主要有克木族（Khamu）（約 11%）與苗族（Hmong）（約 9.2%）[2]（CIA, 2024）。

---

[1] 有關「傣」（Tai）與「泰」（Thai）的中英文名稱，在英文文獻裡，學者比較能清楚區別其差異（謝世忠，2014），但中文的翻譯則顯得混雜。英文的 Tai 泛指從中國南方到中南半島的傣-卡岱語系（Tai-Kadai Languages），主要包含寮語和泰語，中文翻譯從「台」、「泰」或「傣」都有。至於英文的 Thai 則因泰國的英文名為 Thailand，因此基本上都指涉泰國，中文也多翻譯為「泰」。因此，為了避免誤解，本文若從英文的 Tai 翻譯時，就會寫成「傣」，指涉的是大的語系家族。若從英文的 Thai 來翻譯，則會寫成「泰」，指涉泰國相關事物。

[2] 有關寮國族群的人數比例，不同的文獻常有相異的數據，除了因統計年代的不同之外，也涉及族群分類與歸類問題。由於事關相當複雜且專業的人類學和語言學專業（謝世忠，2014），本文雖盡量取最新最有共識的論述，

除了當代官方的正式分類之外，傳統上寮國也依族群的地理分佈將之分成三大族群（見圖1），大致可從平原、丘陵到高山分成寮隆族（Lao Loum）、寮頂族（Lao Theung）、寮上族（Lao Soung）等三大類別[3]（Nguyen Thi Dieu, 1999; Postert, 2004; Pholsena, 2006; Schlemmer, 2018; Lutz, 2022; Britannica, 2024）。雖然這分類已經被官方禁止使用，卻仍廣泛於民間社會流傳，甚至連政府機構與新聞媒體也依然有意無意持續使用這個分類（Pholsena, 2006；謝世忠，

然而也很難避免取捨上偏誤或盲點，讀者可依照自己的見解判斷之。至於族群的中英文名稱，由於涉及語言翻譯轉換的問題，加上寮國有許多跨國的族群，不同的國家或語言對某族群常有不同的稱呼，當轉換成英文拼音或漢字翻譯時，常會有不同的拼音法或漢字翻譯。例如，寮國最大的少數族群克木族人數約70多萬人，除了分佈在寮國之外，越南、泰國、中國、緬甸也有族群的分布，有人翻譯為崁姆族（例如陳鴻瑜，2017），至於英文的拼音有Khamu、Khmu、Kammu、Khamou等，這是本文書寫時所面臨的挑戰，讀者閱讀時也可依自己的見解判斷之。就中文漢字翻譯來說，古代中國對於非中原民族或邊疆少數民族常有不雅或貶抑的稱呼，難掩舊時中國天朝的世界觀。例如寮族曾經被寫成「獠」或「佬」（今日中國把寮國稱為老撾），瑤族曾經被寫成「猺」族，壯族舊時曾被寫成「獞」或「僮」。本文若提及相關族群的中文名稱，除了在指涉歷史上的舊稱時忠實呈現之外，其餘則一律用較為中性的詞彙來書寫。至於「苗族」，其名稱被認為有貓叫聲之貶抑意味（謝世忠，2014：339），英文文獻也有Meo的寫法（例如Harff & Gurr, 1988）。雖然中文也有其他名稱，例如從Hmong翻譯為「赫蒙」或「蒙族」；不過，「苗」字也有其他正面意義，也是中文文獻普遍使用的族群名稱，因此本文仍繼續使用之。

3　有關寮隆族、寮頂族、寮上族的中文翻譯，常見的翻譯法分別是寮龍、寮聽（寮順）、寮松（陳鴻瑜，2017），此翻譯法採取的是字音翻譯。然而，對照寮語的原意以及其與漢字之間的關聯性，本文認為採用寮隆、寮頂、寮上，並採用閩南漢字的發音Liâu Lûn、Liâu Tíng、Liâu Sióng 或許更能體會寮語裡的族群分類意義。「隆」在漢字裡有「山阜塌陷、淪沒」或「崁陷」的意思，與「淪」為異體字，在閩南語裡有類似的詞「湳」（làm），意旨低窪泥濘之地。寮隆族係指居住在湄公河流域河谷平原地帶的族群，因此在寮語裡指的是住在低窪之處的寮國人；至於寮頂族指的是住在丘陵頂的寮國人，而寮上族指的是住在海拔最高處（閩南語「上懸」sióng kuân）的寮國人，而寮國的最高處同時也是地理上的上寮地區（也就是寮國北部高原地區）。

2014）。因此，傳統分類可能更有助於讀者清楚了解寮國的族群政治，因為這三大族群類別除了有明顯的海拔地理空間分佈差異之外，也某程度與官方的語族分類一致，更重要的是這三大族群的分類有其歷史意義，也隱含了政治社會與經濟上的階層（hierarchy）意涵（Lutz, 2022）。

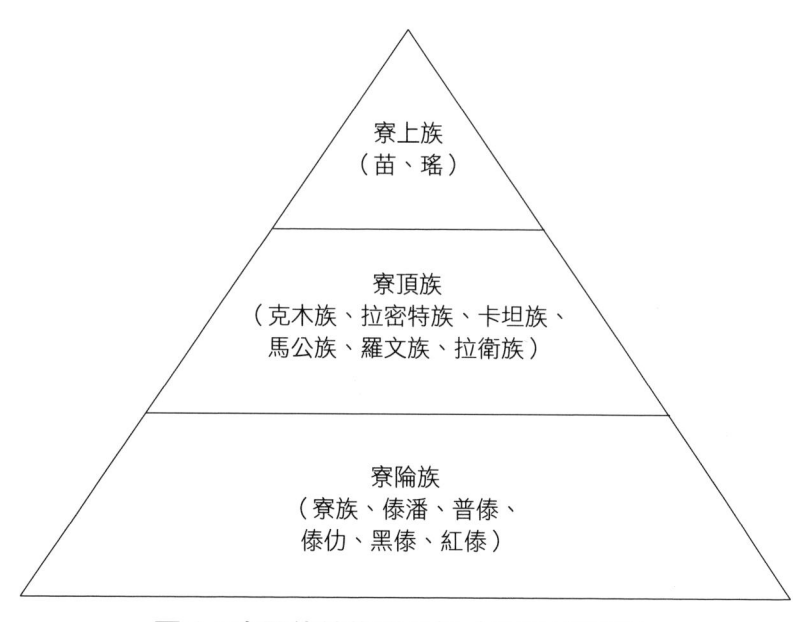

```
        寮上族
       （苗、瑤）

        寮頂族
（克木族、拉密特族、卡坦族、
 馬公族、羅文族、拉衛族）

         寮崙族
  （寮族、傣潘、普傣、
   傣仂、黑傣、紅傣）
```

圖1：寮國傳統族群分類（依海拔高度）

寮崙族指的是住在湄公河流域谷地低窪之處的寮國人（Lao of the Valleys），最大族群是寮族，主要分布在湄公河谷地。另外還有傣潘（Phuan）、普傣（Phu Tai）、傣仂（Tai Lue）、黑傣（Black Tai）、紅傣（Red Tai）等族群，分布在地勢稍高的湄公河支流谷地（Britannica, 2024）。寮崙族在語言上皆屬寮傣語／泰寮語族（Lao-Tai/Thai-Lao），佔總人口約七成，宗教信仰多為上座部佛教。由於主要居住在湄公河谷地，因此又稱河谷寮（Valley Lao）（Postert, 2004; Richmond, 2008）。

寮頂族主要住在海拔 700 到 1,000 公尺左右的丘陵地帶與中海拔山區，字面意思是住在山坡的寮國人（Lao of the Mountain Slopes）（Postert, 2004）。語言上屬孟高棉語族，佔寮國總人口約四分之一。寮頂族人口雖然不及寮隴族眾多，但卻有更複雜的族群組成，官方承認的語族達 32 個（陳鴻瑜，2017），主要族群有北部的克木族、拉密特族（Lamet）、中部的卡坦族（Katang）、馬公族（Makong），以及南部的羅文族（Loven）和拉衛族（Lave）等（Britannica, 2024）。其中以克木族人數最多，佔寮國總人口約 11%（CIA, 2024）。寮頂族被認為是寮國的原住民族，但並沒有享有特別的土地權（Baird, 2013）；他們在寮隴族進入之後，才被迫離開平地遷往偏遠的丘陵，多採刀耕火種的游耕方式。在瀾滄王國時代（西元 1353-1707 年），寮頂族群被迫成為寮族的奴隸，並且被蔑稱為佧族（Kha），寮語字面意義為奴隸，處於當時社會階層最低的位置（Murdoch, 1974; 陳鴻瑜，2017）。

寮上族主要居住在海拔 1,000 公尺以上的北部高山，字面意義是住在高山頂上的寮國人（Lao of the Mountain Tops），佔寮國總人口合計約一成。語言上屬漢藏語族或苗瑤語族[4]，他們也是過著刀耕火種的游耕模式，祖先原居於中國西南方地區，後來一方面有尋求新耕地的需求，另一方面則面臨漢族進逼與中國帝國擴張的壓力（謝世忠，2014），因此大約從 19 世紀初才陸續從中國南方移

---

[4] 由於學術界對於語系或語族的分類尚有很多的歧異，也涉及政治上的考量，例如究竟是泰寮語族還是寮傣語族，泰國與寮國等不同國家的學者就有不同的觀點。此外，也有部分的學者將苗瑤語族歸類在漢藏語族裡面，因此 Richmond（2008）就沒有提及苗瑤語族的分類。

入,移民時間相對晚近。主要族群有苗族、勉／瑤族（Mien/Yao）、阿卡族（Akha）、拉祜族（Lahu）等（Postert, 2004; Richmond, 2008: 6; Cincotta-Segi, 2014: 127; Britannica, 2024）。

貳、族群分類與國族打造：二分法與多分法間的擺盪

寮國為東南亞國家中唯一的內陸國，相鄰國家包含中國、越南、柬埔寨、泰國、緬甸等五國，地理環境上大多是丘陵和山地，佔寮國總面積約八成，也是寮頂族和寮上族分佈的區域[5]。主要包含北部有寮國屋脊之稱的川壙高原（高度介於 2,000-2,800 公尺左右），高原左右兩側的龍坡邦山脈和安南山脈；南部則有布拉萬高原。而剩下的兩成土地則為寮國的母親之河（湄公河）[6]河谷平原（Nguyen Thi Dieu, 1999: 5），主要居住族群為寮儂族，其中以寮族人口最多。換言之，廣袤的丘陵與山地佔總面積八成，但僅有約三成人口居住其間；而僅佔兩成的河谷平原卻擠進七成的人口。

有關寮國的族群組成，除了今日官定四大語族與 49 族群之分類外，又有傳統的三大族群之說。其實，從寮國獨立之初迄今，不但寮國官方的族群分類撲朔迷離、經常改變，就連學術論述也多所分歧。究其原因，學術上的分歧與寮國族群的複雜度有關，至於官方論述的多變則與寮國的族群政策有密切關聯。有人認為寮國獨立之初，王室曾經將寮國族群分成四類，分別是縱谷寮（Lao Lue）、

---

[5] 在寮國山區沒有平地那種明顯的多數族群與少數族群之分，在山區寮族通常不是多數，而是看區域來決定誰才是多數（Lutz, 2022）。

[6] 湄公河源自於寮語 *Mae Nam Khong*，簡稱為 *Mae Khong*。對照漢字意思分別為母、水、江，簡稱為母江。今之中文翻譯取其音，因此翻譯為湄公河，若取其義則是母親之河。

村寨寮（Lao Tai）、山坡寮（Lao Theung）、山上寮（Lao Soung）等四種。到了1973年寮國王室進一步將全國人口分成58個族群，而1975年巴特寮掌權之後則明確將寮國族群分成寮倫族、寮頂族、寮上族等三大族群。不過也有學者認為，族群三分法雖定案於1975年寮共掌權之後，但是三分法的理論基礎至少可追溯到法國殖民時期，而實際分類則萌芽於獨立之初（謝世忠，2014: 338-39）。

　　一般而言，族群的分類有其學術與政治的目的。從學術觀點來看，族群常以種族（生理特徵如膚色）與文化（主要包含語言、宗教信仰等）的差異來分類，而寮國族群的複雜度更涉及人類學、民族學、語言學等專業，若無相關專業知識顯然無法有效處理（謝世忠，2014：355），而即使專業的學者之間也可能存有不同見解，因此學術分類上的分歧在所難免。東南亞專家Schliesinger（2003）曾詳細踏查寮國全境的族群分類，然而他卻慨歎即使他如此努力並詳細研究，但若想藉此就百分百發現或有效分類寮國各族群及其他亞族，恐怕也有難度。他甚至悲觀地認為，即使專業的學者花上一輩的時間研究，恐怕都難以釐清寮國複雜的族群（轉引自謝世忠，2014：337）。

　　若從政治目的來看，族群分類往往涉及國家的族群政治與政策，而族群的政治分類常有刻意區隔與刻意模糊兩個極端。所謂刻意區隔常出現在種族主義或族群中心主義發達的社會，族群間有明顯的政治社會階層差異，優勢族群常為了鞏固自身利益，透過明確的族群分類來施以差別待遇[7]、種族隔離、壓迫、排外，甚至種

---

[7] 例如殖民時期的墨西哥對於西班牙人、印地安人、非洲人等三大族群採取隔離主義。對於混血者更是有明確的社會階層與不同稱呼，以混血第一代為例：西班牙人的後代稱為 *criollo*（土生仔），西班牙人／印地安人後裔稱為 *mestizo*，西班牙人／非洲人後裔稱為 *mulato*，印地安人/非洲人的後裔

族屠殺等（Yetman, 1991）。至於刻意模糊雖有善意的一面，也有陰險的可能。較為善意的是多元主義（pluralism）的差異視盲（difference-blind），認為大家都是平等的人，不必理會各種層面的差異；陰險的一面則可能表面上佯稱一家人，檯面下卻充滿了差別待遇（Feinberg, 1996），甚至藉此推動粗暴的同化主義[8]。較符合人權的作法是多元文化主義（multiculturalism），對於多元族群文化給予承認、包容、尊重、接受，甚至欣賞與推廣（Taylor, 1994; Kymlicka, 1995; 謝國斌，2013）。

1950年代寮國獨立之初，當時的王室即嘗試將寮國族群簡化分類，無論是傳說中的四分法（縱谷寮、村寨寮、山坡寮、山上寮），還是人們所熟悉的三分法（寮隆、寮頂、寮上），名稱裡都有「寮」這個字眼，藉此來宣示所有族群都是寮國人（Pholsena, 2006; 謝世忠，2014）。族群名稱冠上國名確實有凝聚認同以及進行國族打造（nation building）之象徵意義，寮國的鄰居泰國與柬埔寨都曾經有類似的作法[9]。然而，在共同名稱之外，卻也難掩族群間不平等

稱為 *zambo*（Sue, 2013; Katzew, 2005）。混血者地位的高低基本上與膚色的深淺相關，膚色愈淺者通常社經地位也愈高，膚色愈深者則反之（Sue, 2013; 謝國斌，2018：31-32）。

[8] 例如強推國語、迫害母語，強制要求少數族群學習優勢族群的文化。

[9] 例如泰國的泰族若以語言來看，可分成中央泰、北方泰、南方泰、東北泰等四個區域方言，其中標準泰語乃以中央泰為基礎，成為政治位階最高的語言（謝國斌，2021）。不同的方言或語言位階，在泰國社會自然流動，但有時官方基於國族凝聚的目的，會刻意壓制此種論述，認為泰就是泰，不須分東西南北（Draper & Kamnuansilpa, 2018: 81）。就柬埔寨而言，雖然高棉族占總人口超過九成，但柬埔寨獨立之初，基於把柬埔寨定位高棉族的領土，官方也一度把族國內各族群冠上「高棉」（Khmer）一詞，將族群分成三類：包含低地高棉族（Khmer Krom，即高棉族）、高地高棉族（Khmer Loeu，即高山族）、伊斯蘭高棉族（Khmer Islam，即信奉伊斯蘭教的占族）（Frewer, 2014: 48; 謝國斌，2023）。

的裂隙，畢竟寮國人（Laotian）不等同於寮族（Lao）[10]（Postert, 2004），也有讓少數族群成為主流族群之附屬的弦外之音，更有以主流族群為核心之同化主義思維。

傳統上寮國的族群依照地理位置分成三大群，然而回溯至瀾滄王國時代，當時其實僅粗分為平地人（lowlanders）與山地人（highlanders）二類[11]。兩者的差別除了有生活型態與地理分布的差異之外[12]，其實還存有政治、經濟、社會、文化上的各種差異。寮族認為他們住的平原是核心（heartland/core），而外圍山地則是王國邊疆（frontiers）或邊陲（periphery）的他者（others），甚至是蠻族（savages）。當時的寮族政權並無意同化這些異族，雖鄰近的部落多少會有文化的交流，但偏遠的山區則保持傳統樣貌。在經濟上兩大族群有某種程度的往來，形成互賴關係；然而在政治上舊時王朝的政治統御力並不強大，山區鞭長莫及使得山地人保有自治的狀態（Pholsena, 2006）。

平地為核心、山地為邊陲的論述，除了有地理、政治、經濟、社會、文化等層面之外，在寮國也存有宗教的因素。由於佛教信仰的影響，寮族人有曼陀羅的政教觀（religious-cum-political mandala），透聖圓圖像來建構宇宙萬物秩序，包含政治與族群的關係。曼陀羅體系是由數個權力圈（circles of power）組成，在政治體系裡核心

---

[10] 相同的概念例如馬來西亞人（Malaysian）不等同於馬來人（Malay）。其他地方如巴爾幹半島也有類似狀況，例如克羅埃西亞人（Croatian）不等於克族（Croat），塞爾維亞人（Serbian）不等同於塞族（Serb），前者是國籍身分，後者是族群身分。

[11] 有學者以平地人與山地人的分類，有些學者會以谷地人（Valley peoples）/山地人（Hill peoples）來稱呼，也有人以平原文明（civilization of plains）與山地文明（civilization of mountains）來區別（Pholsena, 2006）。

[12] 平地人種水稻，信奉佛教；山地人採游耕模式種植旱稻，宗教上則是萬物有靈論（animism）（Pholsena, 2006）。

圓圈由信奉佛教的國王掌權，人們相信君主的權力源自於其好幾輩子功德的累積，他才有福澤出生為國王（Pholsena, 2006）。再者，寮國社會也有人類起源傳說，相傳寮國各族人都是天神之子坤布倫（Khoun Borôm）所創，在大洪水之後從大葫蘆的兩端分別出現[13]，雖系出同源，但久而久之人們的差異越來越大，其中一群人成為寮族（Lao），另一群人則為佧族（Kha），而坤布倫有七個兒子則分別成為統治的國王（Pholsena, 2006）。

從歷史觀之，寮國官方族群分類擺盪在二分法與多分法之間。從早期瀾滄王國世代平地人與山地人的分野；後來漢藏與苗瑤語族遷入後，更近一步演變出寮陰、寮頂、寮上三分法，這至少從法國殖民時期即流傳於寮國民間社會與官方之間（謝世忠，2014）。傳統社會人們習慣以居地理空間作為家族、聚落、或族群的命名方式並不足為奇，至少在東亞地區就是一個常見的現象[14]。然而，若族群分類加上政治、社會、經濟、文化、甚至宗教等階層的因素，不同的類別可能會被貼上不同的階層標籤，此時族群的分類就有其政治敏感性。在傳統寮國社會的認知，「文明」隨著海拔高度遞減[15]，平地意味著文明、繁榮、富裕、進步、優越，而山區則代表著野蠻、貧窮、落後與劣勢（Pholsena, 2006）。

---

[13] 既然是神話傳說，難以證實其真實性，也容易出現各種版本。例如，網路上有一個版本提到寮國三大族群其實系出同源，都生自於葫蘆，依其出生先後順序分別為克木族（寮頂族代表）、泰老族（寮陰族代表）、苗族（寮上族代表）。引言如下：「這些人都一致認為他們是同祖同宗的兄弟，其中克木族人被看作是長兄，泰老族人被看作是大的弟弟，苗族人則被看作是最小的弟弟。」（寮國大米薩北迪，2020）

[14] 例如日本有大谷、田中、木村、山田等姓氏，而台灣也有高山族、平埔族等族群分類。

[15] 近來有澳洲學者在寮國北部豐沙里山區研究，發現屬寮頂族群的克木族人自認雖然不及平地人文明，但卻比寮上族群的阿卡人文明。有一段克木族

為了避免二分法或三分法的負面階層影射，影響凝聚各族群之向心力，1975 年寮共掌權之後，旋即於 1981 年宣布停用三分法，改為承認每個族群之獨立存在（謝世忠，2014：339）。不過，該如何認定個別族群並非易事，有其學術的難度與政治上的障礙[16]，目前寮國「官定民族」有 49 族，然而沒被正式承認的「自然族群」[17]估計高達 200 個以上（Baird, 2013: 270; Cincotta-Segi, 2014: 106;謝世忠，2014）。

當代寮國在國族打造上採寮化政策（Lao-ization）（Cincotta-Segi, 2014: 106），也就是試圖把所有族群同化成寮族。這一點可以從語言、國徽、教育政策、宗教政策等層面一窺端倪。根據『寮國憲法』(*Constitution of Lao People's Democratic Republic 1991 (rev. 2015)*)第 110 條規定：「寮語和寮文是官方使用的語文」。憲法第 111 條則明白規範國徽的樣式，其中佛寺塔鑾（*That Luang*）與水稻被認為是寮族的文化象徵，與少數族群較無關聯（Cincotta-Segi, 2014: 111）。在教育政策方面，寮國政府強調道德教育，期能藉此能培育具備道德且符合政治意識形態的公民，然而其道德乃以寮族的文化與道德為依歸。在語言教育上，寮國政府推動寮語文教育，官方立場反對雙語教育，但實務上卻默許教育現場學生和教師各說各話，也就是說少數族群的學生可以說母語，而教師用寮語教

人具刻板印象的玩笑對話如下（Lutz, 2022: 171-72）：
為何我們克木人要浪費時間每天洗澡？隔壁山頂的寮上族一星期才洗一次！……不！是一個月……是一年！」他們進一步開玩笑表示：「以前寮上族剛來的時候，他們不懂得如何洗澡，是我們教他們的……以前我們克木族也很髒，我們曾經有蝨子！……但後來我們把蝨子給寮上族了！

[16] 台灣也有類似的問題。西元 2000 年之前台灣的原住民族共 9 族，後來陸續正名，政府目前承認 16 族。然而，許多平埔原住民族（例如西拉雅族）迄今仍得不到政府的正式承認。

[17]「官定民族」與「自然族群」的用詞乃採謝世忠（2014）的說法。

學[18]，然後期望學生可自然而然不再使用母語，甚至讓母語自然消亡，而最終大家只講寮語[19]（Cincotta-Segi, 2014: 107）。官方的消極態度與行政效能不彰有關，就如同政府雖禁止傳統三分法的族群分類，但從政府官員到社會大眾大家有意無意還是持續使用傳統分類（謝世忠，2014）。而在教育現場，寮國其實面臨比推廣寮語更為迫切的問題，包含教育資源短缺（例如學校、合格教師、教科書與教材等）、教育方法落後、學生營養不良、少數族群學生入學率偏低[20]（Cincotta-Segi, 2014: 110）。

在宗教信仰上，寮共雖然是無神論者，但在憲法第 10 條卻准許宗教信仰自由，尤其特別申明尊重與保護佛教的合法活動[21]，甚至收編佛教僧侶來做為強化與建構寮國國家認同的教育者。相對於對佛教的包容與收編，憲法也明文保障人們的宗教信仰自由；然而，在實務上政府卻要求山區偏鄉族群放棄泛靈論信仰，認為此種信仰是落後的，是不利於生產力的，甚至於不利國家的團結整合（Pholsena, 2006）。

---

[18] 其實寮國政府也有特別徵聘少數族群教師，期望他們能以夠以母語作為輔助教學的工具，幫助學生達到學習寮語的成效（Cincotta-Segi, 2014: 115）。

[19] 根據 2005 年統計資料顯示，有 45%的學童不是以寮語為母語，而教師使用寮語教學。若教師無法以學生的母語解釋，那麼各說各話的教學成效還值得進一步觀察（Cincotta-Segi, 2014: 110）。

[20] 例如根據寮國教育部 2008 年的資料，首都永珍的淨入學率（net enrollment ratio）為 87%，而東北以少數族群為主的山區省分豐沙里淨入學率僅有 34%（Cincotta-Segi, 2014: 110）。

[21] 不過，在實務上寮國官方也試圖將佛教盡量世俗化，以利於共產主義意識形態調和。此外，寮共也重新詮釋佛教教義與馬克思主義，認為兩者有許多相似之處，例如都講求平等，也都尋求解放苦難與追求幸福（Pholsena, 2006）。

參、寮共政權與苗族的歷史恩怨

19世紀末葉，繼柬埔寨與越南之後，寮國於1893年正式成為法國的殖民保護國，變成法屬印度支那（French Indochina）的一部分。趁著二次大戰法國勢力消退之際，法屬印度支那各國紛紛興起脫離法國之獨立運動。二次大戰結束後，體虛的法國雖然返回中南半島繼續統治，卻難以招架追求獨立的強大浪潮，因此也開始規劃放手以及離開之後的政治安排。依照法國的規劃，獨立後的寮國、越南、柬埔寨都回復殖民前的君主體制，由殖民前的王室繼續統治。然而，二戰之後國際政治陷入美蘇對抗的兩極體系，共黨勢力從蘇聯一路南下，扶植了各國的共產黨，成為各國重要的反對勢力。二戰後中南半島的共黨勢力以越南胡志明所領導的越盟（Viet Minh）最為強大，也實質上成為寮國、柬埔寨等國共產黨的老大哥。

法國在1953年基本上算是和平離開柬埔寨與寮國，政權順利交到其規劃的君主政體手上。然而，在越南卻遭遇越共的強烈反抗，演變成所謂的印度支那戰爭（Indochina War），並於1954年奠邊府之戰（Battle of Điện Biên Phủ）成為雙方最終戰役，法國落敗離開了越南，並於事後的日內瓦會議（Geneva Conference）正式確認寮國、柬埔寨、越南等國的獨立。不過，越南也旋即陷入南北兩越的分裂狀態。法國離開之後，各國共黨勢力持續進逼，法國所留下的權力真空由美國遞補。蘇聯扶植各國的共產黨，而美國則支持各國的王室[22]，雙方勢力的衝突以越戰為代表性戰爭，美國自此陷

---

[22] 比較特別的是柬埔寨，獨立後的柬埔寨王國在施亞努國王的領導下，雖然面臨共產黨赤柬（Khmer Rouge）的威脅，但在外交政策上卻是採取中立路線，並不向美國傾斜。柬埔寨於1970-1975年期間出現推翻王室的非共

入長達 20 年的戰爭泥沼，最後於 1975 年決定棄守，自此舊法屬印度支那三國陷入共黨政權的統治[23]。

越南共產黨統一越南，成為一黨專政的共黨國家。寮國共產黨巴特寮，後來改組成寮國人民革命黨，在越南共產黨的支持下，也於 1975 年正式取得寮國政權，建立了寮人民民主共和國（Lao People's Democratic Republic，簡稱 Lao PDR 或 LPDR），至今仍為一黨專政的共黨國家。由於寮共奪權期間受到越共的大力支持，因此雙方建立了堅定的關係，寮國的內政與外交都受到越南深入的影響。在內政上，寮國政府大量聘請越南籍顧問，並允許越南在寮國駐軍（Pobzeb, 1990）。在外交方面，寮國以越南馬首是瞻，雙方簽訂友好條約，當 1978 年越南入侵柬埔寨並與中國反目之後，寮國與中國關係也隨之惡化（Stuart-Fox, 1980），直至中越關係改善之後，寮國才跟著改善與中國的關係。

法國離開之後，舊法屬印度支那三國都陷入了長達 20 多年的戰爭，雖然在美國棄守之後都由共產黨建立政權[24]，但內戰期間所種下的社會撕裂與對立，迄今各國仍有不同程度的傷痛。以寮國而言，苗族問題是寮國政府最為關切的族群政治議題之一。話說 1954

黨之龍諾政權，而 1975 年又出現施亞努國王在中共的支持下與赤柬合作的局面。後來因赤柬與越共反目，致使越南於 1978 年入侵柬埔寨，推翻赤柬政權，扶植非共產黨的柬埔寨人民革命黨（1991 年改名柬埔寨人民黨），建立親越政權。1993 年，柬埔寨各方勢力和解，建立君主立憲體制，施亞努國王回歸擔任虛位元首，而親越的柬埔寨人民黨繼續執政，後來演變成一黨專政的局面，成為舊法屬印度支那唯一的君主國家，以及非共黨國家（謝國斌，2023）。

[23] 同前註腳。柬埔寨情況特殊，1975 年赤柬取得政權後歷經恐怖統治，並與越共反目，因此 1978 年遭越南入侵後被推翻，柬埔寨成立了非共產黨統治之親越政權（謝國斌，2023）。

[24] 柬埔寨赤柬於 1975 年取得政權，但 1979 年後被越南所扶持的非共黨政權取代。

年法國離開之後,當巴特寮與王室展開權力鬥爭之際,美國除了支持寮國王室之外,也策動以苗族為主的寮國高山族民兵與巴特寮對抗。期間苗族勇士驍勇善戰頗有佳作,後來甚至成為寮國反共主力。然而,苗族也成為巴特寮的眼中釘,1963 年至 1965 年期間,巴特寮被控對苗族人進行種族滅絕行動,估計約有 2 萬名苗族人遇害(Harff & Gurr, 1988: 364)。1975 年美國撤守,寮國共產黨取得政權,巴特寮揚言要消滅苗族,迫使苗族人展開大逃亡,在 1975 年底之前大約有 4 萬名苗族人就近逃往泰國,也有人遠渡重洋逃到美國。1977 年寮國政府更在越南軍隊的協助下,進一步鎮壓苗族殘部,估計約有 10 萬名苗族人喪命,隨後又興起一波逃亡潮,截至 1982 年有約 5 萬名苗族人流亡美國(Thompson, 2010)。

基於對苗族的監控,寮國政府試圖遷徙苗族部落,以利就近看管。然而,終究因為政治體虛、經濟不佳、經費不足等因素而無法落實,致使苗族以及其他寮上族群至今仍處於自然族群分佈的狀態(謝世忠,2014:336)。從正面的角度來看,由於寮國政府統治力不彰,苗族免於被大規模遷徙的命運,也因此得以維持其傳統的領域及文化生活方式。然而,從社會經濟發展的角度來看,由於偏遠山區基礎建設不佳,經濟衛生教育等層面都顯得落後,使得位於偏鄉的山區族群與平地族群之間的社會經濟地位有更大的落差。

寮共奪權雖然成功,但內戰期間對寮國社會所造成的傷害至今依然難以消弭,尤其對苗族更是造成難抹滅的傷害。為了防止觸動這個內戰時期留下的傷口,當今寮國政府對於苗族問題可說是如履薄冰,小心翼翼,深怕稍微不慎即觸痛尚未癒合的傷口。曾經有一位寮族官員,在苗族新年上力陳:「(寮國)沒有寮隘族,沒有寮頂族,也沒有寮上族,只有寮族」(Postert, 2004: 104),試圖以「我們都是寮族」來粉飾太平,營造一家親的感覺(national unity)

（Postert, 2004）。然而，少數族群是否對這種論述買單？許多田野研究顯示無論是優勢族群或少數族群，彼此之間都還是有清楚的族群邊界意識，我們都是「寮國人」並不等同於我們都是「寮族」（Postert, 2004）。近年曾經有人類學家到寮國北部山區進行田野調查時，有在地官員告誡他「不可寫出任何分裂族群的東西」（Don't write anything that could divide the ethnicities）（Lutz, 2022: 1），可見當今寮國的族群關係依然頗為敏感。

肆、從族群關係到國際關係：寮國與泰國的近與競

寮國為中南半島五國裡唯一的內陸國，除了與緬甸、泰國、柬埔寨、越南等四個中南半島國家都有接壤之外，也與北方的中國相鄰。因此，在寮國的對外關係裡，周邊的五個鄰國可說是關係最為密切的國家，無論是政治、文化、經濟上都有一定程度的連結。人類在中南半島的歷史活動的歷史相當悠久，最晚大約10萬年前就有人類居住。不過若從古文明的角度來看，中南半島主要受到印度與中國的影響。就政治勢力而言，今日中南半島雖有五個國家，然而不同時期的主要行為者並不一樣。若回溯至一千年前，此地主要行為者是緬甸、越南以及柬埔寨三者；緬甸與越南分據半島東西兩側，而半島中部（包含今日的柬埔寨、泰國、寮國）在西元10世紀前主要是高棉人的地盤，政權依序是西元1至6世紀的扶南國、西元6至9世紀的真臘國（於西元7世紀分裂為北部的陸真臘與南部的水真臘）、西元9世紀到15世紀的高棉帝國（西元802-1431年）。

在高棉族強盛的時期，高棉族除了控制今日的柬埔寨之外，其勢力也伸及今日的泰國與寮國，當時寮國境內的主要族群為今日

克木族為首的寮頂族群[25]。然而，從西元 8 世紀開始，屬傣-卡岱語系[26]泰／寮民族逐漸從今日中國南方遷徙進入，慢慢形成新的一股政治勢力，最終成為足以與高棉、緬甸、越南競爭的政權。在今日寮國與泰國，原居的克木族等孟高棉語族群因不敵泰／寮民族的競爭，被迫離開河谷平原而遷往偏遠的山區，成為泰／寮民族的奴隸；在今日寮國歸屬於寮頂族群，也是寮國的原住民族（Murdoch, 1974; Britannica, 2024）。

傣-卡岱語系主要分布在中國南方與中南半島一帶，常見的語言包含泰語（Thai）、寮語（Lao）、中國雲南的傣族語、廣西的壯族語、越南的岱依族語（Tày）、緬甸的撣族語（Shan）等（Benedict, 1975）。其中，泰語和寮語分別是泰國和寮國的國語，因此這兩種語言經常被相提並論，被認為有很鄰近的親屬關係，彼此之間估計至少有七成的相似度，某種程度可以互相溝通。以使用人口來看，泰國人口約 7 千萬人，而寮國人口 7 百多萬人，泰國人口將近是寮國的 10 倍，在國際上泰語顯然是比寮語強勢的語言，因此人們自然而然就會認為「寮語跟泰語很像」。語言不只是溝通的工具，更涉及到情感歸屬與國家認同，學者發現當人們把寮語有意無意跟泰語相提並論，甚至將之歸為泰語的分支時，寮國的學者其實相當不悅，甚至主張泰語其實源出於寮語（Diller, 2014: 6）。

換言之，寮國與泰國可以說是血緣文化相近而關係緊張的親

---

[25] 克木族與高棉族在拼音上分別是 Khmu 與 Khmer，被認為系出同源（Postert, 2004）。
[26] 有關傣－卡岱語系，在學術界仍存有許多的爭議，包含其名稱，以及分類歸屬等。在中文其常見名稱有台－卡岱語系、壯侗語系、仡台語系、侗台語系、侗傣語系、侗泰語系等。主要分布在中國南方以及東南亞的中南半島等地，估計有超過 70 種語言（Diller, 2014）。如前所述，本文將 Tai 統一翻譯為「傣」。

屬，彼此存在著競爭的關係。雖說寮族與泰族都是西元 8 世紀左右從中國南方遷徙進入中南半島的傣－卡岱語系家族，但卻各自發展出自己的政權，寮最著名的是瀾滄王國（字面上的意思為百萬大象）[27]，統治範圍除了今日寮國之外，強盛時還包含今日泰國的東北伊善地區，於 1560 年定都永珍（Vietiane）（中國稱之為萬象），也延續至今成為寮國首都。1694 年瀾滄王國分裂成三個國家，分別是北中南的龍坡邦王國（Luang Prabang）、萬象王國、占巴塞王國（Champassak）[28]（Tarling, 1999; Britannica, 2024）。

同時期泰國的政權是阿瑜陀耶王國（西元 1351-1767 年）。此王朝勢力強大，先於 1431 年攻陷高棉帝國都城吳哥，迫使高棉遷都金邊，讓柬埔寨進入所謂的黑暗時期。此王朝也與北方的瀾滄王國競爭，並趁著瀾滄王國分裂之際，將勢力伸入此地，逐步將龍坡邦、萬象、占巴塞等納為保護國。雖然泰國的阿瑜陀耶王國於 1767 年被緬甸的貢榜王朝所滅，不過達信（Taksin）（華名鄭昭）很快重整旗鼓，自立為王，並且大舉擴張領土，1778 年攻陷永珍（萬象），至今仍是泰國歷史教科書裡的一段豐功偉業，成為泰國人的驕傲（Ward, 2016）。歷經一段政治紛擾後，達信被政變，拉瑪一世於 1782 年取得政權，建立了曼谷王朝，也延續為今日的泰國王室。

擊敗高棉與瀾滄的暹羅，一躍成為中南半島中部的霸主。若說西元 10 世紀前中南半島的主要行為者有緬甸、高棉、越南這

---

[27] 瀾滄王國的輝煌歷史也成為寮國的精神象徵，並書寫於寮國憲法前言第一段：「多族群的寮國人民已經存在這塊摯愛的土地上數千年。從 14 世紀中葉開始……我們的祖先創建了統一的瀾滄國，並打造成一個繁榮之地。」（*Constitution of Lao People's Democratic Republic 1991 (rev. 2015)*）
[28] 也有學者分別將之翻譯為琅勃拉邦、永珍、占婆塞（陳俐甫，2006）。

三者，到了 18 世紀則成為緬甸、暹羅、越南三者。從 18 世紀到 19 世紀中葉，寮國與柬埔寨夾在暹羅與越南之間，成為兩強勢力競逐之地，以及政治的緩衝區。不過，到了 19 世紀，由於西方帝國主義勢力進入，緬甸被英國殖民，越南、柬埔寨與寮國則都成為法屬印度支那的一部分，只剩下暹羅成為未受殖民的國家，這也是今日泰國人引以為傲的歷史光榮，成為泰國民族主義的亮點（謝國斌，2021）。

回到寮國與泰國的關係。西元 8 世紀開始其祖先皆從中國南方進入中南半島，西元 14 世紀分別建立了各自為政也互相競爭的王國：寮族的瀾滄王國與泰族的阿瑜陀耶王國。瀾滄王國除了統治今日的寮國之外，也曾統治到今日泰國的東北伊善地區[29]。伊善人在族群、語言、文化上基本上就是寮族人（ethnic Lao），與湄公河對岸的寮國人語言相通（mutually intelligible），某些時候伊善語甚至也直接被視為寮語（Hubner, 2019），而湄公河兩岸民眾甚至也有婚姻親屬關係（Richmond, 2008: 26）。然而，從西元 17 世紀末開始，由於瀾滄王國分裂，暹羅勢力進逼，除了攻破瀾滄都城永珍之外，也取得伊善主權，並把舊瀾滄諸國納為藩屬國，為時長達近兩百年。直到 1893 年法暹戰爭之後，法國統整瀾滄舊部，組成了寮國（Le Laos），成為法國的殖民保護國（Richmond, 2008: 26），而今日寮國與泰國的邊界也在 1907 年的『法暹條約』（*Franco-Siamese Treaty*）裡確定（CIA, 2024）。1954 年法國離開、寮國獨

---

[29] 伊善地區有 20 個府，總人口 2 千 300 多萬，佔泰國總人口約三成，伊善地區的東部與北部和寮國隔著湄公河接壤，寮國首都永珍緊鄰著湄公河與伊善相鄰。伊善的南部則和柬埔寨交界。在歷史上，此地區為瀾滄王國的一部分，在 19 世紀被暹羅兼併，而 20 世紀中葉的共產主義擴張時期，這個區域也一度是武裝衝突的熱區（謝國斌，2021：80-81）。

立建國，1975 年寮國共產黨取得政權，繼越南之後中南半島的共產國家，在冷戰時期成為非共國家泰國戒慎防堵的對象之一。

從歷史觀之，寮國勢力曾經統治到今日泰國的伊善地區，而 17 世紀末逐步落入暹邏勢力範圍，最終為暹邏所佔領。對寮國而言，泰國有攻陷其都城的恥辱，有侵占其舊有領土的歷史。對泰國而言，攻陷永珍則成為其歷史教科書上的光榮時刻（Ward, 2016）；而取得伊善雖然是一項成就，卻也成為泰國必須時時戒慎恐懼的區域。在法國殖民印度支那時期必須慎防法國的統戰，在冷戰時期更必須防範寮國共產勢力的滲透，而今日則持續對伊善進行同化主義，避免當地人有寮國認同（謝國斌，2021）。

以近代史來看，在 1860 年代法國勢力進入湄公河之前，今日寮國大部分區域都被當時的暹羅視為蕃屬地區，直到 1893 年法國殖民此地之後，正式創造出寮國這個名稱，成為法國的保護國，也奠定了今日寮國的疆界（Richmond, 2008: 26），並創造出寮族的認同（陳俐甫，2006）。當法國建立了印度支那殖民地之後，其進一步擴張勢力範圍的野心並未停歇，尤其在 1893 年法暹戰爭之後。法國宣稱只要有寮族、越南族的認同者，皆可納入法國的保護（Draper & Kamnuansilpa, 2018），伊善地區即為法國積極政治統戰目標。

由於伊善地區在歷史上、地理上以及語言文化上都與寮國相近，因此在泰國民族打造工程裡，官方特別小心避免使用「寮」這個字眼來指涉此地的人民，而是將之視為泰族，以免激發此地人民的寮族認同[30]。例如，在 1904 年的人口調查裡，由於當時與法國處於緊張對峙的關係，為了避免法國人煽動境內少數族群的族群

---

[30] 在泰國的族群政策上，泰國官方堅決避免提及寮人、高棉人、馬來人等詞彙，一律把境內人民都視為泰族（Selway, 2007: 57）

認同，當時的暹羅刻意刪除東北地區「寮族」這個族群類別，直接將之視為泰族的地區人口[31]。此舉也讓泰國的泰族人數飆到八成以上（Draper & Kamnuansilpa, 2018: 88），讓人們誤以為泰國是一個族群同質性很高的國家[32]（謝國斌，2021）。

基於對東北寮族的戒心，歷來泰國政府對於此地的同化主義著力特別深。相較於泰南馬來穆斯林，泰國政府在東北地區的文化同化可說極為成功。根據學者的研究，當代伊善人不但高度認同自己是泰人，而且以當泰人為榮，伊善已經被認為沒有族群問題了[33]（Ricks, 2019: 2）。究竟伊善人如何看待自己以及其他泰國人（尤其是曼谷人）？在一份對伊善人的調查研究裡，針對「我認定自己是泰民族的一部分」這個問題，有高達 95%以上的人強烈同意或

---

[31] 因此當時的 Lao Kao 與 Lao Phuan 兩族直接被改名，成為 Isan 與 Udon，字面上即「東北人」與「北方人」的意思。在泰民族主義的政策架構下，無論是北方人或東北人都成為泰族，「寮族」直接被消失，有時「東北泰人」（Isan Thai）也被禁止使用，因為政府認為泰就是泰，無須分東西南北（Draper & Kamnuansilpa, 2018: 81；謝國斌，2021：81）

[32] 從泰國的民族打造歷史來檢視，泰國政府除了要追求同質性的泰民族主義外，其實也擔心伊善人的寮族認同會傷害泰國的領土的完整與國家凝聚力。從語言人口來看，東北伊善人至少占了總人口數的三成，加上分布在其他區域的「寮族」，總人口數甚至可超過中央泰族，而成為泰國人數最多的族群，是泰國政府不敢小覷的一群人（Draper & Kamnuansilpa, 2018: 84; Ricks, 2019: 3；謝國斌，2021：81）。

[33] 然而，從社會文化與經濟層面來看，伊善地區仍存有深刻的族群政治議題。不同區域的「泰族」有不同的地位，曼谷周邊的中央區享有核心地帶的尊榮，中央泰人不但在語言位階上處於最高的地位，在經濟上也最富裕。至於其他地區的人民，其語言位階次於中央區的標準泰語（Kosonen & Person, 2014），在經濟上也明顯落後。以 1997 年的研究資料來看，曼谷地區的貧窮率大概 5%，而東北的貧窮率則高達 30%（Selway, 2007: 61）。伊善人也有更嚴重的健康問題，例如兒童體重過輕與發育遲緩、新生兒體重不足、碘攝取不足症候群等（Draper & Kamnuansilpa, 2018: 93；謝國斌，2021：83）。

同意（Ricks, 2019: 8; 謝國斌，2021：82）。

從族群認同的觀點來看，伊善人在學理上確實是有機會擺盪在寮國認同與泰國認同之間，畢竟在原生的族群文化上他們確實是寮族，而在歷史上也曾經是寮國的一部分。然而，從工具認同來分析，認同泰國比認同寮國有利，畢竟在現狀上當地老早已成為泰國的一部分，再者當今的泰國在政治與經濟上遠優於寮國，以人均國內生產毛額（GDP）來看，2024年泰國的GDP為7,730美元，而寮國僅有1,830美元（IMF, 2024），兩者差距甚遠。在教育與階層流動上，愈來愈多伊善的年輕人只講標準泰語，而不會講伊善語了；父母對於伊善母語教育也並不熱衷，認為不需要在學校教導伊善語，而是應該學好標準泰語，以利孩子的教育成就與未來就業發展（Ricks, 2019: 10; 謝國斌，2021：83）。

整體而言，寮國與泰國之間的恩怨情仇，轉換成泰國的族群政策就是把寮族認同視為潛在的威脅，擔心伊善地區的寮族有寮國認同，因此大力實施文化同化主義。而泰國社會對於伊善地區寮族裔的態度也有充滿刻板印象，一方面褒揚泰文化與泰國，另一方面則貶抑寮族與寮國。例如，伊善婦女常被物化討論，她們會因為膚色較深、鼻樑不夠挺，而有所謂的「寮臉」（Lao face），因而被認為不漂亮（Draper & Kamnuansilpa, 2018: 93）。雖然伊善人平時多會使用伊善語交談互動，但是他們也表示當他們與泰國官方打交道時就會自動切換成標準泰語，因為泰族認同和標準泰語被認為是有受教育、富裕、精緻、以及高社會地位的象徵，而伊善人則有不受歡迎、教育程度差、容易受政治煽動的負面形象（Ricks, 2019: 10）[34]。

---

[34] 就有遷居曼谷的伊善人表示：「我知道有些來自其他地區的人看不起說伊善語的人……他們稱呼我們Lao或Siao，而我知道這是污辱人的。實際上多數伊善人都是寮族，但是中央泰人不會當著我們的面說。」（Ricks, 2019:

母國是族群認同的重要參考團體，寮國自然成為其他國家寮族人的參考團體，當然也包含泰國境內的寮族人口。儘管寮國與泰國是語言文化相近的親屬關係，但是歷史上的競爭，泰國對於伊善地區寮族裔同化主義的施行，加上冷戰時期泰國防堵來自寮國共產勢力滲透等因素，泰國社會衍生出一種泰國比寮國優越的情結（superiority complex），並以輕蔑的態度來看待寮國這個北方的親戚（n.a., 2013; Ward, 2016）。例如，曾經有泰國網紅攝影師到永珍拍攝當地汽車展時，在臉書寫下：「XX，他們有夠寮」（Damn, they're so Lao）。此文被寮國媒體報導並引發寮國網友的怒批，迫使該攝影師倉皇離開寮國[35]，雖然事後他有道歉，但傷害已經造成（Ward, 2016）。

　　從各方文獻來看，泰國社會某程度確實有把「寮」當成負面的形容詞來使用，不但貶抑了境內寮族裔的人，也傷害到寮國人民的情感（Ward, 2016）。有學者指出，泰國社會確實對周邊國家（包含寮國、柬埔寨、緬甸等國）存有民族優越感，認為自己的國家比較進步，人口比較多，土地比較大，經濟比較好，GDP比較高；有時候甚至不信任或討厭周邊的鄰居，認為鄰居是惡棍或

10; 謝國斌，2021：82）

[35] 這個事件不禁讓人想2024年初在台灣發生的社會事件。中國籍王姓網紅於2024年1月來台灣觀摩台灣大選，並於某場電視脫口秀裡有貶抑台灣選舉文化與歧視殘疾人士的言論。此舉引發台灣媒體的關注，也在台灣社會引發極大的爭議，最後王某因違反入境簽證規定而被迫離境，且五年內不得再入境（李雅雯，2024）。王某事後在社群媒體上有形式上的道歉表態，但也持續指責台灣政府與社會，並提及當時脫口秀節目裡有「支語」言論，認為也是對中國的歧視（郭顏慧，2024）。從這個事件來看，台灣與中國歷史文化相近，也可算是遠房親屬關係，但是由於交錯複雜的歷史因素與政治上的對立，進而衍生出今日雙方在文化上的差異與對立，或許寮國與泰國的關係某種程度也可稍作比擬。

是農夫（n.a., 2013; Ward, 2016）。有泰國學者指出，泰國的民族優越感並不利於與鄰國的關係，而學校教育必須負起很大的責任。尤其是冷戰時期的反共意識形態教育，形塑了寮國的惡棍形象；而寮國落後的經濟，則塑造了寮國的鄉下農夫形象；泰國沒有被殖民的驕傲，以及曾經攻陷寮國都城永珍的歷史光榮感，在在都給泰國人灌輸泰國的優越感。搭配泰國的宗教觀，有些人甚至認為泰國的優越相比鄰國的落後乃是一種業報（karma）的體現（Ward, 2016）。

泰國的民族優越情結也讓周邊的鄰居感受得到，泰國人貶抑寮國人時會說「很寮」，而寮國人反擊時也會說「別那麼泰」（Don't be Thai to me）（Ward, 2016）。兩國間的歷史恩怨糾葛，衍生成把彼此的名稱「寮」與「泰」當成貶抑的詞彙，這當然不利於兩國的關係，也不利於彼此境內泰寮兩個族群之間的關係。

綜言之，寮國與泰國可說既近且競的關係。兩國領土鄰近、語言文化相近，然而也在政治、領土、國家光榮、意識形態上發展出競爭的關係。競爭的關係至少可回溯至 14 世紀瀾滄王國時代，19 世紀則變成法屬寮國與獨立暹羅之間的競爭，到了冷戰時期又陷入了共產主義與自由世界的競爭。隨著 20 世紀末國際共產勢力逐漸消退之際，兩國關係也開始解凍，雙方首長互訪。然而，有兩件事情拖延了雙方關係解凍的進程，其一是寮國苗族難民逃至泰國境內的問題。如前所述，寮共與寮國苗族有歷史上的恩怨糾葛，迫使大量寮族難民離境，而鄰近的泰國則成為大量苗族難民落腳之處，然而泰國並不歡迎這些難民（Savada, 1994），甚至於 2009 年遣返了 4 千名的苗族人回寮國（*BBC news*, 2009）。其二是泰寮越三國的政治三角問題，寮國其實擔心也擔心強大的泰國「會吃了我們」（want to eat us）；而寮國與越南之間堅定的外交關係也讓泰國忌憚，因為歷史上泰越兩國即處於競爭狀態，也都對周邊的柬埔寨與寮國有所染指，而今日寮國被視為泰越兩國的緩衝區（Savada, 1994）。以現況而言，今日寮泰關係日益密切，雙方都是東南亞國協（Association of Southeast Asian Nations，簡稱 ASEAN）成員國[36]，以湄公河為和平與友誼之河，而寮國水力發電也大量賣給泰國，幫助泰國發展東北地區的經濟，而寮國自己也賺進頗豐的外匯。

伍、結語：從寮國看族群階層

寮國是一個多族群國家，人口規模在中南半島五國裡最少，但優勢族群掌權的族群階層（ethnic hierarchy）現象極為明顯[37]；從國家的名稱、以優勢族群為基礎的民族主義打造、單一的國語政策等，在在都可以看出族群的權力階層。就語言政策和民族打造來看，寮國和中南半島其他國家一樣，在語言文化上都是採取同化主義（assimilationism）和單語主義（monolingualism）。也就是以境內最大的主宰族群之語言和文化為基準，試圖把多元文化族群社會打造成一個同質性國家，即所有人都講共同的語言、遵循相同的文化標準（Tupas & Sercombe, 2014）。寮族是寮國最大的族群，從

---

[36] 泰國為 1967 年創始會員國，而寮國則於 1997 年加入。
[37] 社會學者 Gans（2005）曾經直言：「種族即是階級」（race as class），意思是不同的種族間存有階層的差異，把種族套用到族群或民族也同樣適用。雖說當代人權思維主張人生而平等，多元文化主義也主張所有文化應該要平等存在，並且都應該享有平等的生存權利。然而，在實際的人類社會裡，政治社會經濟等所建構出之階級與階層卻仍以各種形式廣泛存在。在族群政治裡，誰的歷史、語言、宗教、文化、道德觀被倡導？誰的又會被壓抑或禁止？不管是有意或無意，這些人為的操作都難以避免族群階層的形成。

歷史上的瀾滄王國開始即處於宰制者的地位，當寮國脫離法國獨立之後乃至於寮共掌權，寮族的語言、文化、歷史、宗教信仰（佛教）、道德觀等，都繼續成為寮國民族打造的依歸。

由於寮國地理主要以山地與河谷平原構成，本文發現寮國還存有一種特殊的族群階層關係，即族群位階恰巧有隨著海拔高度遞減的現象。這涉及了城鄉差距的經濟問題，也涵蓋了宗教、文化、社會、政治等層面的差距。從歷史觀之，生活條件較佳的河谷平原地帶由強勢族群所佔有，平地也成為了政治、經濟、社會、文化、文明的核心地區；而較為弱小的族群則多居住於周邊的山區，在各方面都處於弱勢的地位，淪為被征服與同化的對象，成為政治、經濟、社會、文化、文明的邊陲地區（見圖2）。

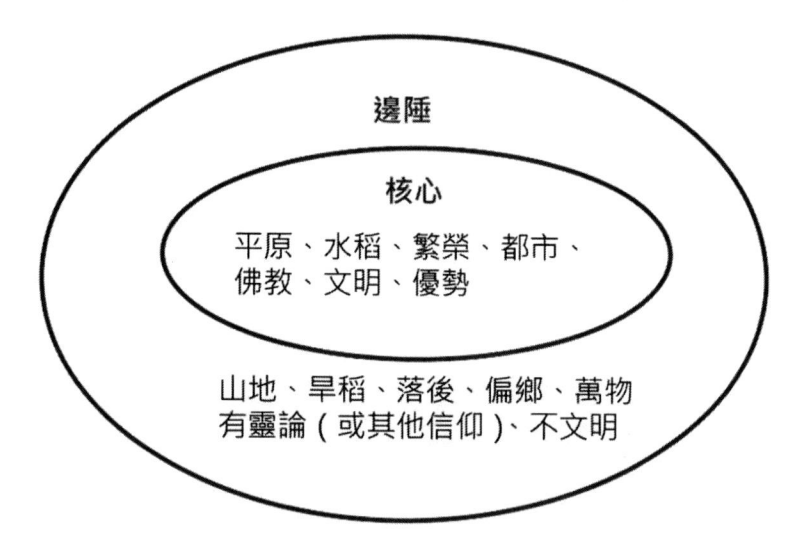

圖2：寮國的平原與山地族群關係圖

（邊陲）
（核心）
平原、水稻、繁榮、都市、佛教、文明、優勢

山地、旱稻、落後、偏鄉、萬物有靈論（或其他信仰）、不文明

雖然今日官方基於團結族群的目的，已經禁止使用傳統的寮佬、寮頂、寮上三分法，但已經深植於人心的分類並不易改變，族

群三分法依然廣泛流傳於寮國社會。而這三大族群的社會、政治、經濟、文化階層的差異，不但有其歷史遺緒[38]，有佛教曼陀羅與業報的思維，更存有政治與文明的核心／邊陲差異（見圖 2）。即使今日寮國政府禁止此傳統分類，但寮化的同化主義思維，卻無意間強化了族群的階層差異。

核心與邊陲的體系階層理論，其原創性在於解釋國際關係裡國家階層問題[39]，然而也可打破國家疆界應用到一國之內的族群關係，尤其是寮國的傳統族群三分法：寮倫（核心）、寮頂（半邊陲）、寮上（邊陲），研究也顯示即使半邊陲的寮頂族人也有貶抑邊陲寮上族的情形（Lutz, 2022）。族群階層關係不但是政治的建構，甚至也被內化成意識形態的論述[40]，例如佛教曼陀羅的聖圓之說合理化核心與邊陲的差異，而核心強者支配邊陲弱者也被合理化成宗教上的業報信仰。

---

[38] 寮族人征服了原住的克木人，並迫使克木人成為佧族（奴隸）。

[39] 世界體系理論也是依賴理論（dependency theory）的一種，由美國學者華勒斯坦（Immanuel Maurice Wallerstein）所提出。傳統依賴理論僅將世界體系分成核心與邊陲兩個類別，然而此種二分法並無法解釋許多既非核心也非邊陲國家之處境。為了解決此困境，華勒斯坦進一步提出世界體系理論，將世界體系分成三個部分，分別是核心國家（core nations）、邊陲國家（peripheral nations），與半邊陲國家（semi-peripheral nations）。換句話說，世界體系理論比傳統的依賴理論，多提出了一個半邊陲國家的概念（謝國斌、何祥如，2015：288）

[40] 宰制群體的統治伎倆除了用物理權力（physical power）來控制人們的身體之外，也會用經濟權力（economic power）來拉攏人心；而最厲害陰險的則是意識形態權力（ideological power），透過教育、宣傳、宗教等洗腦方式來進行政治社會化，進而達到控制被統治者的目的（Lukes, 1974），甚至成為馬克思所謂的麻痺痛苦的鴉片煙（Tucker, 1978）。就意識形態權力來看，19 世紀的歐洲出現了科學種族主義（scientific racism），藉由進化論等來合理化白人優越論，成為殖民時期墨西哥的族群階層制度的論述根據（Sue, 2013; 謝國斌，2018）。至於宗教上的影響，寮國的曼陀羅聖圓思維以及泰國的業報功德之說，也不容小覷。

由於寮國為內陸國，周邊與五個國家相鄰，因此其族群政治也與周邊國家有所連動，其中與泰國關係尤為密切。在寮泰兩國裡，被征服的原住民族在歷史上都成為了奴隸伕族，而今日則以遷居山區的克木族人身分生活。克木族是原住民族，但並無法享有西方國家原住民族的權利地位，反而是被貶抑汙名化的族群。在克木族之外，寮國與泰國也都有近代才移入中南半島的漢藏語族或苗瑤語族的族群，他們在寮國被歸類為寮上族，在泰國則被視為外人與國家安全的威脅（謝國斌，2021：87-88），尤其1975年之後陸續從寮國逃難來的苗族人，更演變成寮泰兩國外交問題。

　　同屬寮／泰民族的寮國與泰國，在地理與文化上鄰近，但在政治權力上與文化認同上卻一直處於競爭的態勢，進而形成國際間的權力階層關係。歷史上寮國與泰國都曾分別建立自己的王國，較強大的泰國不僅在歷史上征服過寮國，曾經將之納為屬邦小弟，冷戰時期也曾經將之視為惡棍鄰居或鄉下農夫；當代關係雖然日益密切，但仍充滿民族優越情結，並將寮國視為與越南間的緩衝國。除了泰國之外，寮國與越南的關係也可看出明顯的國家權力位階，因為當代寮共政權與柬埔寨執政黨一樣，都由越南扶植上位。

　　拉高歷史視角，從寮國的族群政治我們可以看到，國內的強勢族群宰制弱勢族群，區域強權霸凌區域小國，而外來更大的強權則試圖掌控全局[41]，一幅螳螂捕蟬黃雀在後的具象，儼然弱肉強食的自然狀態，完全呈現人類社會權力階層的景象。

---

[41] 諷刺的是，當歷史上的泰國與越南在爭奪政治地盤時，更強大的國家如中國也展現其影響力。歷史上中國帝國的擴張迫使寮/泰民族於西元8世紀逐步南遷，並與當地的孟高棉語族人（主要是克木族）競爭，最後取得核心支配地位。越南在中南半島雖然稱霸一方，把柬埔寨與寮國納為屬邦小弟，

參考文獻

李雅雯，2024。〈前中國記者王志安上賀瓏夜夜秀，移民署確認違法將罰〉中央通訊社，1月24日（https://www.cna.com.tw/news/aipl/202401240206.aspx）（2024/2/1）。

郭顏慧，2024。〈王志安發文扯「支語」歧視中國人，嗆民進黨為何不譴責〉自由時報，1月26日（https://news.ltn.com.tw/news/world/breakingnews/4563782）（2024/2/1）。

陳俐甫，2006。〈近代寮國民族主義之形成〉收於陳俐甫（編）《第一屆通識教育與國際文化學術研討會論文集》頁229-52。淡水：真理大學通識教育學院。

陳鴻瑜，2017。《寮國史》。台北：臺灣商務印書館。

寮國大米薩北迪，2020。〈寮國神話—人的由來（下）〉（https://ppfocus.com/0/st1913fbf.html）（2024/2/24）

謝世忠，2014。〈不需對話的族群分類—寮國北部的「人民」與「國家」〉《文化研究》19期，頁333-67。

謝國斌，2013。《族群關係與多元文化政治》。台北：台灣國際研究學會。

謝國斌、何祥如，2015。《社會科學概論：多元觀點的透視》。中和：新文京。

謝國斌，2018。〈墨西哥的族群政策〉《台灣國際研究季刊》14卷2期，頁29-49。

謝國斌，2021。〈泰國的族群政策〉《台灣國際研究季刊》17卷4期，頁67-94。

謝國斌，2023。〈柬埔寨的族群政治〉《台灣國際研究季刊》19卷2期，頁63-92。

Baird, Ian G. 2013. "Indigenous Peoples and Land: Comparing Communal Land Titling and Its Implications in Cambodia and Laos." *Asia Pacific Viewpoint*, Vol. 54, No. 3, pp. 269-81.

BBC News. 2009. "Thailand Deports Thousands of Hmong to Laos." December 28 (http://news.bbc.co.uk/2/hi/8432094.stm) (2024/2/27)

Benedict, Paul K. 1975. *Austro-Thai Language and Culture: With a Glossary of Roots*. New Haven: HRAF Press.

Britannica. 2024. "People of Laos: Ethnic Groups and Languages." (https://www.britannica.com/place/Laos/People) (2024/2/4)

CIA. 2024. "Laos." *World Factbook* (https://www.cia.gov/the-world-

---

也與泰國競爭。然而，歷史上的越南在東亞的場域也曾淪為中國帝國的藩屬，到19世紀末更淪為西方帝國主義者（法國）的殖民地。二次大戰後國際政治轉為美蘇對峙兩極體系，美蘇兩個超級強權都曾經在這個區域展現極大的影響力。

factbook/countries/laos/#people-and-society) (2024/2/4)
Cincotta-Segi, Angela. 2014. "Language/ing in Education: Policy Discourse, Classroom Talk and Ethnic Identities in the Lao PDR," in Peter Sercombe, and Ruanni Tupas, eds. *Language, Education and Nation-building: Assimilation and Shift in Southeast Asia*, pp. 106-29. London: Palgrave Macmillan.
Constitution of Lao People's Democratic Republic 1991 (rev. 2015) (https://www.constituteproject.org/constitution/Laos_2015) (2024/2/13)
Diller, Anthony. 2014. "Introduction," in Anthony V. N. Diller, Jerold A. Edmondson, and Yongxian Luo, eds. *The Tai-Kadai Languages*, pp. 1-8. New York: Routledge
Draper, John, and Peerasit Kamnuansilpa. 2018. "The Thai Lao Question: The Reappearance of Thailand's Ethnic Lao Community and Related Policy Questions." *Asian Ethnicity*, Vol. 19, No. 1, pp. 81-105.
Feinberg, Walter. 1996. "The Goals of Multicultural Education: A Critical Re-evaluation." *Philosophy of Education 1996*, pp. 182-89 (https://educationjournal.web.illinois.edu/archive/index.php/pes/article/view/2262.pdf) (2024/2/16)
Frewer, Tim. 2014. "Diversity and 'Development': The Challenges of Education in Cambodia," in Peter Sercombe, and Ruanni Tupas, eds. *Language, Education and Nation-building: Assimilation and Shift in Southeast Asia*, pp. 45-67. London: Palgrave Macmillan.
Gans, Herbert J. 2005. "Race as Class." *Contexts*, Vol. 4, No. 4, pp. 17-21.
Huebner, Thom. 2019. "Language Policy and Bilingual Education in Thailand: Reconciling the Past, Anticipating the Future." *Learn Journal: Language Education and Acquisition Research Network Journal*, Vol. 12, No. 1, pp. 19-29.
Harff, Barbara, and Ted Robert Gurr. 1988. "Toward Empirical Theory of Genocides and Politicides: Identification and Measurement of Cases since 1945." *International Studies Quarterly*, Vol. 32, No. 3, pp. 359-71.
International Monetary Fund (IMF). 2024. "Gross Domestic Product per Capita, Current Prices, U.S. Dollars Per Capita." (https://www.imf.org/external/datamapper/NGDPDPC@WEO/OEMDC/ADVEC/WEOWORLD) (2024/2/1)
Katzew, Ilona. 2005. *Casta Painting: Images of Race in Eighteenth-Century Mexico*. New Haven: Yale University Press.
Kymlicka, Will. 1995. *Multicultural Citizenship: A Liberal Theory of Minority Rights*. Oxford: Oxford University Press.
Lukes, Steven. 1974. *Power: A Radical View*. New York: The Macmillan Press.
Lutz, Paul-David. 2022. " 'We Used to Have Lice ...' Interethnic Imagery in Post-war Upland Laos." *Critical Asian Studies*, Vol. 54, No. 2, pp. 171-97.
Murdoch, John B. 1974. "The 1901-1902 Holy Man's Rebellion." *Journal of the Siam*

Society, Vol. 62.1, pp. 47-66. (https://thesiamsociety.org/wp-content/uploads/1974/03/JSS_062_1e_Murdoch_1901to1902HolyMansRebellion.pdf) (2024/2/7)

n.a. 2013. "Thai Experts Told Thai Government to Eradicate Thais' Superiority Complex and Condescending Attitude Towards Its Neighbors." (https://khmerization.blogspot.com/2013/04/thai-experts-told-thai-government-to.html) (2024/2/1)

Nguyen Thi Dieu. 1999. *The Mekong River and the Struggle for Indochina: Water, War, and Peace*. Westport, Conn.: Praeger Publishers.

Pholsena, Vatthana. 2006. *Post-war Laos: The Politics of Culture, History and Identity*. Cornell: Cornell University Press.

Postert, Christian. 2004. "Completing of Competing: Contexts of Hmong Selfing/Othering in Laos," in Gerd Baumann, and Andre Gingrich, eds. *Grammars of Identity/Alterity: A Structural Approach*, pp. 101-11. New York: Berghahn Books.

Pobzeb, Vang. 1990. "White Paper on Vietnamese Aggressions in Laos: 1954-1990." (https://prism.lib.asu.edu/items/76569/view) (2024/2/15)

Richmond, Yale. 2008. "Nation Building in Laos," in *Practicing Public Diplomacy: A Cold War Odyssey*, pp. 23-36. New York: Berghahn Books.

Ricks, Jacob I. 2019. "Proud to Be Thai: The Puzzling Absence of Ethnicity-Based Political Cleavages in Northeastern Thailand." *Pacific Affairs*, Vol. 92, No. 2, pp. 257-85.

Savada, Andrea Matles, ed. 1994. *Laos: A Country Study*. Washington, D.C.: Library of Congress (https://www.loc.gov/resource/frdcstdy.laoscountrystudy00sava_0/?sp=5&st=text) (2024/2/27)

Schlemmer, Grégoire. 2018. "Ethnic Belonging in Laos: A Politico-Historical Perspective." (https://hal.science/hal-01853834/document) (2024/2/13)

Schliesinger, Jochim. 2003. *Ethnic Groups of Laos*, Vol. 1, *Introduction and Overview*. Bangkok: White Lotus.

Selway, Joel. 2007. "Turning Malays into Thai-men: Nationalism, Ethnicity and Economic Inequality in Thailand." *South East Asia Research*, Vol. 15, No. 1, pp. 53-87.

Sperfeldt, Christoph. 2020. "Minorities and Statelessness: Social Exclusion and Citizenship in Cambodia." *International Journal on Minority and Group Rights*, Vol. 27, No. 1, pp. 94-120.

Stuart-Fox, Martin. 1980. "Laos: The Vietnamese Connection." *Southeast Asian Affairs*, Vol. 1980, pp. 191-209.

Sue, Christina A. 2013. *Land of Cosmic Race: Race Mixture, Racism, and Blackness in Mexico*. Oxford: Oxford University Press.

Tarling, Nicholas. 1999. *The Cambridge History of Southeast Asia, Volume One: From Early Times to C. 1500*. Cambridge: Cambridge University Press.

Taylor, Charles. 1994. *Multiculturalism: Examining the Politics of Recognition*. Princeton: Princeton University Press.

Thompson, Larry Clinton. 2010. *Refugee Workers in the Indochina Exodus, 1975-1982*. Jefferson, N.C.: McFarland & Co.

Tucker, Robert C. 1978. *The Marx-Engels Reader*. New York: Norton.

Tupas, Ruanni, and Peter Sercombe. 2014. "Language, Education and Nation-building in Southeast Asia: An Introduction," in Peter Sercombe, and Ruanni Tupas, eds. *Language, Education and Nation-building: Assimilation and Shift in Southeast Asia*, pp. 1-21. London: Palgrave Macmillan.

Ward, Oliver. 2016. "'They're so Lao': Explaining the Thai Sense of Superiority." *ASEAN Today*, December 3 (https://www.aseantoday.com/2016/12/theyre-so-lao-explaining-the-thai-sense-of-superiority/) (2024/1/30)

Wittayapak, Chusak. 2008. "History and Geography of Identifications Related to Resources Conflicts and Ethnic Violence in Northern Thailand." *Asia Pacific Viewpoint*, Vol. 49, No. 1, pp. 111-27.

Yetman, Norman R. 1991. *Majority and Minority*. Boston: Allyn & Bacon.

寮國的國家認同
——殖民與戰爭後的重建

紀舜傑
淡江大學教育與未來設計系副教授

壹、前言

　　寮國的正式國名為「寮人民民主共和國」(Lao People's Democratic Republic)，相信大多數人可能都無法正確地說出這個名稱，對寮國的認識也都有限。日本作家春上村樹坦承他對寮國的認識不多但是充滿好奇，所以前往旅遊後寫下的遊記就以《你說，寮國到底有什麼為名》(村上春樹，2017)。

　　地理上，寮國與中國、越南、柬埔寨、泰國、與緬甸為鄰，也是被這五國完全包圍，形成東南亞唯一的內陸國。在歷史上與這周圍 5 國都有相當接觸，地理創造歷史實際帶給寮國豐富的異國文化和特色。法國的殖民經驗也是重大外力影響。在語言文化上跟泰國非常密切，有時難以清楚劃分，所以法國殖民寮國時的重點就是切割泰國的影響，強調寮國與泰國是不同的文化主體。經濟上以農立國，主要糧食作物有水稻、玉米、薯類等，同時也有咖啡、橡膠、甘蔗、煙草等經濟作物。寮國的森林面積占國土面積的 70%以上，是東南亞森林覆蓋率最高的國家之一。寮國也是一個礦產資源豐富的國家，擁有銅、金、銀、鉛、鋅、鐵等礦產資源。近來主要依賴觀光業，與中國的結盟關係也延伸至經濟上的依賴關係。政治上是一個保守的社會主義國家，與中國、古巴、北韓、與越南並列為當前世界上僅有的 5 個社會主義國家。

寮國人口有 785 萬多，官方認證的族群多達 49 個，但細部劃分後族群數超過 200 個（CIA, 2024），是族群非常多元的國家。因為大象眾多且與寮人生活密切相關，寮國也有「萬象之國」的稱號。飲食上主要以糯米為主，每人糯米消費量高踞世界第一，平均每人每年消耗 171 公斤糯米，自稱為「糯米的孩子」（Vanavichit, 2022）。糯米也是寮國人認為民族與社會凝聚的黏合劑，是寮國人認同的一個重要象徵。

寮國於 1997 年與越南、柬埔寨、與緬甸 3 個鄰國，同時加入「東南亞國家協會」（ASEAN），2013 年加入「世界貿易組織」（WTO）。在德國貝塔斯曼基金會（Bertelsmann Stiftung）每年發表「貝塔斯曼轉型指數」（Bertelsmann Transformation Index, BTI）的評比中，寮國的整體國家排名在全部 137 國中名列第 112 名，政治民主的排名是第 117 名，而經濟發展則是排名第 99 名，但是在認同自己的國家上則得到 9 分（BTI, 2022），整體評估為發展中國家。

寮國曾於 1958-62 年與中華民國建交，並由親美的政府於 1962 年提升至設立大使館的最高層級關係，但持續不到 3 個月親中華人民共和國的政府上台後便與中華民國斷交。目前雙方皆無設置辦事處，台灣對寮國的外交事務皆由駐越南辦事處負責。本文的重點在透過國家認同的議題，認識這個陌生的國度，特別是探索其國家認同與民族主義之間的關聯，檢視長久歷史發展與殖民經驗對寮國的影響，也將探討美國在越戰期間在寮國發動秘密戰爭所造成的後果。國家認同也涉及國家發展方向與自我定位，認定自身在區域及世界的角色，因此本文也會探索這些情形。

貳、國家認同理論回顧

民族主義經常是探討國家認同的主要途徑，我們所理解的國家認同概念都有明確的範疇，用來定義團體內外的成員。內部成員被稱為「我者」，而外部成員則是「他者」。民族主義將這些範疇和身分定義化，其不同之處在於這些範疇是包容還是排他的。基於民族文化的國家認同，即民族主義，更傾向於排他性，被稱為族群民族主義（ethnic nationalism）。這種觀念以共同的祖先、出生地、種族、宗教或語言等民族文化作為認同的基礎，這些標準是客觀存在的，個人無法自由選擇，而是由出生環境等不可選擇的因素所決定。

Smith（1991）指出，國家認同背後的民族主義具有民族象徵性，包括民族名稱、共同祖先、共用的歷史記憶和共同的故土，其中，民族文化是最重要的凝聚力，而對民族歷史的共同記憶是整個民族一脈相傳的薪火。所以，民族被定義為一群擁有特定名稱、佔有固有領土、共用神話和歷史記憶的人群，形成一個大眾文化，並共同參與經濟和政治活動（Smith, 1991）。因此，民族主義的形成並非主觀認定或想像。

相對於族群民族主義，建構主義更傾向於公民認同的標準，被稱為公民式民族主義（civic nationalism），且更具包容性。Anderson（1983）認為，民族不僅僅是血緣關係的結合，而是一種「想像的政治共同體」。民族認同是通過想像、塑造或構造出來的。國家認同是在歷史、語言、意識形態和權力的相互影響中建構出來的。在這個建構的過程中，不同文化群體之間可能因競爭而引起國家認同的爭議，這些競爭也牽涉到不同「敘事」目的，可能是為了政治、經濟、文化等層面的動員（Groves, 2014）。

在主要以民族主義的途徑之外，Connor（1993）則以較嚴密的標準來區分民族主義與國家認同，民族主義是民族建立共同體的動力，而國家認同是屬於愛國主義。兩者忠誠的對象與程度不盡相同，國家認同的愛國主義可能是對國家的愛戀，超越個別民族利益或是特定政治目標的結合。民族主義可能較具有排他性和排斥性，強調自己國家與其他國家相比的優越性或獨特性。國家認同可能較具包容性和寬容性，可以擁抱多樣性，尊重其他國家和文化。

針對東南亞被殖民的歷史經驗，Reid（2023）認為以共同語言、民族和文化為基礎的西方民族主義模型無法完全解釋東南亞的經驗，而以「帝國煉金術」（Imperial Alchemy）作為隱喻，描述歐洲殖民國和後殖民政府如何將多元化的人口塑造成看似統一的國家。這種煉金術包含實施殖民邊界和行政系統，促進集中化國家結構和文化同質化，並創造共同的反殖民鬥爭經歷。他提出東南亞三種有別於西方類型的民族主義，分別為：基於共用祖的神話（常見於東南亞大陸）的族群式民族主義（ethnic nationalism）、由集中化的國家結構和文化同質化驅動（例如泰國）的國家民族主義（state nationalism）、由殖民壓迫的共同經歷所驅動（在整個地區占主導地位）的反帝國民族主義（anti-imperial nationalism）。

Reid（2023）所提煉金術中含有西方現代性對殖民地的植入，也如同 Anderson（1983）、Gellner（1983）、與 Giddens（1985）三個人都強調民族主義的必然現代性，認為民族主義的造成有工業化與印刷資本主義傳播的過程，才能將公民性和認同觀透過工作場合與閱讀的語言加以傳播凝結。但是這些過程與途徑在東南亞殖民地都是欠缺的，也依各殖民地的不同發展而有程度上差別。這也顯現東南亞建國過程的複雜性，甚至是強制性的性質。

以寮國的情形而論，建立與強化民族主義的現代教育，其發展歷史可以分為以下幾個階段；首先是法國殖民時期（1893-1945），這時期是寮國現代教育的起步階段。法國殖民者在寮國建立了以法語為授課語言的法式學校系統，但這些學校往往只能使上層人士受益。再來是寮國人民民主共和國成立初期（1975-90），此時期寮國政府對教育進行了改革，廢除了原有的法式學制，改為現行的學制，大力發展教育，普及小學教育，並建立了一些高等院校。最後是改革開放時期（1990 至今），此時期寮國政府進一步加大對教育的投入，教育事業取得了長足發展。接著我們就從歷史與其他面向開展對寮國國家認知討論。

參、寮國歷史：外力的介入

我們簡約檢視寮國的歷史，發現寮國的歷史可以追溯到 14 世紀的瀾滄王國。瀾滄王國由國王法昂（Fa Ngum）建立，他將佛教引入為國教，被稱為「寮國的大帝」。在鼎盛時期曾統治今天的寮國全境、柬埔寨部分地區、泰國東北部、越南北部和中國雲南省南部。到了 16 世紀末，瀾滄王國分裂為三個王國，分別為永珍（萬象）、龍坡邦、占巴塞。進入 18 世紀末，瀾滄王國逐漸衰落，越南和泰國先後入侵寮國，寮國淪為兩國的藩屬。我們可以說瀾滄王國的衰敗，是寮國歷史上的一個轉折點，寮國從此陷入了分裂和屬國的困境，不斷遭到鄰國的入侵和割據。直到 19 世紀末，法國殖民了寮國，並將其併入法屬印度支那。於 1945 年，寮國在日本投降後短暫獨立；然而，法國在 1946 年重新佔領寮國。1953 年，寮國再次獲得獨立，並建立君主立憲制。1954 年，寮國在日內瓦會議上取得國際承認。同年，寮國國內爆發內戰。1975 年，共產黨巴特寮（Pathet Lao）在寮國內戰中獲勝，並建立了寮人民民主共和國。寮國成為一個社會主義國家，1988年，寮國開始實行經濟改革，允許私人企業和外國投資，並於1997年加入ASEAN、2013年加入WTO。

　　與鄰居越南和柬埔寨一樣，寮國曾經歷法國的殖民統治，先是在1893年成為法國保護國，再於1898年連同越南和柬埔寨一起被納入法屬印度支那聯邦。但與越南不同的是，越南有著長久的中央集權和官僚組織的傳統，這使得法國更容易建立直接統治並引進現代化的政策，並創建一個忠於殖民政府的受過教育的精英階層。寮國與柬埔寨較類似的是政治格局極為分散，國家官僚機構非常薄弱，這使得法國更難控制該國並實現現代化治理，因此，寮國與柬埔寨基本上與殖民政府的現代化影響隔絕開來，這限制兩國的發展（紀舜傑，2023）。寮國王室雖然依舊存在，但是已經沒有實際的治理權力，在法國建立的官僚體系中，所有高級職位都由法國人擔任，王室、貴族、和前統治菁英都被邊緣化。但是與越南相比，寮國在被法國殖民期間的反抗民族主義較為薄弱，這與法國並沒有普遍推動現代教育有關，激起民族主義的教育途徑不若越南那般強勢（陳鴻瑜，2017）。

　　然而法國的殖民確立寮國的現代疆界，在有限的現代化發展中，法國人鼓吹的寮國民族認知只在於跟泰國的不同，強調寮國自身的民族文化，這也間接地使得寮國內部的不同族群能展顯自身的存在，並試著共存與融合，開創多元文化的基礎。但是法國非常謹慎地防止反殖民的民族情緒，直到佩差拉（Phetsarath Rattanavongsa）開展獨立運動。

　　佩差拉出生於1890年，是龍坡邦副王的長子。他曾在法國留學，並在1914年開始從事政治工作。他1941年繼承了副王的頭衛,並成為了寮國首相。佩差拉致力於推動寮國的現代化和文化發展,並反對法國和越南的殖民統治。他創辦了寮國第一所現代學校,並推動了寮國文字的改革。1945年日本在印度支那發動戰爭,佩差拉利用這個機會,發起了寮國獨立運動,建立了自由寮國政府,並廢黜了國王,他因而被稱為「寮國獨立之父」。

冷戰初期,美國總統艾森豪把寮國當作是阻擋共產主義在東南亞擴張的一張骨牌,防止從中國越南一路穿越到泰國柬埔寨(Girling, 1970)艾森豪卸任前提醒警告繼任的甘迺迪,認為寮國是世界上最緊迫的外交政策問題,甚至是比古巴問題更急迫(Kurlantzick, 2018),但是後來重點卻轉到越戰上。

1964年至1973年,美國在越戰期間對寮國進行了秘密轟炸,投下超過200萬噸炸彈,是二戰期間投彈量的兩倍多,平均約8分鐘就有一顆炸彈從天而降(Allman, 2015)。美國不曾向寮國宣戰,但大舉轟炸寮國的主要原因有以下幾點:

(一)切斷北越的胡志明小道

胡志明小道(Ho Chi Minh Trail)是北越共產黨向南越輸送兵員和物資的重要通道,其中一部分途經寮國。美國希望通過轟炸寮國境內的胡志明小道,切斷北越的補給線,削弱北越在南越的軍事力量。

(二)阻止北越在寮國建立軍事基地

北越在寮國建立了軍事基地,用於支援南越的共產主義游擊隊。美國擔心這些基地會威脅到美國在南越的軍事行動,因此希望通過轟炸來摧毀它們。

（三）削弱北越的戰爭能力

美國希望通過轟炸寮國的軍事設施、交通運輸和經濟生產，削弱北越的戰爭能力，迫使北越在談判桌上做出讓步。

美國這場祕密戰爭，造成重大的影響，許多傷害一直延續至越戰結束之後。在人員傷亡部分，據估計，寮國的軍事和平民死亡人數在 2 萬到 20 萬之間（Kurlantzick, 2018），其中許多是因為美國對寮國的秘密轟炸所致。此外，還有數以萬計的寮國人被迫流離失所。大量轟炸也造成土地破壞，在寮國投下了 200 多萬噸炸彈，其中有三分之一沒有爆炸，汙染超過 20%的寮國土地，至今仍然對寮國人民造成威脅和障礙。在寮國政治上也造成動盪，戰爭期間，寮國發生了多次政變和內戰，不同的派別和勢力為了權力和利益而相互鬥爭。最終，親北越的巴特寮在 1975 年取得了勝利，建立了寮人民民主共和國。在地緣政治上，美國的轟炸讓寮國受到越共、中共、和蘇聯的支援，最後加入社會主義國家行列，與西方的關係降至最低。即使至今寮國較老一代的領導人仍然對美國和其他西方國家深感不信任，這種不信任使得有意恢復與主要民主國家密切關係的年輕寮國領導人無法推動更大程度的開放。

至今掃清拆除未爆彈仍是寮國的重大挑戰，特別是美國使用所謂的集束彈（cluster bomb），即在大炸彈包含大量小炸彈（圖1），這種小炸彈因為造型像是小球，特別容易造成小孩子誤以為是玩具而把玩引爆受傷，甚至是死亡（Timeline, 2019; Fagotto, 2015）。2016 歐巴馬在訪問寮國時承認表示寮國是歷史上被轟炸最嚴重的國家，美國對這些轟炸造成的後果應負道德責任加以協助解決，並撫慰平寮國人的傷痛（BBC, 2016）。

來源：*Laotian Times*（2016）。

圖1：美軍轟炸寮國的未爆彈

肆、戰後重建：佛教與社會主義的融合

寮國在越戰結束後，建立了寮人民民主共和國，在凱松（Kaysone Phomvihane）的領導下鞏固了寮國人民革命黨（Lao People's Revolutionary Party, LPRP）的控制權。在國家符號和敘事上，採用傳統符號，如塔鑾（Stupa），並建構歷史敘事，強調寮國團結和抵禦外國敵人的獨立性。寮國也建立中央集權政府，將分散的各個地區統一在一個行政機構之下，促進民族凝聚力。凱松啟動了經濟改革，主要集中在中央計劃和農業集體化。他旨在實現經濟現代化和提高生活水準，儘管其效力和影響仍存在爭議。寮共政府投資擴大

全國的教育和醫療保健服務，旨在縮小地區差距並創造更統一的民族認同。並進行基礎設施建設，進行道路和水力發電大壩等基礎設施項目，以連接不同地區並促進經濟發展，促進共同進步的理念。

在這些新的建國措施下，凱松的作為仍有可議之處，像是壓制反對勢力，人民革命黨的一黨制和審查制度限制了政治參與和表達，也在政策上對一些不同的族群和團體有差別待遇而招致不滿，阻礙了真正包容的民族認同發展。在經濟發展上的成效也不理想，凱松統治期間，寮國仍然是東南亞最貧窮的國家之一，這引發了人們對中央經濟計畫有效性和其對國家發展影響的質疑。

與緬甸和柬埔寨一樣（紀舜傑，2022；2023），佛教也是寮國民族主義的重要因素。佛教是寮國人的文化、生活習慣、節慶、教育、價值觀、和社群集合的主要所在，傳統僧侶在社會中擁有崇高的地位。他們被尊重為精神領袖和道德導師，扮演著教育、指導和治療等多重角色。佛教寺院也被視為文化和社區的中心，這種傳統僧侶的角色強化了寮國人對佛教的認同，並形成了寮國社會結構的一部分。佛教節日和慶典也是寮國人生活中重要的活動，例如，邦爾模水燈節（Boun Ok Phansa）、曼萊燈節（Magha Puja）和巴武蓬節（Boun Bang Fai）等節日都與佛教教義和傳統密切相關。佛教故事和哲理也在寮國文學和藝術中佔有重要地位。寮國的文學作品、繪畫、雕塑和藝術品常常描繪佛陀、菩薩和其他佛教人物。僧院並提供基礎教育和道德教育，教導學生佛教教義、禪修和道德準則。我們可以說佛教構成的整個社會體系，不只植根寮國人對佛教的認同感，並將佛教價值觀融入他們的日常生活和行為方式中。

但是在人民革命黨建立了寮人民民主共和國後，因為共產主義無神論的意識形態，寮國原先的佛教民族主義面臨考驗。人民革命黨雖然不像柬埔寨的赤柬廢除佛教，導致信任、尊嚴甚至道德價值都被徹底摧毀（Downie & Kingsbury, 2001），但是寮共政府與佛教徒之間的關係變得複雜，初期呈現緊張關係，使用集體化和限制宗教活動，成立「寮國佛教陣線」，負責監督佛教事務。被任命為領導職位的僧侶通常會奉承黨的路線，影響宗教話語和實踐。使許多僧侶和普通佛教徒疏遠。一些寺廟被迫關閉，僧侶社區受到政府控制（Stuart-Fox & Bucknell, 1982）。

　　後來逐漸地轉為適應與共存，寮共政府採取了更務實的方法。認識到佛教在社會中的深厚根源，他們放寬了限制，允許寺廟重新開放，並支持一些宗教活動。最後發展成共生關係，一些僧侶在政府和社會組織中擔任官方職務，促進合作和共同價值觀。新的認同因素雖然佛教在社會主義時期隱性地佔據了主導地位，但佛教在這段時期又開始得到廣泛的認可。從國家徽章的變化就可以看出，原來的象徵社會主義象徵的錘子和鐮刀（圖2），在1991年變成了反映瀾滄王國關鍵象徵的塔鑾寺（Stupa）（圖3）。並以「和平、獨立、民主、團結與繁榮」為國家格言，強化國家認同的元素。這顯示社會主義未能滿足人民的需要，從而導致他們將自己的身份追溯到瀾滄王國和佛教。

来源：維基百科（2023）。

圖2：寮國的社會主義　　　圖3：佛教傳統國徽

伍、苗族的認同議題

　　寮國主要的族群，以寮族（Lao）為最大群體，約占53.2%；高棉族（Khmou）約11%；苗族（Hmong）為9.2%；普泰族（Pouthay）約3.4%；岱族（Tai）約3.1%；孟公族（Makong）約2.5%；卡棟族（Katong）約2.2%；呂族（Lue）約2%；阿卡族（Akha）約1.8%；其他族群共11.6%（CIA, 2024）。雖然表面上並沒有太大規模的衝突（陳鴻瑜，2017），但是在認同上也因寮族的優勢地位，而形成一些不公平和紛爭。特別是苗族的經驗值得特別關注，因為檢視一個國家的認同問題，經常以內部是否有分離、獨立的主張或運動做為討論重點，而苗族長期與寮族的紛爭，甚至是一直被稱為反叛軍的現象，顯然成為寮國國家認同的隱憂。

　　苗族是在中國滿清時期，由雲南、廣西避難至寮國、越南、和泰國等東南亞地區。苗族主要居住在偏遠的山區，生活條件相對落後。在1954年獨立後，寮族的文化和佛教是寮國的建國主要基礎，這對少數族群且不信奉佛教的苗族，就產生融入的問題。無法以原生的要素融入新的寮國，苗族就以建構的政治取向為主，即使苗族內部也不以自身的民族文化作為主要認同的基礎，反而是家族派閥的認同較為強烈（Reminingayu, 2018）。

在越戰期間，美國中情局招募苗族領導人之一的王寶（Vang Pao），進行與北越共產黨和巴特寮的對抗，當時中情局由代號「比利少校」（Bill Lair）的特工與王寶發動名為「動力行動」（Operation Momentum），包含游擊戰，在王寶的指揮下，苗族部隊進行了襲擾、偵察和破壞巴特寮活動的行動。美國中情局則是為苗族行動提供了廣泛的空中支援，包括轟炸和運輸。另外，苗族部隊也在收集巴特寮和北越活動的情報方面發揮了關鍵作用。這項行動雖然發揮延緩共產黨的進展，但是成千上萬的苗族士兵和平民在衝突中喪生（Robinson, 1998）。這也是美國歷史上最大規模的秘密準軍事行動。中情局首次管理一場戰爭，而不是拘泥於間諜活動、分析和對外國軍隊的小規模訓練（Kurlantzick, 2018）。

1975年共產黨取得勝利後，許多苗族人被迫逃離寮國，成為難民。有些被美國撤離到美國定居，如今散居在美國加州、明尼蘇達、威斯康辛等州的苗族人，便是這支秘密部隊的後裔。留在寮國的許多苗人認為，由於大多數苗族與寮國王國維持良好關係，且曾加入美國的秘密行動，他們成為新政府的敵人。共產黨政府也沒有兌現和平協議中的承諾，苗族人仍然受到歧視和壓迫。苗族所受到的壓迫否定了共產黨政府一直宣稱各民族平等的基本原則，從而導致苗族被排斥和脫離（Reminingayu, 2018）。

同時有留在寮國的苗族人則繼續抵抗共產黨政府，並在寮國北部山區發動游擊戰，與政府軍作戰。1980年代，隨著美國對寮國的援助減少,苗族反抗軍的勢力逐漸減弱。這段期間的內戰,曾有寮國軍隊使用非法化學武器來殺害苗族反抗軍和平民的指控(Johns, 1987)。寮國政府抗議種族滅絕的指控,宣稱對苗族的行為是合法政府應對暴力叛亂。在 1990 年代,苗族反抗軍與政府達成和平協議,大部分反抗軍士兵放下武器,試圖融入寮國社會。

當今寮國苗族仍然是居住在偏遠的山區,生活條件依舊相對落後。寮國政府試圖改善苗族的教育和醫療條件,但仍存在一些歧視和壓迫的現象,例如在政治上,政府允許苗族和其他少數民族參與政治,但在實際操作中,苗族人很難獲得高層職位。經濟上,政府對苗族地區進行了一些經濟扶持,但效果有限。苗族人仍然是寮國最貧困的群體之一。文化上,政府鼓勵苗族人保留傳統文化,但也存在一些同化苗族文化的傾向。語言政策上,寮國憲法第 89 條規定寮語與寮文為官方語言,並且在學校的語言使用,仍舊完全以寮族語為主(Cincotta-Segi, 2014)。

寮國共黨政府長期以來一直在苗族地區進行軍事襲擊和強迫遷移到政府控制的營地和村莊,特別是在一些經濟投資計劃落在苗族居住的地區,苗族人民受到強力壓迫。於是在 2021 年,寮國政府軍與部分苗族反抗軍仍在北部山區發生衝突,造成雙方人員傷亡(*Radio Free Asia*, 2021)。苗族的融入與認同問題仍是寮國的一項隱憂。

陸、全球化下新寮國

寮國在 1975-86 鎖國孤立 10 年(Butler-Diaz, 1998),隨著寮國加入東南亞國協與 WTO 的區域與世界體系,寮國開展新的國家發展方向。除了傳統農業與礦產外,寮國積極發展觀光業,寮國境內擁有豐富之歷史古蹟，北部龍坡邦的古城及南部占巴賽省之 Wat Phu Pasak 石廟，以及東北部之 Xiang Khoang 省瓦罐平原（Plain of Jars），都被列為世界文化遺產，此外寮國也藉由外國投資在南部省份開發多個生態旅遊區，以綠色觀光進一步吸引來自全世界的觀光客。這種以東方主義再現（re-orientalism）的做法（Yeonkyung, 2021），回歸自身古文明的光榮遺跡，營造對外在世界的人的神祕感，與柬埔寨發展吳哥文明旅遊的途徑是一致的（紀舜傑，2023）。

另外我們也看到寮國希望將以往內陸國（landlocked）的劣勢，轉成是陸橋（landlink）的優勢。我們一再強調地理創造歷史，所以地理位置是寮國發展的重要因素。寮國位於泰國、越南和中國之間，自古以來就是中南半島的重要樞紐。在冷戰時期，寮國曾是美蘇爭霸的緩衝國。如今，寮國正尋求超越冷戰時代的格局，重振南掌王國的歷史地位。從 1986 年起，寮國政府擺脫官產主義的意識形態，開始推行市場導向的「新經濟方案」，以市場經濟取代社會主義的計畫性經濟體制，希望藉由改革經濟體系，以開放的市場擴大對外經貿關係，吸引外國投資，進而增進整體經濟成長。並透過區域合作，融入全球經濟，扮演區域及全球的積極角色（Vatthana & Banomyong, 2007）。

經濟轉型為寮國帶來了發展機遇，但也面臨一些挑戰。在區域發展方面，湄公河沿岸地區由於地理位置優越，經濟發展較快，與內陸高山地區出現了城鄉發展不平衡的差距。在所得分配方面，城鄉發展差距導致少數族群居住地區淪為貧窮地區，加之以商業文化的不適應，加劇了所得分配不平等的矛盾。在基礎建設方面，由於高山與平地之間存在差距，導致高山地區族群必須下山工作求生存，加劇了社會問題。

整體而言，寮國的未來發展，經濟轉型是寮國是極重要的方向外，從農業經濟轉變為工業和服務業驅動的經濟，需要寮國政府在基礎設施建設、外國投資、教育和技能培訓等方面加大投入。經濟發展之外，政治穩定是寮國持續發展的基礎。寮國政府需要繼續深化改革，加強治理能力、反腐敗和法治建設，以創造更加穩定、公正的社會環境。國際合作將為寮國發展提供重要助力。寮國可以通過積極參與區域和國際合作，爭取資金、技術和市場準入等方面的支持，融入全球經濟發展浪潮。自然資源開發是寮國經濟發展的重要潛力。寮國擁有豐富的水力、礦產和農業資源。合理開發和利用這些資源，將為寮國經濟發展提供強勁動力。

在教育方面，平均受教育年資為 5.3 年，只有約 30%的三年級學生達到識字標準，近 40%的 5 歲以下兒童無法獲得早期學習機會。雖然農業是寮國的主要生計來源，但糧食安全仍面臨挑戰，特別是對於受未爆彈影響的地區，1964 年至 1973 年間，未爆彈的投擲量超過 200 萬噸，其中 30%未爆炸。46 個最貧困地區中有 42 個地區受到未爆彈的影響，可見其造成巨大的負面效應一直持續（World Vision, 2023）。寮國在教育領域取得進步、勞動力生產力提高以及衛生措施改善，將是寮國永續發展的關鍵（Sage, 1998）。

寮國於 1971 年首次被聯合國列為最不發達國家，直到 2021 年才從這個發展底層畢業，進入開發中國家之列（Sims, 2022）。但從底層畢業的代價是失去貿易特權、世界貿易組織的特殊和差別待遇減少、獲得國際發展融資的機會減少以及對聯合國實體的預算捐款增加。如何真正發揮陸橋國家的發展優勢是未來的重大挑戰，特別是開通與中國的鐵路連結，雖然是強化與中國的關係，但這條鐵路造成的環境破壞、債務高築、以及對中國過度依賴都是必須面對的負面效應。

中國對寮國的未來有著重大的影響,是寮國最大的投資者、債權國和貿易夥伴,幫助寮國發展基礎設施、能源和經濟。然而,中國的影響也帶給寮國如債務、環境和社會成本以及外交平衡等問題。中國是寮國的主要債權國,持有其近一半的公債。而寮國在償還債務上面臨困難,尤其是在 COVID-19 大流行之後,大大降低其旅遊業和出口收入。在政治上,中國是寮國的戰略夥伴,兩國在政治和意識形態上關係密切。中國支援寮國的發展和安全,寮國支援中國核心利益和區域倡議,但同時也希望能夠得到更多西方的援助與支持,發揮如泰國所著稱的彈性外交策略,即俗稱的的「竹子外交」(bamboo diplomacy)(紀舜傑,2022)。

柒、結論

許多到過寮國旅遊的人多會讚歎寮國人的和善、樂天知命、而且與世無爭。寮國是個佛教國度,宗教是人們認識這個世界的一個框架,透過宗教的故事認知世界與人的關係,也形塑人生觀跟世界觀。以上所說寮國人的特質是否來自佛教的教化是個有趣的問題。但在本文探討寮國的國家認同之後,我們不禁有此疑問;這種所謂的樂天知命,是無求認分滿足現況的樂觀,還是任人宰制後的無可奈何。

寮國的發展一直受外來勢力的影響,西方殖民主義帶來法國的殖民,與越南和柬埔寨淪為法屬印度支那(French Indochina)的一部分。西方殖民主義帶來的西方現代性(modernity),美其名為帶領被殖民地區的人民一起享受人類現代文明的成果,實質上是經貿擴張和資源的掠奪。寮國人民受到的現代化文明有限,被帶入世界體系的坎坷經歷才是顯著的結果。

西方殖民帝國以文明國家之名，將完全西方的民族國家模式帶到殖民地，只有將這些殖民地轉成民族國家才能融入世界體系中。寮國與其他東南亞被殖民國一樣，原本多元分歧的民族與文化，被溶成一體的的國家體制，這種極速的溶解鑄造，卻沒有西方幾世紀現代發展的基礎，例如西方的工業革命和傳播民族主義的教育體制。寮國的現代發展就在這種不當移植模式下進行，適應不良甚至是苦難是必然結果。

　　寮國也因為地緣政治的關係，寮國無端被捲入別人的戰爭，這再次是地理創造歷史，而歷史改變地理的驗證。冷戰與越戰造成的傷痛，一直到 1986 年進行經濟改革後才逐漸有轉機的機會，加上冷戰結束後加快速度的全球化，寮國政府以經濟發展作為統治正當性與強化人民認同的手段。從具有鎖國隱喻的內陸國，走向國際樞紐的陸橋國是新的國家發展方向。希望以往若有似無的存在感，以及受戰爭蹂躪的悲苦形象，都能改變為正向開朗的「美麗佛陀國度」的形象。

參考文獻

紀舜傑，2021。〈泰國的國家認同〉《台灣國際研究季刊》17 卷 4 期，頁 47-66。
紀舜傑，2022。〈緬甸的國家認同〉《台灣國際研究季刊》18 卷 4 期，頁 1-19。
紀舜傑，2023。〈柬埔寨的國家認同-榮耀與傷痛的連動〉《台灣國際研究季刊》19 卷 2 期，頁 43-62。
陳鴻瑜，2017。《寮國史》。台北：台灣商務。
維基百科，2023。〈寮國國徽〉（https://zh.wikipedia.org/zh-tw/老挝国徽）（2024/3/24）
村上春樹（賴明珠譯），2017。《你說，寮國到底有什麼？》。台北：時報出版。
Allman, T. D. 2015. "Laos Finds New Life after the Bombs." *National Geographic*, August (https://www.nationalgeographic.com/magazine/article/laos-recovery-unexploded-ordnance-vietnam-war) (2024/3/24)
BBC. 2016. "Laos: Barack Obama Regrets 'Biggest Bombing in History.'" September 7 (https://www.bbc.com/news/world-asia-37286520) (2024/3/24)
Bulter-Diaz, Jacqueline, ed. 1998. *New Laos, New Challenges*. Tempe: Program for Southeast Asian Studies, Arizona State University.
CIA. 2024. "The World Factbook: Laos." (https://www.cia.gov/the-world-factbook/countries/laos/#people-and-society) (2024/3/24)
Cincotta-Segi, Angela. 2014. "Language/ing in Education: Policy Discourse, Classroom Talk and Ethnic Identities in the Lao PDR," in Peter Sercombe, and Ruanni Tupas, eds. *Language, Education and Nation-building: Assimilation and Shift in Southeast Asia*, pp. 106-29. London: Palgrave Macmillan.
Connor, Walker. 1993. *Ethnonationalism*. Princeton: Princeton University Press.
Downie, Sue, and Damien Kingsbury. 2001. "Political Development and the Re-emergence of Civil Society in Cambodia." *Contemporary Southeast Asia*, Vol. 23, No. 1, pp. 43-64.
Fagotto, Matteo. 2015. "Laos: Thousands Suffering from the Deadly Aftermath of US Bomb Campaign." *The Guardian*, January 31 (https://www.theguardian.com/world/2015/jan/31/laos-deadly-aftermath-us-bomb-campaign-vietnam-air-attacks) (2024/3/24)
Gellner, Ernest. 1983. Nations and Nationalism. Oxford: Blackwell.
Giddens, Anthony. 1985. *The Nation-state and Violence*. Cambridge: Polity Press.
Girling, J. L. S. 1970. "Laos: Falling Domino?" *Pacific Affairs*, Vol. 43, No. 3, pp. 370-83.
Groves, J. Randall. 2014. "Southeast Asian Identities: The Case of Cambodia." *Comparative Civilizations Review*, Vol.70, No.70, pp. 9-25.
High, Holly. 2008. "Violent Landscape: Global Explosions and Lao Life-Worlds."

Global Environment, Vol. 1, No.1, pp. 56-79.

Johns, Michael. 1987. "Seventy Years of Evil." *Policy Review*, September, pp. 10-23.

Kurlantzick, Joshua. 2018. *A Great Place to Have a War: America in Laos and the Birth of a Military CIA*. New York: Simon & Schuster.

Laotian Times. 2016. "Lao People Want US to Increase UXO Clearance." August 3 (https://laotiantimes.com/2016/08/31/lao-people-want-us-to-increase-uxo-clearance/) (2024/12/5)

Owen, Taylor, and Ben Kiernan. 2015. "Making More Enemies Than We Kill? Calculating U.S. Bomb Tonnages Dropped on Laos and Cambodia, and Weighing Their Implications." *Asia-Pacific Journal*, Vol. 13, No. 3, pp. 2-8.

Pholsena, Vatthana., Ruth Banomyong. 2007. *Laos: From Buffer State to Crossroads?* Chiang Mai: Silkworm Books.

Radio Free Asia. 2021. "Lao Government Troops Launch New Assault Against Hmong at Phou Bia Mountain." April 1 (https://www.rfa.org/english/news/laos/assault-04012021160502.html) (2024/3/24)

Remingayu, Dewi Hermawati. 2018. "Turbulent National Identity in Laos." *Paradigma Jurnal Kajian Budaya*, Vol. 8, No. 2, pp. 186-96.

Robinson, Court. 1998. *Terms of Refuge: The Indochinese Exodus and the International Response*. London: Zed Books.

Sims, Kearrin. 2022. "Economic Progress Brings New Challenges in Laos." *East Asia Forum*, February 16 (https://eastasiaforum.org/2022/02/16/economic-progress-brings-new-challenges-in-laos/) (2024/3/24)

Smith, Anthony D. 1991. *National Identity*. Reno, Nev.: University of Nevada Press.

Stuart-Fox, Martin, and Rod Bucknell. 1982. "Politicization of the Buddhist Sangha in Laos." *Journal of Southeast Asian Studies*, Vol. 13, No. 1, pp. 60-80.

Timeline. 2019. "Vietnam's Bomb Graveyard: The Remnants of War." (https://www.youtube.com/watch?v=PG_EeBQF2sk) (2024/3/24)

Vanavichit, Apichart. 2022. "Chasing Climate-ready Glutinous Rice for Food Security in Thailand and Laos." Open Access Government, March 8 (https://www.openaccessgovernment.org/climate-glutinous-rice-food-security-thailand-laos/131126/) (2024/3/25)

World Vision. 2023. "Lao PDR Impact Report 2022." (https://www.wvi.org/publications/laos/lao-pdr-impact-report-2022) (2024/3/24)

Yeonkyung, Lee. 2021. "Laos National Identity Change in Perspective of RE-Orientalism: A Case Study of the 2020 Laos National Tourism Video." *International Review of Humanities Studies*, Vol. 6, No. 1, pp. 35-44.

寮國的外交關係
——行走在巨人之間*

范盛保
崑山科技大學公共關係暨廣告系教授

壹、前言

　　寮國歷史上第一個統一國家是法昂王（Fa Ngum）在 1353 年所建立的瀾滄王國（Lan Xang or Lancang）。瀾滄王國於 1707 年因王位繼承紛爭分裂為三個相互競爭的王國，並分別被緬甸、安南（越南）及暹邏統治（Britannica, 2024）。1873 年暹邏入侵寮國，寮國成為暹邏藩屬。在法國對越南進行殖民統治後，取代了暹羅人，並開始將整個寮國納入法國。1907 年的『法暹條約』界定了目前寮國與泰國的邊界。1953 年寮國宣布獨立，建立君主立憲制國家，但隨即陷入內戰。到了 1960 年代隨越共勢力興起，寮國共黨的影響力逐漸擴大。1975 年巴特寮推翻君主制政權，國王在君主立憲制下退位，共產主義的寮人民民主共和國建立（U.S. Department of State, 2024）。

---

* 本文原發表於台灣國際研究學會主辦「寮國——發展現況與展望」學術研討會，2024/3/2。

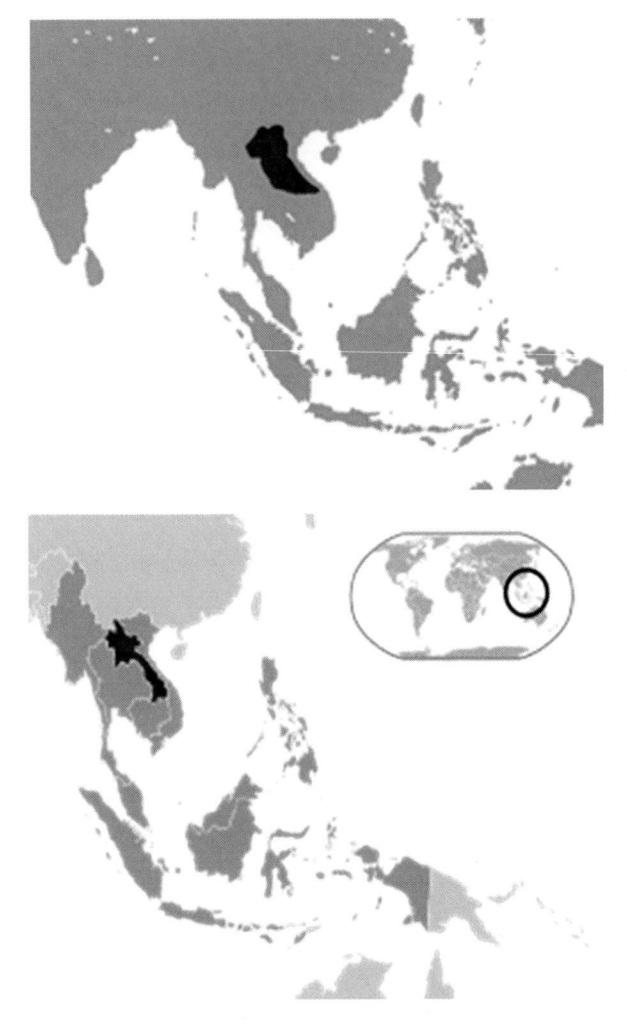

來源：維基百科（2024：瀾滄王國；寮國）。

圖 1：瀾滄王國（上）與當今寮國（下）

寮國是社會主義國家，也是東南亞唯一的內陸國，東鄰越南（共同邊界 2069 公里），南接柬埔寨（共同邊界 535 公里），西連泰國（共同邊界 919 公里）、緬甸（共同邊界 236 公里），北與中國接壤（共同邊界 505 公里）（Mottet, 2023: 191）。寮國雖在地理上是個內陸國，但因其經濟、政治、文化影響來自四面八方，也曾被描述成「不是一個內陸國家，而是一個與陸地相連的國家」（Lintner, 2008: 171）。就空間而言，內陸國面臨一些具體挑戰。它們進入貿易和過境受到限制，在大多數情況下，它們必須依靠鄰國進出海洋和航線，這種依賴使它們處於一個較脆弱的位置，迫使內陸國必須隨時調整其外交政策，或是經常性屈服於鄰國的壓力。作為一個人口數不到 8 百萬的內陸國家，獨立至今近 70 年來，寮國似乎已註定受到鄰國人口面積為其 7-13 倍的泰國和越南所影響，近 20 年來也深受中國經濟的影響。

從 18 世紀越南和泰國在寮國直接對抗的那一刻起，寮國與此二國家的關係就一直互相牽連。19 世紀法國成功地摧毀了泰國對寮國的控制。自第二次世界大戰以來，泰國和越南都認為他們的國防和安全與寮國的統治密切相關。1975 年巴特寮的勝利意味著越南人的勝利，然而，泰國人長期以來一直認為他們對寮國有特殊利益，且泰國政府經常重申此點。但泰國仍會發現很難與越南人競爭。許多寮國人擔憂泰國的強勢文化，而不抗拒種族、文化和語言上更加不同的越南人。從寮越兩國之間 1977 年的『友好條約』可以看出，寮國在政治、軍事、經濟和文化上與越南緊密聯繫在一起。條約第二條保證兩國密切合作，相互支持，以加強國防能力，維護獨立、主權和領土完整，保衛人民和平勞動，反對帝國主義和外國反動勢力的一切陰謀和破壞行為。泰國被寮國視為的「敵對政策」，特別是允許將其領土用於美國基地，被寮、越列為主要威脅，自然地，泰、寮的關係不若越、寮關係密切（Stuart-Fox, 1979: 340-41）。

寮國地理位置的封閉、多山區導致交通不發達。依據寮國 1989 年到 2015 年的投資顯示，對寮國最大的投資是發電業，其次是採礦業、農業；最大的外國投資者是中國，第二位是泰國，第三位是越南。1989 年至 2015 年寮國國內投資總額約佔 25%，顯示寮國的投資不可避免的依賴外國資金（Wattanakul & Watchalaanun, 2017: 57）。本文檢視與寮國歷史背景及地緣政治中互動最頻繁的寮、泰以及寮、越的雙邊關係，另分析外國投資中影響力最大的寮、中關係，並進一步論述寮國與此三個巨人的外交關係。

Jesse 與 Dreyer（2023: 23-26）以國際關係中的國家行為理論來解釋各種規模國家的行為。他們認為有三個主要的理論流派，分別是現實主義、國內因素以及社會建構主義。現實主義強調的是各國的權力和能力的分配，決定了他們的行為，一切都為了國家安全以及生存，比較像是系統層次分析。國內因素理論比較像是對國家的控制決定了哪一些的行動塑造了國家利益和行為。這是關於控制國家的群體、行政機關的更迭以及意識型態對國家領導人的影響，或是如個人層次分析，分析決策者及其主觀意見左右一個國家的外交政策。兩人所講的社會建構主義學派強調規範的存在和普遍性，作為外交政策選擇的動力。大多數規範源自於共同的認同、歷史先利以及國家在國際體系中地位的共同理解。這些認同提供了集體意識、歷史、語言和行為的共同文化。換言之，建構主義是「共享思想而不是共享物質」。較小的國家比較願意相信規範存在於國際秩序，而不像較大的國家體現無政府主義。

外交政策是國際關係分析中的一環。雖然國際關係理論所關注的是總體意義上的行為的國際關係，而不是單位意義上的行為的外交政策。但如同建構主義所強調的，國家行為方式與體系之間總是相互影響。在建構主義者規範、認同、文化的概念下，國家認同的變化以及國家所處的環境再再都對國家這個行為體的行為有深切的影響，而表現在外就是其透過外交政策追求目標。這些目標可能是促進經濟成長、尊重人權、保護環境、支持民主力量或削弱敵對國家等，也有可能是增加國力或是增加安全等。由於小國外交政策選擇範圍較小，主要參與地方或區域事務，並且避免與大國或者是參與大國之間的對抗。相對於越南在全球軍力排名為 22 名、泰國為 25 名以及中國為第 3 名，寮國僅排名 112 名（Global Firepower, 2024）。寮國的軍力以及經濟實力無法與此三巨人相比，既然是行走在巨人之間，它很難跟鄰近小國做結盟，更無法在三個巨人之間做選擇。也因此，現實主義或者是系統層次分析的解釋性似乎較為不足。本文寮國與三巨人的外交關係的理論性分析會集中在國內因素，亦即國家層次分析、個人層次分析以及社會建構主義分析。例如寮國與中國、越南比較傾向意識形態的結合、經濟的依賴、安全的保障等，而寮國與泰國的關係比較注重在建構主義的規範與文化、認同上。

貳、泰寮雙邊關係

寮泰兩國因為接壤，語言和文化、種族有很高的相似性。一般國家會將其首都選擇在內陸的安全地區，否則一旦爆發戰爭，首都將會是第一個被攻擊的地方，譬如 2022 年 2 月俄國入侵烏克蘭，基輔成為莫斯科首要攻擊目標。寮國首都永珍建在寮泰邊界，與泰國只有一河之差，雖是寮國歷史與地形限制下的選擇，但也凸顯寮泰的微妙關係。

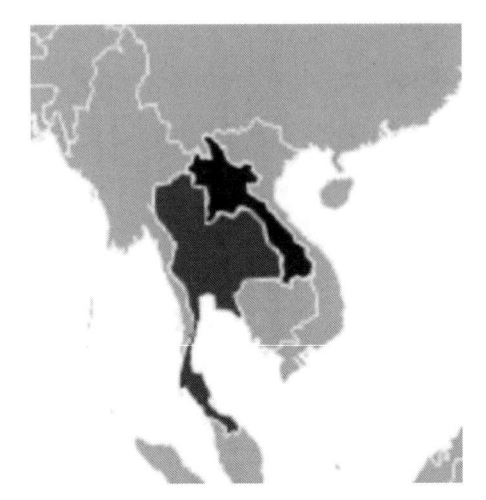

來源：維基百科（2024：泰寮關係）。

圖 2：寮國與泰國

　　雖然泰國東北部和寮國人民在種族、語言和文化上都有連結，1893 年法國統治下的寮國已讓此二區的人民有了不同歷史敘事的發展，而 1954 年法國統治下的寮國成為一個新國家，擁有自己的歷史。在寮國王國政府時期（1954 年至 1975 年），共產主義已逐漸肆虐中南半島，時任美國總統艾森豪曾表示，失去越南和寮國，將不僅威脅泰國，而且威脅緬甸和馬來亞。艾森豪也表示，寮國是一個關鍵。寮國導向共產主義，意味著自由的鄰國也隨後垮台，就像一排翻滾的多米諾骨牌一樣。甘迺迪總統也直言，寮國淪為共產主義將威脅其鄰國。艾森豪的多米諾骨牌效應也被現實主義者摩根索（Hans Joachim Morgenthau）所接受，他說越南就像酒瓶中的軟木塞，曾經他變成了共產主義，就像瓶蓋被打開，酒灑滿地無所不在，瓶中酒所灑的地方就是寮國泰國等鄰國（Wisaijorn, 2022: 208-11）。

越戰期間泰國和美國之間建立的關係加劇了寮國領導人長期以來對鄰國的不信任。在寮國成為共產主義政權後，泰國政府不希望東北部的寮語居民與寮國關係密切，曼谷在美國支持下啟動了多個開發案，實施抑制共產主義的政策。寮國在 1980 年代末期逐漸開放市場，曼谷認為寮國是泰國經濟成長的自然保護區，也是泰國在 1893 年失去的領土之一，在曼谷的支持下，泰國商人無限制的開採寮國的天然資源。由於沙耶武里省的三個邊境小村莊所有權未明，未有商定邊界，再加上伐木糾紛，1987 年 12 月到 1988 年 2 月沙耶武里省爆發了為期三個月的邊境戰爭。寮國和泰國軍隊相互對峙，導致雙方數百名士兵死亡。冷戰結束後，兩國關係逐漸改善，不存在地緣政治和意識型態的仇恨。有鑑於共同的經濟和安全利益，兩國簽署了『友好合作條約』，第一座跨國泰寮友誼大橋橫跨湄公河象徵雙方的和解。而泰國自 2007 年後也不再庇護任何意圖推翻寮國共產黨的反對派運動（Mottet, 2023: 192-94）。

寮國曾有被暹羅統治過的歷史，現今的泰國在領土、人口、經濟實力、軍事實力等綜合國力上遠大於寮國，寮泰關係並不會呈現一種競爭的關係，比較多的關注反而是在軟實力上面的互動。泰國人會使用「哥哥的家」、「弟弟的土地」稱自己為哥哥，寮國為弟弟。寮國人始終難以接受這種居高臨下的態度，比較使用中性的語言「鄰國」來強調寮國和泰國處於平等地位（Mottet, 2023: 192）。泰寮兩國人民雖然被湄公河分開，但共享的美食、語言、時尚和文化超越了湄公河。

2016 年泰國攝影師 Pongsaton Gitprachaya 在永珍拍攝一場汽車博覽會時，評論用語「該死，他們太老撾了」（they are so lao），直指展出的作品質量低劣。最終引爆寮國人民怒火，攝影師不得不越境逃亡。持平而言，泰國的優越感並不存在於全國，大概是中部和南部的人們對北部邊境比較有鄙視的感覺[1]。蘭實大學泰國歷史專家 Thamrongsak Petchlertanan 認為，泰國優越的觀念植根於泰國學校近一個世紀的民族主義教育。1950 年代後的反共意識形態支持了「泰國文化」的觀念以及泰國征服和統治該地區的觀念。自冷戰以來，寮國在經濟上一直遠落後於泰國，而寮國政府獲得的大部分經濟援助都來自泰國人的口袋。就連宗教信仰也是優越感的催化劑。因果報應的宗教信仰讓泰國人認為，寮國經濟發展較緩，除了是因他們獲得的業力和善意較少外，根本原因是寮國人是缺乏道德操守的惡棍。當然，泰寮兩國之間邊境衝突的歷史也是仇視對方、養成自己優越感的來源之一（Ward, 2016）。

寮泰兩國在文化、語言、地理、經濟、地緣政治上相近，彼此的貿易和政治關係活絡，寮國政府也特別關注泰國電視，因為居住在離泰國邊境 50 公里範圍內大約一半的寮國人口都收看泰國電視，深受泰國社會習俗、服裝趨勢、消費主義等影響。雖然泰國軟實力對於寮國人民有強大吸引力，雖然寮國政府也經常關注泰國軟實力是否會對寮國社會主義的意識形態造成影響，但在寮國人眼中，泰國人仍是「他者」（Mottet, 2023: 194）。

寮國與泰國這個巨人在意識型態完全相左，前者篤信共產主義，後者為自由主義國家，然而在文化、語言、人口的結構上，有部分的相似以及交流。由於寮國與泰國除了文化上的軟實力有相當的互動外，彼此之間並不存在競爭關係。對於寮國這樣的小國家而言，比較願意相信「規範」存在於國際秩序，更願意相信「規範」

---

[1] 泰國東北與寮國接壤處多為寮國血統，膚色較深，常被認為從事戶外勞動且階級較低。2021 年因為一則推特的用語，列出泰國東北居民的刻板特徵，包括少女懷孕、皮膚黑、為曼谷人工作等歧視言論而引發軒然大波（Vision Thai, 2021）。

源自於共同的認同、理解、集體意識等文化。在這種情境下，建構主義似乎可以理解寮國與泰國共同文化的背景所產生的外交政策優先序。不過寮國與泰國的規範、認同，不全然都在文化上的美好層面，在人權的議題上其各自外交政策追求目標注重在執政的利益上，極度限制異議人士的人權。

根據統計，在過去 10 年中已有 20 多名寮國公民在泰國被暗殺，似乎是出於政治原因。2023 年 4 月間一名著名的年輕政治活動家 Anousa Luangsuphom 在萬象市中心被殺害；2012 年間著名的民間社會活動家松巴斯因為挖掘向外國投資者提供土地以換取投資資本的大規模交易，而被神秘失蹤。人權觀察家認為這些都是發出一個訊息，在寮國批評政府的人沒有人是安全的，在泰國批評寮國政府也不見得是安全的。泰國對逃離鄰國政權的異議份子沒有一定的法律保護，並且當其他國家的特工進入到泰國追捕流亡的活動人士時，或是視而不見，或是威脅將異議人士驅逐回寮國。寮國與泰國這些基於維持自身政權利益卻違反人權的舉動，很難與建構主義的規範、認同畫上等號（Strangio, 2022; 2023）。

參、寮越雙邊關係

要談寮國跟越南的關係，不妨先從法屬印度支那開始談起。法屬印度支那的越南、寮國、柬埔寨原本有各自王國，1862 年越南割讓交趾支那（越南南部三分之一面積）給法國，1885 年中法戰爭後，法國佔領了越南中部、北部及柬埔寨，將越南中部更名為安南，北部更名為東京。1887 年法國合併交趾支那、安南、東京和柬埔寨王國成為法屬印度支那聯邦，越南成為法國保護國。1893 年的暹法戰爭迫使暹羅割讓寮國及湄公河東岸領土給法國，寮國也在戰後加入印度支那。而原先三區的君主：越南皇帝、柬埔寨國王、寮國國王受法國政府控制。與一般的殖民地一樣，印度支那只是法國為了向納稅人證明印度支那具有巨大的商業利益，可給法國工業和商業開闢市場。印度支那稅收將供應法國陸軍、海軍支用，並且是法國在遠東的基地。從而印度支那被劃分為五個地區，分別是南圻（交趾支那）、中圻（安南）、北圻（東京）、柬埔寨與寮國（維基百科，2024：法屬印度支那）。為了方便對殖民地的管理，法國自 1908 年開始畫定印度支那領土之間的界線，特別是越南和寮國之間的邊界。到了 1934 年法國完成了寮國和越南之間 2095 公里長的邊界。當越南和寮國從法國獨立後，這條邊界「大致上」成為兩國的國界（Hoang, 2007: 9）。

自 1893 年法國對印度支那殖民統治開始，促進了越南工人和官員移民到寮國，從而加深了越南人認為寮國只是越南領土的延伸。1954 年越南民主共和國（北越）支持寮國共產主義獨立運動「巴特寮」，巴特寮成為『日內瓦協議』的簽署國之一，加深兩國共產黨領導人之間的特殊關係。越南軍隊在寮國的大力介入可視為對兩國共同邊界的安全做出的回應，特別是越南針對法國和美國軍隊行動所衍生的胡志明小徑，更能彰顯越南在寮國的影響力。巴特寮政權不僅將寮國人民民主共和國推進社會主義陣營，也增加了寮國對越南的依賴。寮國在安全、預算、技術援助等方面變得更加依賴其越南老大哥，此一關係鞏固了寮國領導人和越南戰友之間非常密切的聯繫。1976-77 年寮越雙方簽署『友好宣言』以及『友好合作條約』，為雙方軍事團結、經濟發展、雙邊貿易深化合作基礎。越南對寮國的軍事支持在鎮壓寮國北部苗族過程中尤其積極。1977 年派出 3 萬名士兵鎮壓苗族，1987 年寮泰衝突期間派出特遣隊保護寮國軍事基地，2000 年後永珍發生數起不明原因爆炸事件或是苗族對巴士的攻擊，均因越南對寮國的軍事干預而平息。簡言之，越南將寮國視為其戰略安全區的一部分，寮國的內政受到河內最高權力的監控（Mottet, 2023: 195-96）。

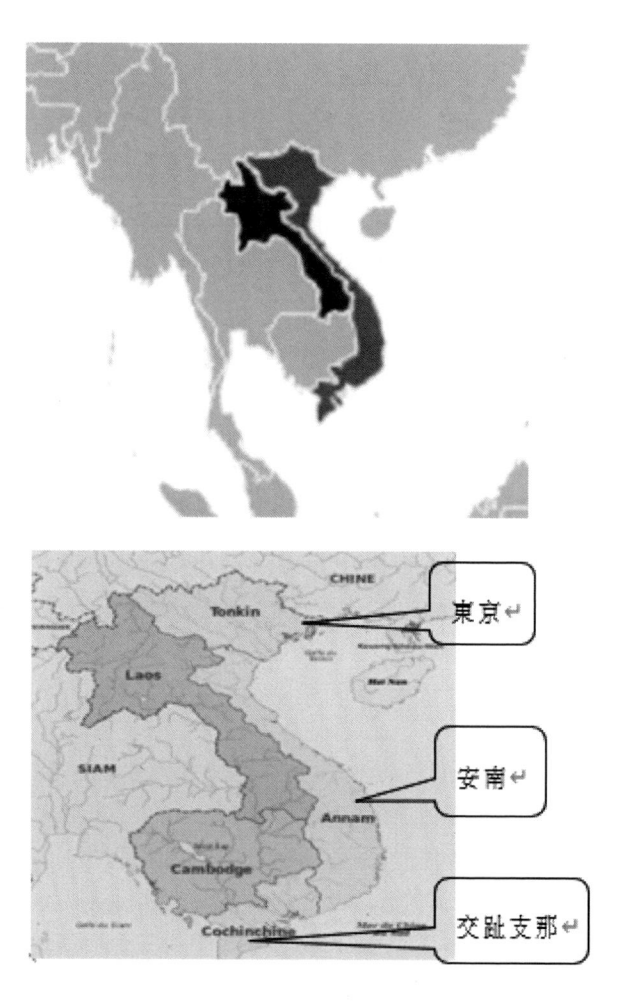

來源：維基百科（2024：越寮關係；法屬印度支那）。

圖3：寮國與越南（上）與法屬印度支那（下）

許多越南人稱寮國為兄弟國家，越南網民也常使用「東方寮國」的非正式名稱來稱呼越南，越南安全部隊多次協助寮國維護其國內穩定。越南認為協助寮國可以防止西部邊境出現威脅。越南和寮國都是東南亞的一黨制共產主義國家。2019年越南和寮國舉行兩國之間新的國防政策交流活動。官方宣稱這是首次越南、寮國防務政策交流，雙方就兩國政黨和人民之間的優先事項討論了國防合作的現狀，也認為舉行越、寮國防政策交流會是就雙邊國防合作和區域安全等共同關心的問題交換資訊，凝聚共識。有兩個主要因素可以解釋越南、寮國冷戰同盟在冷戰後仍有延續性。一是共同的安全利益，另一是共同的政治價值（Vu, 2020; Parameswaran, 2019）。

　　共同的意識形態價值觀會將盟友聯繫在一起。由於雙方各自執政的共產黨歷經數十年未曾更迭，雙方黨與黨的連繫更加深彼此外交關係。2023年4月新任越南國家主席武文賞應寮國人民革命黨中央總書記、寮國人民民主共和國主席通倫‧西蘇裡邀請所進行的國政訪問後，越南外交部的新聞稿可見端倪（越南通訊社，2023a）：

> 2022年越寮團結友好年紀念建交60週年和越寮友好合作條約簽署45週年取得了巨大成功，兩國舉辦了數百場活動。雙方同意盡快將越寮特殊關係歷史部的內容納入兩國教育機構的教學中；協調建造越寮關係歷史遺跡，包括首都永珍的越寮友誼公園。武文賞主席對寮國的正式訪問取得了許多具體和全面的成果：
> 一、在政治上，雙方繼續重申強化兩國關係。
> 二、兩國領導人高度一致同意落實兩黨兩國高層協議。
> 三、雙方同意加強兩國年輕一代宣傳兩黨兩國傳統關係。
> 四、雙方承諾在區域和國際論壇上密切協調、相互支持。

寮國是武文賞在就任國家主席後第一次訪問的國家，而且是在寮國傳統春節之際進行的，顯現出寮越關係的特殊性（越南通訊社，2023b）。寮越之間除了領導人互訪外，還有更多的互動彰顯兩國的情誼，此情誼是源自1949年印度支那共產黨中央常務委員會決定越南軍事力量以志願軍的名義幫助寮國組建自己的體系。寮越的互動許多是黨對黨、防務、安全、友誼的互動，例如：「越寮柬三國邊境國防友好交流活動」、「越南國防部資助寮國人民軍歷史博物館改建」、「越南寮國兩黨理論研討會，落實越南共產黨與寮國人民革命黨理論和實踐的合作計畫」等。所有的寮越關係都一直在強調「傳統友誼」、「特別情感」、「特殊關係」以及「全面合作」等的黨與黨關係（越南通訊社，2023c；2023d；2023e；2023f）。

肆、寮中雙邊關係

　　東南亞一些國家經常配合中國遣返海外的中國異議人士。例如，2015年書商桂民海在泰國失蹤後回到中國；2022年中國民主活動家董廣平在越南失蹤後被中國拘留。寮國亦不例外，2023年7月中國人權律師盧思位在寮國被逮捕後遣返中國（大紀元，2023）。寮國除了人權議題受中國制肘外，2019年寮國公共債務及公共擔保債務總額占國內生產毛額的68%（125億美元）；到了2021年，已經占到該國國內生產毛額的88%（145億美元），中國投資人持有其中約一半債務。寮國近年借錢所做的基礎建設，大部分資金都來自中國的「一帶一路」資金，其中，中老鐵路是一個典型案例。中老鐵路北起兩國邊境的磨丁口岸（Boten），南至寮國首都永珍，全長418公里，總投資近59億美元，中國企業與寮國政府按7:3比例合資建設，然而寮國政府應支出的3成資金中，有大量來自中國的進出口銀行的貸款，寮國真正自有資金不到 1 成。中國要求以礦產資源作為貸款擔保。如果無錢還貸，寮國將向中國提供鉀礦、鋁土礦等資源來抵債。寮國早已有「資源抵債」的先例。寮國在湄公河上修建了多座大壩，欠下中國鉅額債務。由於無力償債，遂以類似「債轉股」的還債方式，雙方簽署了一份為期 25 年的特許協議，將該國電網的控制權讓給了中國企業（大紀元，2022；2021）。

中國對寮國的影響早已是全面性的介入寮國，而非僅是經濟的影響力。根據洛伊國際政策研究所（Lowy Institute for International Policy）2018 年至 2022 年亞洲實力指數報告，衡量美、中對東南亞國家四類影響（包括經濟關係、國防網絡、外交影響和文化影響），總分 100 分所做成影響力報告，洛伊國際政策研究所的數據顯示，就寮國而言，中國對其影響力雖從 2018 年的 72 降至至 2022 的 71，但寮國仍是居東南亞各國受中國影響力之冠，遠高於美國對寮國影響力（Patton & Sato: 2023）：

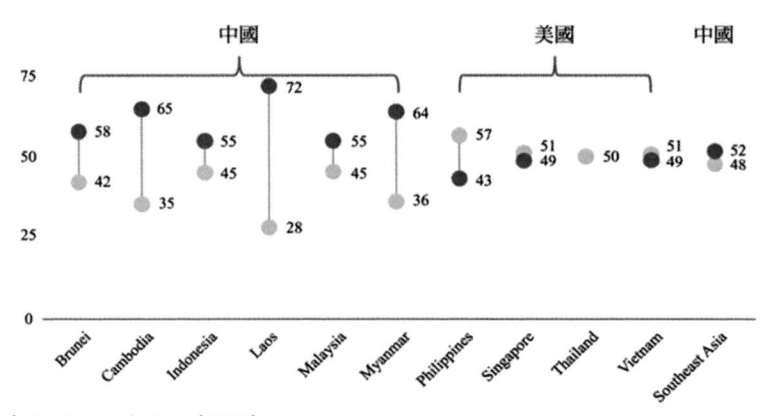

來源：Patton 與 Sato（2023）。

圖 4：中國和美國在東南亞國家之總體影響力得分（2018）

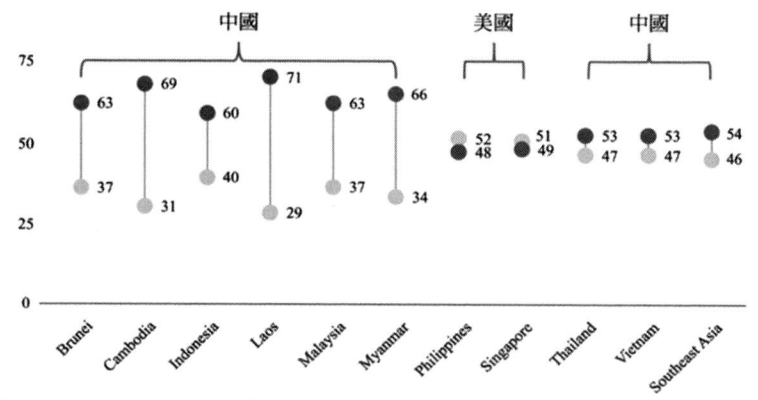

來源：Patton 與 Sato（2023）。

圖 5：中國和美國在東南亞國家之總體影響力得分（2022）

　　然而，另一份研究報告卻顯現出中國在寮國的影響力大幅銳減。根據新加坡智庫尤索夫伊薩研究院（ISEAS-Yusof Ishak Intitute）所做的〈寮國對中國看法的轉變〉調查報告，2019 年至 2023 年五年分析顯示，雖然中國在寮國繼續享有一定的影響力，但其經濟實力被認為正在下降，2022 年至 2023 年降幅最顯著，中國對寮國的經濟影響力從 86.4% 下降到 20.6%，同期中國對寮國的政治戰略影響力從 75% 下降至 30.8%。越來越多的寮國受訪者也對中國日益增長的經濟影響力表示擔憂（從 65.8% 增加至 72.7%），越來越多的受訪者歡迎美國不斷增長的經濟影響力（從 0 到 50%）。這份調查報告的受訪者是來自寮國四個類別，分別是學術／智庫／研究機構、商業／金融部門、民間社會／非政府組織／媒體，以及社會／經濟部門（Lin, 2023）。由於受訪人數僅 107 人，可算是寮國菁英階層的反饋，跟一般寮國真實情況與民眾感受應該有所落差。但這些受訪者也反應了一些最真實的層面。56.7% 的人認為「中國干涉寮國內政」會惡化對中國的正面印象，43.3% 的人則厭惡中國利用經濟工具和旅遊業作為外交懲罰工具。美國之音（*VOA*，2023a）也曾報導寮國人的感受：「中國人為所欲為，不尊重寮國的人民和規定」。受訪者認為，當中國人在寮國投資時，因為無法與寮國人民溝通，遂引入中國人，讓當地人失業。

寮國仍然是共產主義國家，寮國與中國、越南兩個共產國家的意識形態屬性較近，共產主義的意識形態也讓寮國、中國以及越南共享集體的意識與規範。在分析寮國與越南外交關係時，許多是集中在黨對黨的傳統友誼；而在分析寮國與中國的關係時，比較多集中在國內因素理論，也就是寮國需要發展經濟，促進國家利益。但控制這個國家的群體、行政機關以及意識形態仍然是屬於共產黨體制下的產物，寮國的外交優先序首選是與共產主義國家接觸，很自然的，寮國面對中國經濟影響力以及越南共產黨的傳統友誼，國內因素理論的國家層次分析與個人層次分析可為寮國對越南、中國的外交優先序做註解。

伍、結語

國際關係理論中的現實主義仍最具解釋力。現實主義最常主張國家利益導向，從國家利益去判斷國家行為。但是對於寮國此類小國而言，現實主義中的「結盟」似乎難以實現。以現實主義中的國家利益而言，舉台灣與菲律賓為例，馬英九的國民黨以及菲律賓的杜特蒂完全導向中國，而蔡英文的民進黨以及菲律賓的小馬可仕則是導向美國與日本。台灣與菲律賓所導向的國家，難道僅因換了一個總統執政後，國家利益會完全不一樣嗎？國家利益會在短暫的幾年內有重大變異嗎？「結盟」會在短時間內變來變去嗎？似乎是前後任執政者對於國家利益的定義「認知」不同而產生外交政策優先序的異動。社會建構主義學派所強調的規範、文化、認同，更能解釋此類國家的行為。

寮國的經濟、軍事實力遠低於鄰近三巨人，更容易受到鄰國的左右。盱衡現實主義、國內因素以及社會建構主義三個流派，作為一個內陸小國，寮國的外交政策並無太多的選擇性。他很難跟三個巨人之一或之二結盟，更遑論同時跟三個巨人結盟。他對三個巨人的外交政策關注各有不同議題。似乎國內因素、個人層次分析與社會建構主義概念對於解釋寮國與此三個巨人的外交互動較具一定的解釋力。寮國對於泰國的強勢文化有無法抗拒的結構性因素，對於越南則是學學越南的廣交朋友外交政策，對於中國的債務陷阱似乎已經不可避免。這或許是一個內陸小國在三個巨人影響下外交政策優先序的選擇。

參考文獻

大紀元，2021。〈中老鐵路通車　中共獲雙重好處　老撾陷債務陷阱〉12月9日（https://www.epochtimes.com/b5/21/12/8/n13425099.htm）（2024/1/6）

大紀元，2022。〈借中資謀發展　老撾深陷債務泥潭〉7月6日（https://www.epochtimes.com/b5/22/7/6/n13774386.htm）（2024/1/5）

大紀元，2023。〈人權及律師團體呼籲各國政府和老撾（寮國）政府確保中國人權律師盧思位被立即釋放〉8月3日（https://www.epochtimes.com/b5/23/8/3/n14047243.htm）（2024/1/5）

維基百科，2024。〈法屬印度支那〉（https://zh.wikipedia.org/zh-tw/法屬印度支那）（2024/1/2）

維基百科，2024。〈寮國〉（https://zh.wikipedia.org/zh-tw/老挝）（2024/1/2）

維基百科，2024。〈瀾滄王國〉（https://zh.wikipedia.org/zh-tw/澜沧王国）（2024/1/2）

維基百科，2024。〈泰寮關係〉（https://zh.wikipedia.org/wiki/泰寮關係）（2024/1/8）

維基百科，2024。〈越寮關係〉（https://zh.wikipedia.org/wiki/越寮關係）（2024/1/10）

越南通訊社，2023a。〈越南外交部部長裴青山：越南一直重視越老友好與全面合作關係〉4月11日（https://zh.vietnamplus.vn/越南外交部部长裴青山越南一直重视越老友好与全面合作关系/185429.vnp）（2024/1/5）

越南通訊社，2023b。〈越南國家主席武文賞對寮國進行正式訪問：不斷鞏固和發展越老特殊關係〉4月9日（https://zh.vietnamplus.vn/越南国家主席武文赏对老挝进行正式访问不断巩固和发展越老特殊关系/185324.vnp）（2024/1/5）

越南通訊社，2023c。〈進一步加強越老偉大友誼、特殊團結與全面合作關係〉4月21日（https://zh.vietnamplus.vn/进一步加强越老伟大友谊特殊团结与全面合作关系/185967.vnp）（2024/1/5）

越南通訊社，2023d。〈越老兩黨第十次理論研討會圓滿落幕〉12月20日（https://zh.vietnamplus.vn/越老兩黨第十次理論研讨会圆满落幕/206842.vnp）（2024/1/5）

越南通訊社，2023e。〈越南國防部幫助寮國改造與升級人民軍歷史博物館〉12月13日（https://zh.vietnamplus.vn/越南国防部帮助老挝改造与升级人民军历史博物馆/206502.vnp）（2024/1/5）

越南通訊社，2023f。〈第一屆越老柬三國邊境國防友善交流活動將於本月中旬舉行〉12月1日（https://zh.vietnamplus.vn/第一届越老柬三国边境国防友好交流活动将于本月中旬举行/204926.vnp）（2024/1/5）

Bhatt, Anjali. 2023. "China Laos relations: Laos Is Not in a Chinese 'Debt Trap' – But

It Is in Trouble." *The Diplomat*, April 27 (https://thediplomat.com/tag/china-laos-relations/) (2024/4/20)

Britanica. 2024. "History of Laos." (https://www.britannica.com/place/Laos/History) (2024/4/17)

Global Firepowe. 2024. "Global Firepower Countries Index." (https://www.globalfirepower.com/countries.php) (2024/3/5)

Hoang, Vu Le Thai. 2007. "'Vietnam's Quest for Influence and Its Implications for the Management of Border Disputes with Laos and Cambodia." *Journal of Current Southeast Asian Affairs*, Vol. 26, No. 2, pp. 5-37.

Jesse, Neal G., and John R. Dreyer. 2023. "Theories of Foreign Policy Priorities of Small and Landlocked States," in Chandra Dev Bhatta, and Jonathan Menge, eds. *Walking among Giants: Foreign Policy and Development Strategies of Small and Landlocked Countries*, pp. 19-37. Kathmandu, Nepal: Friedrich-Ebert-Stiftung.

Lin, Joanne. 2023. "Changing Perceptions in Laos toward China." ISEAS-Yusof Ishak Institute, July 17 (https://www.iseas.edu.sg/wp-content/uploads/2023/06/ISEAS_Perspective_2023_55.pdf) (2024/1/5)

Lintner, Bertil. 2008. "Laos: At the Crossroads." *Southeast Asian Affairs*, pp. 171-83.

Mottet, Éric. 2023. "The Quest for a Foreign Policy for Laos," in Chandra Dev Bhatta, and Jonathan Menge, eds. *Walking among Giants: Foreign Policy and Development Strategies of Small and Landlocked Countries*, pp. 191-208. Kathmandu, Nepal: Friedrich-Ebert-Stiftung.

Parameswaran, Prashanth. 2019. "Defense Policy Exchange Spotlights Vietnam-Laos Military Cooperation." *The Diplomat*, July 29 (https://thediplomat.com/2019/07/defense-policy-exchange-spotlights-vietnam-laos-military-cooperation/) (2024/4/2)

Patton, Susannahm, and Jack Sato. 2023. "Asia Power Snapshot: China and the United States in Southeast Asia." (https://www.lowyinstitute.org/publications/asia-power-snapshot-china-united-states-southeast-asia) (2024/6/30)

Strangio, Sebastian. 2022. "'Where Is Sombath?': After 10 Years, the Question Remains Hanging." *The Diplomat*, December 15 (https://thediplomat.com/2022/12/where-is-sombath-after-10-years-the-question-remains-hanging/) (2024/4/5)

Strangio, Sebastian. 2023. "Lao Government Critic Shot Dead in 'Brazen' Attack, Rights Group Says." *The Diplomat*, May 3 (https://thediplomat.com/2023/05/lao-government-critic-shot-dead-in-brazen-attack-rights-group-says/) (23024/4/5)

Stuart-Fox, Martin. 1979. "Factors Influencing Relations between the Communist Parties of Thailand and Laos." *Asian Survey*, Vol. 19, No. 4, pp. 333-52.

U.S. Department of State. 2024. "Background Notes: Laos." (https://1997-2001.state.gov/background_notes/laos_0009_bgn.html) (2024/4/17)

Vision Thai,2021。〈CLUBHOUSE 分裂泰國?「東北人皮膚黑」歧視言論掀爭議政府要罰〉(https://visionthai.net/article/thailand-clubhouse-toxic-issan-discriminatory-speech-2021/)(2024/2/5)

VOA,2023a。〈中國與老撾的"鐵桿"情誼是否正在改變?〉7月22日(https://www.voacantonese.com/a/changing-perceptions-in-laos-toward-china-20230721/7191239.html)(2024/2/1)

VOA,2023b。〈中老鐵路的效益與隱憂〉4月22日(https://www.voacantonese.com/a/laos-china-railway-launches-crossborder-passenger-service-20230421/7061832.html)(2024/2/3)

Vu, Khang. 2020. "Vietnam's Sole Military Ally." *The Diplomat*, December 21 (https://thediplomat.com/2020/12/vietnams-sole-military-ally/) (2024/4/15)

Ward, Oliver. 2016. "They're So Lao": Explaining the Thai Sense of Superiority." *Laotian Times*, December 5 (https://laotiantimes.com/2016/12/05/theyre-lao-explaining-thai-sense-superiority/) (2024/6/30)

Wattanakul, Thanet, and Tanawat Watchalaanun. 2017. "The Relationship between Foreign Direct Investment from Thailand and Export on the Economic Growth of Laos." *Australian Accounting, Business and Finance Journal*, Vol. 11, No. 3, pp. 55-66.

Wisaijorn, Thanachate. 2022. "International Relations of the Peoples: The Unheard History of Thailand-Laos Relations" *Political Science and Public Administration Journal*, Vol. 13, No. 1, pp. 199-232.

美國甘迺迪政府對寮國內戰之認知與對策

鄧育承
台灣國際研究協會理事

壹、緒論

　　1961 年 1 月 20 日，美國總統甘迺迪（John F. Kennedy）就任總統時，國際主要關切西歐以及柏林。在東南亞的發展上，甘迺迪也承接處理寮國內戰（Laotian Civil War）問題，其中包括美國在印度支那（Indochina）地區所投入的反共產勢力、由蘇聯以及中國所支持巴特寮（Pathet Lao）與中立勢力（neutralist forces）之角力。此外，「胡志明小徑」（Ho Chi Minh）的建立，從寮國和柬埔寨延伸而下，穿越南越的西部邊界，使中南半島局勢更加複雜緊張（Ely, 1990: 1093-1109）。事實上，寮國於 1954 年因日內瓦停戰協定成為一個獨立國家後，國內三強鼎立，包括有中立派、共產主義以及保皇派，導致衝突不斷。涉入寮國內戰的外部勢力來自於英國、法國、美國、中國以及俄羅斯（陳鴻瑜，2017：106-108）。因此，在冷戰時期，寮國是東西方陣營在爭取其內部支持所進行的一場代理人戰爭。

　　在探究甘迺迪外交政策時，會關注國家安全會議（National Security Council, NSC, 國安會）在外交決策上扮演的角色。1947 年，美國國會依照『國家安全法』（*National Security Act*）建置國安會，其主要目的是希望在二戰後，更有效地協調外交政策。然而，國安會、組織架構、內部人員編制以及角色定位都與總統態度息息相關。簡言之，國安會係研究總統決策風格中，一個非常重要的環節。甘迺迪是美國二戰後，第一位將國安會成員納入個人團隊的總統，打造成一個更小、更靈活的政策顧問小組，使國安會在外交決策上的運作更加具有彈性（Gans, 2019: 20-24）。

甘迺迪不同於前任艾森豪（Dwight D. Eisenhower）總統，其認為總統需要主導外交事務，在政策制定上不應該被制約。因此，甘迺迪不僅希望能夠擺脫一個強勢的國務卿，更希望能對繁瑣的官僚體制進行革新。首先，在國務卿的人選上，任命對其忠誠且順從的魯斯克（Dean Rusk），這樣的任命有利於國務院支持白宮外交政策上的制定與推動。再者，甘迺迪認為艾森豪所領導的國安會，官僚體制色彩濃厚，無助於外交政策的落實。在這一點上，甘迺迪的目標並非是消滅國安會體系，而是保留基本結構與人員配置，譬如總統國家安全事務助理（Assistant to the President for National Security Affairs）及其工作人員。甘迺迪任命彭岱（George Bundy）為國安會顧問，將國安會轉型為一個能夠迅速回應總統需求的單位（Preston, 2010）。上述決策官僚，儼然形成一個決策圈，主導決策過程，更有效地協調和整合國家的外交和安全政策。

有鑑於此，本論文透過官僚行為研究途徑，欲檢視：（1）甘迺迪對國安會革新之動機與調整；（2）甘迺迪政府決策官僚對於如何處理「寮國內戰」之認知；（3）未達成停火協議（cease-fire）時，軍方決策官僚對於軍事干預之歧見。本論文假設甘迺迪、魯斯克以及其他決策官僚認為寮國內戰，可透過支持寮國中立化的安排機制得到解決，首先由日內瓦協議設立的「國際監督控制委員會」（International Commission for Supervision and Control, ICC），介入並敦促停火，呼籲撤回外國軍隊，維護寮國中立國地位。然而，雖然寮國成為一個中立國家，係大國安排下所進行，寮國內部並未凝聚成共識，甘迺迪外交談判優先於軍事干預的策略，主要是希望能夠贏得盟邦信心，挽救西方世界在印度支那的頹勢。

貳、國安會之變革：甘迺迪的領導統御與治理

甘迺迪被視為是美國總統自由派代表，也是美國歷史中首位信奉天主教的總統，過去曾經參加第二次世界大戰。就任美國第35任總統之前，甘迺迪除了擔任眾議院議員外，也曾擔任參議員。他在從政之前，出過兩本書籍，字裡行間透露出他對世界格局的認識；在歐洲訪問後，又出版《英國為何沉睡》（*Why England Slept*），他認為『慕尼黑協議』（*Munich Agreement*）並非國家意志不堅定，而是未能做好適當的軍事準備（proper military provision）的自然結果（Kennedy, 1940）。另外，後來，在《當仁不讓》（*Profiles in Courage*）一書中，他對政治的權謀有了明確的看法，表示有時權宜之計是為了穩住權力，如果能夠獲得政治資本，使政治家能夠在緊要關頭能夠負責任地行事，那麼這些應變措施是合理的（Kennedy, 1956）。甘迺迪過去的參眾兩院議員歷練，從軍經驗以及歐洲的生活經驗對塑造總統的領導統御都有著深遠的影響。

美國學者 Barber（2009）對總統性格見解獨到，他將甘迺迪的性格歸類成主動－積極型（active-positive category），此類型的總統自尊心高並以結果為導向，傾向透過自信、愉悅、樂觀的態度心情行使權力，謀求人民福祉，必要時會放棄個人立場。Neustadt（1990）認為總統除了憲法所賦予的權力之外，還可以透過個人魅力、聰穎或人脈關係……等非正式的權力。總統的任期更像是談判

與協商的過程,其中總統最顯著的權力莫過於「說服力」(power to persuade)。他認為甘迺迪是一個喜歡思想交流的領導人,非政治情感操弄的領導人。如同甘迺迪在面對全球中立主義及左派(leftists)時,他所展現出的外交立場,在操作層面上非常細膩,完全與西方陣營不同。

　　艾森豪時期的國安會組織遭受批評,認為國安會花太多時間在討論書面文件,而如此龐大的制度化的組織,卻過於依賴規劃委員會(Planning Board)與執行協調委員會(Operation Coordinating Board)。類似的抨擊可追溯至 1959 年,參議員傑克遜(Henry M. Jackson)的抨擊,表示艾森豪的國安會組織並沒有制定足夠廣泛的戰略,投入足夠的資源來贏得冷戰。美國一般社會大眾與國會僅能從開會後所留下的零碎的訊息來認識國安會組織,美國無法有一個一致性的國家計劃,說明美國如何在冷戰中生存。因此,傑克遜設立「國家政策機構小組」(Subcommittee on National Policy Machinery),也稱作傑克遜委員會,對國安會組織進行檢討(Henderson, 1988)。

　　不過,從另一角度來看,傑克遜委員會認為,國安會組織應直接回應總統的需求,未來發展應著重「去制度化」(deinstitutionalize)與「人性化」(humanize),並提出九項建議,其中包括:成立新的決策小組取代規劃委員會、廢除執行協調委員會以及人事縮編等等[1]

---

[1] 具體九項建議包括:(1)國安會應鬆綁既有的國安會議,只有在重大議題時,匯報總統並提供建議;(2)國安會應向總統提供其他行動方案選項及其內涵,供總統參考做出決定;(3)國安會對出席會議人員應嚴格控管,僅限特定高階官員參與,並保留相關的決策的書面記錄;(4)未來將成立新的決策小組,取代規劃委員會,主要任務係針對總統或其他部會所提出之政策倡議進行評析,而非部門協商以及凝聚共識。此外,可以透過非正式工作小組的方式,廣納其他部會賢才齊聚一堂,集思廣益;(5)總統在

（Falk, 1964: 427-28）。甘迺迪就任總統後，接受傑克遜委員會的建議，任命彭岱出任國安會顧問，其團隊人數不超過 12 人，將國安會打造成一個精緻且靈活的團隊，符合總統個人需求的決策機制。不同於艾森豪強調國安會制度化的建立，甘迺迪更傾向以專業為導向，透過非正式／臨時工作小組，與其他官員進行對話，深化外交議題的廣度。因此，為避免艾森豪時期規劃與執行協調委員會的落差，甘迺迪將國安會調整為「總統量身訂製」的幕僚決策圈，由受信賴的顧問團隊向總統提供國家安全問題信息，並協助修改、增補以及檔號命名[2]（Nelson, 1991: 6）。

綜合上述文獻，甘迺迪對於艾森豪時期的國安會的組織過於僵化，政府決策過程缺乏彈性，無法有效迅速面對詭譎多變的冷戰環境。筆者認為甘迺迪對艾森豪組織行為的批評，完全是回應 Bendor 與 Hammond（Bendor & Hammond, 1992: 313）對 Allison 與 Zelikow 的評論，認為組織行為模式（organizational model）下的日常程序（routine）帶有約束性的影響。然而，Allison 與 Zelikow(1999)的官僚行為模型（bureaucratic model），將外交決策的產出視為決策官僚議價（bargaining game）後的結果。在官僚行

制定國家戰略時，需要仰賴國務卿專業知識，包括政治、軍事、經濟與其他關鍵因素，俾利政策一致性之維持。國安會是否能成功運作，國務卿的角色至關重要；（6）國安會將廢除執行協調委員會，未來跨部會執行的政策將由特定官員、部門或非正式跨部會工作小組所承擔；（7）國安會幕僚需要進行人事縮編，應在體制外建置總統幕僚團隊，協助提供訊息、政策倡議，並找出規劃與執行之落差，協助行政首長；（8）原國家安全資源局（The National Security Resources Board）主席於國安會的席次將由民防與國防動員辦公室（Office of Civil and Defense Mobilization）取代；（9）應於國安會外，編列預算經費，俾利國安會意見之整合。

[2] 在甘迺迪時期，總統決策不再被記錄為立場文件的一部分，而是被記錄在國家安全行動備忘錄（National Security Action Memoranda, NSAMs），這通常反映出當前的問題及甘迺迪所做的決定（Falk, 1964: 431）。

為模型中，Janis（1982）表示幕僚決策圈中同質性越高，決策人數約 6-12 人，就會形成「小團體迷思」[3]（groupthink）。上述概念上的歸納，皆與甘迺迪領導統御特性吻合；接下來，筆者再依循官僚行為作為研究途徑，試圖找出決策官僚對於「寮國內戰」之歧見，強化論文說服力。

參、甘迺迪政府對「寮國內戰」之認知

1954 年 7 月 21 日，『日內瓦停戰協定』（International Geneva Accord）的簽署結束長達將近八年的印度支那戰爭（First Indochina War），對寮國的政治格局和國家發展產生了深遠影響。在簽署協定後，寮國雖獲得獨立成為中立國，但是巴特寮實質佔領寮國北部的 Sam Neu 與 Phong Saly 兩個省份，並與越共接觸頻繁，造成內部動亂。在往後的三年多的時間，寮國政府也試圖將巴特寮與這兩個省份納入國家社會中，但是都宣告失敗。1957 年 12 月，巴特寮與寮國政府達成『萬象協議』（Vientiane Agreements），同意將 Sam Neu 與 Phong Saly 兩個省份轉交給寮國政府。此後，巴特寮獲准組成一個合法的政黨，即「Neo Lao Hak Xat」，其兩位領袖加入了國家聯合政府。同時，巴特寮軍隊也被整併到寮國皇家軍隊（Czyzak & Salans, 1963: 301）。

在接下來的時間裡，寮國政府與「Neo Lao Hak Xat」之間的政治摩擦持續存在，巴特寮最終採取了軍事行動。1959 年 5 月，一支巴特寮的營叛變並開始對政府軍進行游擊活動。到了 1959 年

---

[3] 小團體迷思最明顯的症狀是猶豫、搖擺不定、不確定感以及每當決策成為焦點時，會出現的急性情緒壓力的跡象。他們通常會誇大特定決策所帶來的正面的後果，而忽略負面的後果（Janis, 1982）。

7月,巴特寮已經發動叛亂,開始接收來自北越的大量秘密支持。1960年8月,寮國傘兵上尉貢勒(Kong Le)發動政變奪取寮國首都永珍,國會解散。富馬(Souvanna Phouma)親王為維持中立政府,組建了一個新內閣。然而,以反共為名的諾薩萬(Phoumi Nosavan)將軍在寮國南部成立了一個「政變反對委員會」(counter coup état Committee),隨後佔領永珍,富馬總理逃往柬埔寨。因此,歐謨(Prince Boun Oum)親王於是在永珍成立了一個親西方的政府。富馬親王後來在寮國中北部川壙省(Xiangkhouang)重新建立了他的政府。1960年底,寮國爆發了全面的內戰,巴特寮與富馬政府合作,除了從北越得到大量增援外,也從蘇聯獲得軍事補給。歐謨親王所領導的政府被視為寮國的合法政府,因為其獲得寮國國王、國民大會以及大多數西方大國承認和支持(Czyzak & Salans, 1963: 301-302)。

筆者認為,在冷戰格局下,美國如火如荼地在世界進行反共運動,東南亞條約組織(Southeast Asia Treaty Organization, SEATO)就是中南半島最典型的集體安全組織[4]。此外,法國在遠東的軍事和政治實力逐漸式微,地方民族主義意識高漲,尋求獨立呼聲不斷,這也提供蘇聯與中國共產黨陣營介入國內政治的考量之一。另外,1955年4月所召開的萬隆會議(Bandung Conference)尊重民族獨立以及政治主權,強化中立外交的原則。美國對其盟友的態度(如:泰國),亦或是蘇聯與中國共產黨對北越的支持,迫使寮國根據亞洲新興的權力格局重新調整其外交政策。事實上,寮國獨立後的內政發展,也如實的反映國際間三種勢力的對抗。因此,關鍵

---

[4] 由於艾森豪政府對於1954年7月21日所達成之『日內瓦停戰協定』感到不滿,拒絕在日內瓦最後宣言上簽字。1954年9月,成立東南亞條約組織,採集體安全的杜絕再次侵略的行為。

決策者對於事件的認知有助於釐清其最值得關切的議題為何？做決策之前的行動或聽取意見都有助於吾人更進一步了解決策者的思維。

1961年1月19日，在一份甘迺迪的備忘錄中[5]，主要討論美國未來需不需要對寮國做出承諾。甘迺迪拜訪艾森豪團隊詢問其國務卿赫特（Christian A. Herter）：「若是寮國受到共產主義威脅，該政府啟動東南亞條約組織，美國該不該介入？」赫特明確地表示：「應該這樣做，這是瓶中之塞（the cork in the bottle），如果寮國倒下，那麼泰國、菲律賓，當然還有蔣中正都會受到影響」。艾森豪也表示：「我們應該介入」。甘迺迪接著問：「共產黨能夠以更大的力量介入？」。艾森豪表示：「這取決於他們是否願意看到戰爭擴散」。國防部長蓋茲（Thomas S. Gates）回答：「美國有這個能力，使用某些飛機，可以將太平洋地區的12,000名士兵和供應品的運輸時間從17天縮短到12天，並從沖繩運輸海軍陸戰隊」（FRUS, 1961-63a: 7）。

魯斯克在其回憶錄中回顧起當天的對話，表示艾森豪提出兩項具體的建議：（1）不要給予中國共產黨外交上的承認（don't extend American recognition to Red China）；（2）如果可能的話，與其他國家派遣美軍至寮國；如果必要的話，單獨派遣美軍至寮國（put American troops into Laos, "with others if possible, alone if necessary"）。然而，魯斯克表示，他與甘迺迪都不認為需要對寮國做出軍事承諾，傾向透過政治談判方式來處理寮國內戰問題；也就是說，由英國與蘇聯擔任共同主席，邀請北越出席寮國會議（Laos conference of 1961-1962），美國、北越與法國都撤出寮國，使寮國

---

[5] 當時甘迺迪尚未就任總統。

非武裝化。美國希望達成一項協議，使寮國維持中立與獨立，成為東南亞的「和平之島」(island of peace)，在北越、泰國與柬埔寨形成緩衝的一個中立國家（Rusk, 1990）。

甘迺迪個人助理史列辛格（Arthur M. Schlesinger Jr.）總結 1 月 19 日的會議，表示艾森豪希望透過東南亞條約組織介入寮國內戰，但是英國與法國卻不希望透過東南亞條約組織介入。史列辛格回憶，艾森豪認為若寮國落入共產主義，美國將無法說服泰國、柬埔寨以及南越一起行動。屆時，作為最後的絕望之舉，艾森豪願意單方面採取行動（Schlesinger, 1965）。筆者認為，根據 FRUS 資料以及魯斯克與史列辛格的回憶錄透漏，艾森豪及其內閣認為美國應該透過集體安全組織進行干預，也不排除美方單獨干預的可能性。此次的會議被甘迺迪與核心幕僚成員視為艾森豪政府支持對寮國進行軍事行動的訊息。

然而，甘迺迪的國防部長麥納馬拉（Robert McNamara）回憶起當天的會議，卻說：「針對寮國的問題，艾森豪建議美國不要採取單方面的行動」。麥納馬拉提及美國如何能夠防止共產主義滲透寮國政治，艾森豪並沒有直接回答甘迺迪的問題，僅給了一個拼湊的訊息。他對會議的總結與甘迺迪、魯斯克與史列辛格截然不同，艾森豪僅明確表示，「如果寮國失守，以長遠來看，我們將失去整個東南亞」（McNamara, 1996）。

Greenstein 與 Immerman（1992: 583-84）對本次會議做出分析，進一步表示對訊息的錯誤知覺（misperception）與溝通不良（miscommunication）也常發生在人類的生活中，這凸顯組織諮詢和決策討論的重要性，盡可能確保參與者談論的是同一點，因此可以在會議結束時達成共識的理解。筆者認為，卸任總統與繼任總統在交接業務時，盤點業務是上任前的暖身操。關鍵決策官僚在離開前需要再次核對訊息，維持訊息傳遞之一致性。

除了在訊息傳遞上做出評論外，Rust（2014）從公開的外交（overt diplomacy）與秘謀的政治行動（covert diplomacy）來探究寮國的政治生態。1954 至 1960 期間，艾森豪透過美國駐寮國大使館以及駐永珍中央情報局（Central Intelligence Agency, CIA）干涉富馬組成一個中立政府。艾森豪甚至授權中央情報局協助建立「國家利益辯護委員會」（Committee for the National Interests, CDNI），於 1958 年夏天，策劃富馬內閣垮台，使其無法出任首相。1959 年，諾薩萬推翻富馬，由培·薩納尼空（Phoui Sananikone）出任首相。艾森豪總統時期，支持反共政治領袖，美國長期的介入是削弱非共產勢力的動力。

肆、甘迺迪推動中立寮國的政策意涵

1961 年 3 月 23 日，甘迺迪在全國電視機前，解釋巴特寮於 1960 年 8 月、1960 年 12 月和 1961 年 3 月控制寮國的範圍的情況。甘迺迪表示，美國將「強烈而毫不保留地」（strongly and unreservedly）支持「寮國成為一個與任何外部勢力或一組勢力不結盟、不威脅任何人、不受任何支配的中立和獨立國家」（the goal of a neutral and independent Laos, tied to no outside power or group of powers, threatening no one, and free from any domination）。若是外部的共產主義持續滲透寮國，美國與東南亞條約組織的盟友將做出回應。甘迺迪表示，美國支持「建設性的談判」，贊成英國安排停火協定後，召開寮國國際會議（FRUS, 1961-1963b: 39）。

彭岱對於如何實踐一個中立的寮國有獨特的見解，並對當前寮國政治人物做出分析。美國與東南亞條約組織傾向支持歐謨政府或反共立場強烈的政治人物,蘇聯則將富馬視為合法政府,並得到英國、法國以及其他西方國家的支持。然而,泰國與越南官員並不信任富馬,視其為軟弱的領導人,甚至可能成為共產黨的同路人。在談判的過程中,唯一的寮國人就是西薩旺‧瓦達納國王(King Svang),其對泰國以及越南官員皆不信任,有可能遭受蘇聯的反對,但他了解寮國的人民以及寮國領導人。據推測,富馬將會入閣,但不擔任部長職務,平衡共產勢力的人選。諾薩萬將軍及其他成員應繼續留任目前職務,同時也應將薩納尼空納入人選考量。歐謨可出任副總理,或無任所職務。如果共產黨堅持要求富馬之外的其他代表,人選可能會是貢勒上校或是巴特寮領導人蘇發努馮(Souphanouvong)親王(FRUS, 1961-1963c: 47)。

彭岱進一步指出,一個中立的寮國,應避免積極捲入任何一個國家內政。此外,若中立狀態允許相互爭奪外部影響力,會發展成類似1946-1947年捷克斯洛伐克(Czechoslovakia)的不穩定狀態,而非奧地利的中立狀態。在這一點上,寮國中立發展的重點應著重於「積極不結盟」(actively unaligned Laos)的原則上,否則東南亞條約組織成員國(包括柬埔寨),更加傾向一個分裂的寮國,只要寮國南部不被共產主義所控制,皆屬可接受的範圍。彭岱點出一個核心的問題,中立與不結盟概念上的含糊不清,若是談判無法使寮國成為中立國家,我們僅能退而求其次維持一個分裂的寮國,將共產黨集結在寮國北部,而將非共產主義者聚集在南部(FRUS, 1961-1963c: 47)。

然而,美國在寮國停火談判上,也強化與東南亞條約組織的合作關係。除非近期軍事行動擴大,否則美國不考慮透過聯合國採取行動。彭岱認為,美方應已政治談判為優先,並透過東南亞條約組織成員國進行反制行動。雖然各類型的草案決議在聯合國安全理事會或大會上能夠發揮功效,這一類的決策應排在東南亞條約組織之後,以避免蘇聯制約東南亞條約組織。事實上,未來寮國的發展,取決於美方對越南的政策的成功與否,若美國在越南取得成功,寮國的局勢也會好轉。若是美國在越南失敗,美方在寮國中立的安排以及在泰國和東南亞其他地區的地位都將崩潰(FRUS, 1961-1963c: 47)。

　　筆者認為,甘迺迪政府對寮國內戰外交政策的基調是明顯的,亦即軍事目標支持政治目標。然而,問題是在這樣的基調下,軍方決策官僚對於談判破裂後,美方應如何因應係接下來討論的重點。事實上,軍方決策官僚對於如何因應談判破裂後的軍事干預,存在不同的意見。在 1961 年的備忘錄中,軍方決策性官僚對於軍事干預的爭辯(FRUS, 1961-1963c: 47),如表 1 所示。

　　筆者認為,甘迺迪決策官僚對於談判破局後,美國應該如何進行干預卻沒有達成共識。若是說甘迺迪對於寮國內戰有高度的掌握,類似破局後的因應措施,軍方決策官僚應該已經沙盤推演,做出最好的決策。然而,經過 FRUS 解密資料的爬梳後,吾人可以更加確認甘迺迪軍方決策官僚對於如何進行軍事干預抱持不同的看法。

表1：軍方決策官僚之爭辯

決策官僚	職位	立場
德克將軍	陸軍參謀長	對「共產黨」人士發出最後通牒，要求在48小時內停火，並同時將東南亞條約組織的軍隊部署到泰國，沿著與寮國交界的邊境對準關鍵通訊中心，如永珍、巴克山（Paksane）和沙灣納吉（Savannakhet），以及通過圖蘭（Tourane）進入越南南部。此外，建議將空軍部署到泰國和越南南部，以及在寮國附近部署航空母艦打擊群，以便如果最初的行動未能產生停火，東南亞條約組織的地面部隊就可以直接干預寮國。
懷特將軍	空軍參謀長	在東南亞大陸上對寮國進行地面部隊干預將是一種"錯誤的部署"（maldeployment）。因此，如果48小時的最後期限未能產生停火，建議將美國的空軍力量部署到寮國，對抗巴特寮和寮國軍事集中地。如果這些行動仍然未能實現停火，建議透過空軍和海軍壓制河內和南中國。如果上述建議未奏效，建議襲擊河內，雖然這意味著與中國爆發戰爭，如果美國決心在東南亞採取果斷行動並避免韓戰的錯誤，應採取更果斷的行動。
伯克上將	海軍參謀長	立即在泰國和南越登陸美國部隊，於48小時內將他們移至寮國，以保護關鍵人口中心。如果遭受攻擊，美國軍隊可以進行反擊，但不能"對北越或共產中國構成直接威脅"。如果無法達成停火，主張對巴特寮空襲。如果北越或中國軍隊進行報復，美國應升級行動並正面還擊。

伍、結論

　　甘迺迪就任內最大的特色係將國安會組織進行改組，不但廢除規劃委員會與執行協調委員會外，也對人事進行縮編。相較於艾森豪時期的層級的權責劃分、參謀作業分層負責，甘迺迪的國安會完全是為「總統量身訂製」的幕僚決策圈，直接聽命於總統，使國安會更像一塊回音板。

　　1954年7月21日，《日內瓦停戰協定》簽署後，寮國進入了協定涉及寮國的獨立、中立、國際監察、外國軍事存在⋯等多方面的議題。在這段時間內，寮國成為冷戰時期的地緣政治競爭的前線，魯斯克願意透過「國際監督控制委員會」使寮國維持中立。然而，在越共不願意撤退的情況，美國持續支持寮國，對抗巴特寮與越南人民軍。

　　寮國在美國的授權下成為中立國，境內卻無法真正的非武裝化，寮國的中立在東南亞也算是一個顯著值得關注的例子。此外，甘迺迪決策官僚強調外交談判優先於軍事干預，但是對於談判破裂的因應決策選項似乎沒有一套完整的方案。若要說甘迺迪對寮國的外交政策具有一致性，似乎很難讓政治學者相信。

參考文獻

陳鴻瑜，2017。《寮國史》。台北：台灣商務印書館。
Allison, Graham T., and Philip Zelikow. 1999. *Essence of Decision: Explaining the Cuban Missile Crisis*. New York: Addison Wesley Longman.
Barber, James D. 2009. *The Presidential Character: Predicting Performance in the White House*. New York: Pearson Education.
Bendor, Jonathan, and Thomas M. Hammond. 1992. "Rethinking Allison's Models." *American Political Science Review*, Vol. 86, No. 2, pp. 301-22.
Czyzak, John J., and Carl F. Salans. 1963. "The International Conference on the Settlement of the Laotian Question and the Geneva Agreements of 1962." *American Journal of International Law*, Vol. 57, No. 2, pp. 300-17.
Ely, John Hart. 1990. "The American War in Indochina, Part II: The Unconstitutionality of the War They Didn't Tell Us About." *Stanford Law Review*, Vol. 42, No. 5, pp. 1093-1148.
Falk, Stanley L. 1964. "The National Security Council under Truman, Eisenhower, and Kennedy," *Political Science Quarterly*, Vol. 79, No. 3, pp. 403-34.
Foreign Relations of the United States (FRUS). 1961-63a. "Notes of Conversation Between President-Elect Kennedy and President Eisenhower" Laos Crisis, Vol. XXIV, Doc.7 (https://history.state.gov/historicaldocuments/frus1961-63v24/d7) (2024/2/26)
Foreign Relations of the United States (FRUS). 1961-63b. "Editorial Note" Laos Crisis, Vol. 24, Doc. 39 (https://history.state.gov/historicaldocuments/frus1961-63v24/d39) (2024/2/26)
Foreign Relations of the United States (FRUS). 1961-63c. "Memorandum From the President's Special Assistant for National Security Affairs (Bundy) to President Kennedy" Laos Crisis, Vol. 24, Doc. 47 (https://history.state.gov/historicaldocuments/frus1961-63v24/d47) (2024/2/26)
Foreign Relations of the United States (FRUS). 1961-63d. "Editorial Note" Laos Crisis, Vol. 24, Doc. 76 (https://history.state.gov/historicaldocuments/frus1961-63v24/d76) (2024/2/26)
Gans, John. 2019. *White House Warriors: How the National Security Council Transformed the American Way of War*. New York: Liveright Publishing Co.
Greenstein, Fred I., and Richard H. Immerman. 1992. "What Did Eisenhower Tell Kennedy about Indochina? The Politics of Misperception," *Journal of American History*, Vol. 79, No. 2, pp. 568-87.
Henderson, Phillip G. 1988. *Managing the Presidency: The Eisenhower Legacy: From Kennedy to Regan*. New York: Routledge.

Janis, Irving Lester. 1982. *Group Think*. Boston: Houghton Mifflin.
Kennedy, John F. 1940. *Why England Slept*. New York: Wilfred Funk.
Kennedy, John F. 1956. *Profiles in Courage*. New York: Harper &Brothers.
McNamara, Robert S. 1996. *In Retrospect: The Tragedy and Lessons of Vietnam*. New York: Vintage Books.
Nelson, Anna K. 1991. "President Kennedy's National Security Policy: A Reconsideration." *Review in American History*, Vol. 19, No. 1, pp.1-14.
Neustadt, Richard E. 1990. *Presidential Power and the Modern Presidents: The Politics of Leadership from Roosevelt to Regan*. New York: John Wiley & Sons.
Preston, A. 2010. "A Fine Balance: The Evolution of the National Security Adviser," in Joseph R. Cerami, and Jeffrey A. Engel, eds. *Rethinking Leadership and "Whole of Government" National Security Reform: Problems, Progress, and Prospects*, pp. 12-48. Carlisle, Pa.: Strategic Studies Institute, US Army War College.
Rusk, Dean. 1990. *As I Saw It*. New York: W. W. Norton & Co.
Rust, William J. 2014. *So Much to Lose: John F. Kennedy and American Policy in Laos*. Lexington: University Press of Kentucky
Schlesinger, Arthur M. Jr. 1965. *A Thousand Days: John F. Kennedy in the White House*. London: Andre Deutsch.

寮國農村發展
——國際貿易和中國影響

闕河嘉
國立臺灣大學生物產業傳播暨發展學系副教授

壹、前言

　　寮國是東南亞大陸的一個小型內陸國家，2021 年人口約為 738 萬（United Nations, 2022）。雖然寮國擁有豐富的資源，卻是東南亞中最貧窮的國家。改善貧窮是寮國政府的重要目標，因而自 1986 年開始推行經濟改革，引入「新經濟機制」（New Economic Mechanism, NEM）政策，從原來的社會主義計劃經濟轉向市場經濟，以創造經濟成長（Cole & Ingalls, 2020; Thongmanivong & Vongvisouk, 2006）。市場經濟導向的策略包括了使寮國加強其符合國際貿易體制的能力，寮國積極尋求外國直接投資，並且透過和鄰國的外交、商業活動和貿易關係，加入全球化經濟體系。

　　寮國的新經濟機制包含了一系列的政策與實踐。自 1986 年開始的經濟改革大抵歷經了三個階段：（1）1986-97 年，開放對市場經濟的管制和鼓勵私營企業發展；（2）1998-2015 年，加強基礎設施以吸引外國投資；（3）2016 年至今，推動工業化和現代化，以提高寮國的經濟競爭力（Thongmanivong & Vongvisouk, 2006）。此外，寮國積極參與區域和全球經濟的影響，包括了 1997 年加入東南亞國家協會（ASEAN）及其自由貿易區（AFTA），2004 年與美國簽署雙邊貿易協定（BTA），2007年加入亞洲開發銀行（ADB），2013年加入世界貿易組織（WTO），寮國也是2015年成立之東協經濟共同體（AEC）的成員國（Mirza & Giroud, 2004）。寮國的經濟政策改革也積極提升他和周邊國家的貿易關係，和中國、泰國、越南等簽署了自由貿易協定，降低雙邊貿易的關稅。寮國政府也致力於發展基礎建設，改善交通運輸的條件，降低成本。而且，寮國政府積極吸引外商的投資，特別是中國。於是，近年來中國成為寮國最大的外商投資來源國；中國企業大量投資寮國北部，包括農業契作貿易，以及大型商業建設。

寮國的市場導向經濟政策改革著實帶來了豐碩的成果。自2000年代以來，其經濟增長速度是世界上最快的之一；人均GDP從1990年的204美元增加到2000年的321美元，2013年的1,646美元，2023年為2017美元（OOSGA, 2023）。根據世界銀行的數據，1992年寮國的貧窮率為46%，2000年降至33.5%，2019年降至18.3%（World Bank, 2020b: 4）。貧窮率明顯反映了經濟改革的成效。

值得注意的是，「中寮泰」（亦即中國—寮國—泰國）全程鐵路於2023年2月8日首發，以55個小時的時間從中國昆明抵達泰國曼谷，這個「快速」的基礎交通設施加速了寮國已經進行了近40年的市場導向式的經濟治理模式，大大地改變了寮國原本以農業為本的經濟和社會結構。寮國現今仍是個由小農家戶組成的農業國家，2021年的統計資料顯示寮國有58.09%的勞動力是農業工作者，農業產值佔全國的28%（FAO Regional Office for Asia and the Pacific, 2021）。歷史上農民採用自給自足是式活動的模式，其中最常見的作物是稻米，其他則包括玉米、蔬菜、水果、咖啡、茶、香料、甘蔗和棉花。中寮泰鐵路的第一段是中寮鐵路的「瀾湄快線」

國際貨物列車從昆明到寮國的永珍,第二段是泰國米軌鐵路,從永珍到曼谷。往返於中國、寮國、泰國之間火車運送了冷鏈貨櫃,其中裝載了新鮮蔬菜、龍眼、榴槤等應季水果。顯見中寮泰鐵路將大大激發寮國與中國、越南和泰國的貿易關係,帶給寮國農業發展的重大商機,將衝擊寮國原有的農村產業和生活結構。

新經濟機制將加強農業現代化與商業化設定為最優先的發展事項(Thongmanivong & Vongvisouk, 2006),隨著市場為導向的農業逐漸生根,某種程度上可謂是取代了以自給自足為基礎的傳統耕作模式(Wright, 2009)。甚至,許多國際資助機構將寮國近年來顯著的貧窮率下降,歸功於寮國農業部門的收入成長所致(World Bank, 2020)。因此,本研究旨在探討寮國經濟改革對其農業部門的影響及對農村發展的廣泛影響。此外,研究將深入了解在國際貿易變化和中寮鐵路開通等重大發展後,寮國與中國關係的動態。首先,本文將把梳寮國新經濟政策下的農業政策,其次說明寮國農業發展與中國的關係,隨後分析中寮鐵路帶給寮國農業的影響,接著檢視世界銀行在中寮鐵路沿線的經濟走廊價值開發中扮演的角色,然後檢討中國影響下的寮國農村社會變遷的面貌,最後提出本文的觀點,寮國農業與農村發展是一段與中國狼共舞的互動歷程。

貳、新經濟改革下的農業政策:現代化、契約農業

農業是寮國經濟的支柱,也是寮國大多數人民依賴以維持生計的部門(Rigg, 2005; Goto, 2011; Manivong, et al., 2014)。自 1986 年引入新經濟機制以來,寮國農業部門開啟了以市場為導向的農業,將實現農業現代化和商業化為農業發展的首要目標(Thongmanivong & Vongvisouk, 2006)。這種從自給自足到商業農

業的轉變是對經濟需求的變化和融入全球市場的需求的回應（Wright, 2009）。

稻米是在寮國的農業部門中最重要的糧食作物，2006 年佔寮國農業產出的大約一半，佔總 GDP 的五分之一[1]（Goto & Douangngeune, 2017; Setboonsarng, et al., 2008）。在 2010 年，寮國有 71%的家戶種植稻米（Goto & Douangngeune, 2017; ACO, 2012）。在寮國試圖開啟國際貿易關係前，寮國的稻米生產幾乎完全依賴人力勞動和傳統品種及耕作方法的應用，對於現代的資材的接觸非常有限，如高產量品種、化肥和灌溉系統、脫殼機等農業機械等。現代化的農業生產方法目前漸漸引進寮國的耕作實踐方式中（Schiller, et al., 2006）。

至今，寮國政府將稻米視為與糧食安全、農村生計和整體國家發展相關的關鍵農作物。提高稻米產值仍是寮國農業發展的重點項目，不同的是，在經濟改革下的農作物生產不僅是為了自給自足，更是重要的國際貿易外銷產品。

1970 年代的「亞洲綠色革命」標誌著促進農業發展方面最為成功的地區，而這個經驗激勵了 1990 年代的寮國農業發展。綠色革命的核心理念是生產主義，秉持著集中化（concentration）、密集化（intensification）、專業化（specialization）的原則，旨在提高農業生產力和提升農業現代化。於是，寮國政府投入大量資金建設灌溉系統、基礎設施，鼓勵採用現代化機械與先進的農業技術，引進

---

[1] 根據聯合國農糧組織（FAO），寮國在 2010 年曾有統計局的國家策略，然而並沒有官方的農業統計系統，因此沒有可靠的農業統計數據，只能從其他部門或相關研究中推估出（FAO Regional Office for Asia and the Pacific, 2021）。本研究引用之統計資料參考來源含蓋研究論文、世界銀行、聯合國農糧組織等等。

適合寮國地形氣候需求的作物品種,並且提供農業推廣計劃以普及農業現代化(Goto & Douangngeune, 2017)。

　　生產主義的農業現代化需要更先進的知識和田間管理技能。例如,如何引進新的品種,如何合適地使用化肥的時間和用量等知識,如何處理作物的病蟲害、天災等能力。對於寮國的多數農民而言,適應新技術和實踐需要大量的投資和培訓,亟需有健全的農業推廣制度和系統。然而,寮國的農業推廣服務仍很缺乏,因而無法發揮出預期的能量(Eliste & Santos, 2012)。在此過程中,如契約農業(或稱「契作」)這樣的生產中,微型組織安排的新形式已逐漸演變。事實是,越來越多的發展中國家的小規模農戶現在透過契約農業方式與國內和國際市場相連接。

　　為了回應寮國缺乏農業推廣服務和能力的事實,寮國政府於是鼓勵透過私營契約農業安排來實現寮國農業現代化(Goto & Douangngeune, 2017; Setboonsarng, et al., 2008)。契作在寮國是新興的農業經濟模式約已經進行了 20 年,協調契約的主要買家是批發商,也有稻米磨坊、政府部門、外國買家和啤酒釀造公司(Goto & Douangngeune, 2017)。例如,稻米是寮國北部重要的契作農作物,中國買家對寮國農民提供必要的農業生產的資材(種子、化肥等)和技術支援。這些資材主要從中國進口,農民從中國買家學習作物的種植條件,待作物收成後再出口到中國。契約農業有助於提高寮國農民的生產能力和收入,譬如 Gotom 與 Douangngeune (2017)在永珍的稻農研究,契作農家的同單位面積的生產量比獨立農戶多了將近 20%。小規模的農家得以從農業產品中獲得更多收入,用於改善生計,如教育、健康保健和交通。

　　關於契約農業的安排是否可以讓寮國的農民獲益,一直有不同觀點(Wang, et al., 2014; Onphanhdala 2022; Goto & Douangngeune,

2017; Suhardiman, et al., 2021）。事實上。有越來越多的寮國稻農因為契約農業的關係，得以連結上了本地和國際市場（Fullbrook, 2007; Setboonsarng et al., 2008）。一般而言，與獨立農戶相比，契作農戶的生產量較高，同時也使他們能夠接上中國相關的食物價值鏈市場，從而獲得使農產品出口的優勢。在靠近中國的寮國北邊，由非正式組織協助媒合中國買家與寮國農民的契作模式相當普遍，普遍帶給寮國農家更多的收入。Onphanhdala（2022）研究寮國北邊省分的農民與中國投資者的契約農業合作，農民生產小組（Farmer Production Groups, FPGs）參與契約農業對小規模農戶特別有利，明顯提高了他們的收入。

然而，Goto 與 Douangngeune（2017）對於位於寮國中部的首都永珍地區，參與契約農業的稻農的研究，卻有不同的研究結果。永珍地區的契約農業多為本地買家，而且農民必須自行負擔生產資材的投入，契作形式只是確保有買家收購。Goto 與 Douangngeune（2017）提出一個有趣的觀察：在永珍地區，契約農戶和獨立農戶的「單位利潤」——即同一單位面積所得的「實際利潤」——大致相同。儘管契約農戶在相同面積的土地上能夠獲得更多的收穫，但由於他們需要自行承擔播種前的高昂成本，這最終使得他們與一般農戶的「單位利潤」相近。面對這樣的情況，契約農戶選擇通過「擴大生產面積」的方式來增加整體農作物的收益。

契約安排在一定程度上彌補農村地區既有產銷制度的間隙。然而，契約買家也喜好與大規模農戶合作，小規模農戶容易被排除在外。小規模農戶面臨了多重挑戰，包括種植面積小，不容易獲得信用貸款，現代化作物管理知識技能的農業成本過高等不利等因素。這些問題逐漸迫使他們調整家庭生計的策略，從依賴稻米種植轉向非農業方面，或轉向勞動力需求程度相對上較低的農業活動，甚至可能選擇離開農業領域（Goto & Douangngeune, 2017; Temudo & Abrantes, 2013; Suhardiman, et al., 2021）。

綜合而言，寮國經濟體制的自由化與農業發展之間存在正面關聯。然而，從契約種植稻米的實踐來看，這種變革雖然對從事大規模耕作的稻農有利，但對小規模農民可能造成負面影響，容易引發離農現象。事實上，農業現代化與自由貿易市場的經濟改革，在提升整體農業產值和所有農民收入方面，並未完全達到預期效果。

參、寮國農業發展與中國

過去寮國依賴和泰國、越南的貿易，而現在中國是其最大的外國投資國家，特別是在中寮鐵路於 2021 年 12 月開通以後，幾乎可以預見中國將主導寮國的農業發展（圖1）。

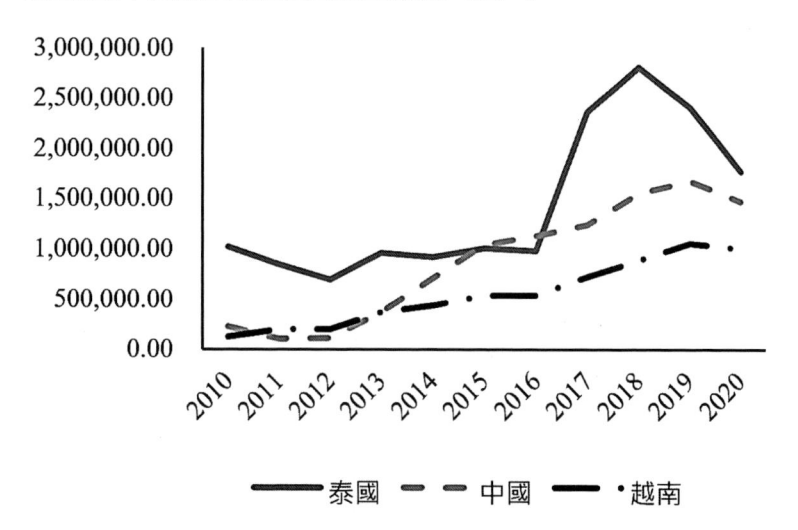

來源：世界貿易整合解決組織（World Integrated Trade Solution, WITS）。

圖 1：2010-20 寮國出口前三大國（單位：千美元）

中國是東協前 10 大 FDI 來源國之一，而且自 2013 年正式實施「一帶一路」倡議（Belt and Road Initiative, BRI）以來，中國對外直接投資（FDI）大幅增加。中國對寮國的外國直接投資是一個相對較新的現象，主要出現在 2000 年代後期和「一帶一路」倡議啟動之後，主要投資在礦業、電力、農業、製造業和建築業等領域。自 2000 年以來，除了中寮雙邊和多邊貿易協定外，寮國政府還尋求加強與中國在內的合作和區域一體化。這包括 2002 年的『東協－中國自貿協定』（ACFTA）和 2004 年在首都永珍舉辦的「東協－中國峰會」上簽署的『東協-中國全面經濟合作框架協議』。在 2005 年之前，中國占寮國出口的比例不到 1%，但自那時以來迅速增加（Andersson, et al., 2009）。在 2006 年，寮國與中國之間的貿易價值僅占寮國總貿易的 2%。在 2000 年代後期，主要的出口產品轉向重金屬，如銅和金礦石（Onphanhdala & Philavong, 2018, 2021）。

寮國與中國之間的貿易與日遽增。根據世界貿易整合解決組織（World Integrated Trade Solution, WITS）的資料（表 1、圖 2、圖 3），2010 年寮國到中國的出口值約為 2 億美元，其中 96% 為農產，到了 2015 年，中國首度成為寮國的最大出口國，出口值超過 10 億美元，其中近 12% 為農產品，約為 1.2 億，到了 2020 年，受到 Covid-19 的影響，寮國到中國的出口值下降，但也有約 15 億之多，其中 23% 為農產品，換言之，寮國對中國的農產品出口值增加至 3.75 億。此外，根據亞太種子協會（Asia and Pacific Seed Association, APSA）的報導，中國企業主要種植的作物包括白米、橡膠、玉米、木薯、西瓜、甜薯蔗（APSA, 2023）。

表1：寮國對中國之出口與進口（單位：千美元）

年份	2010	2011	2012	2013	2014
出口	222,832	105,346	107,743	366,671	705,209
進口	179,722	432,089	518,153	545,422	575,580
年份	2015	2016	2017	2018	2019
出口	1,039,451	1,128,300	1,239,831	1,546,520	1,672,285
進口	713,284	749,167	1,509,650	1,283,616	1,681,038

來源：世界貿易整合解決組織（World Integrated Trade Solution, WITS）。

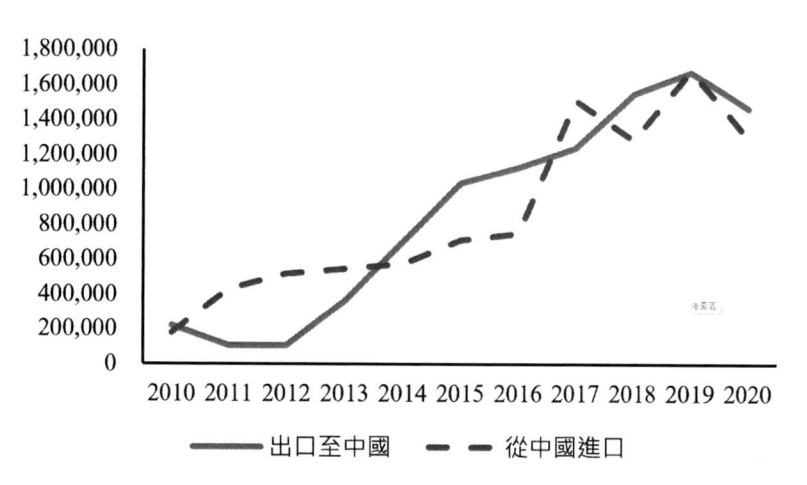

來源：世界貿易整合解決組織（World Integrated Trade Solution, WITS）。

圖2：寮國對中國之出口與進口（單位：千美元）

146　寮國──發展現況與展望

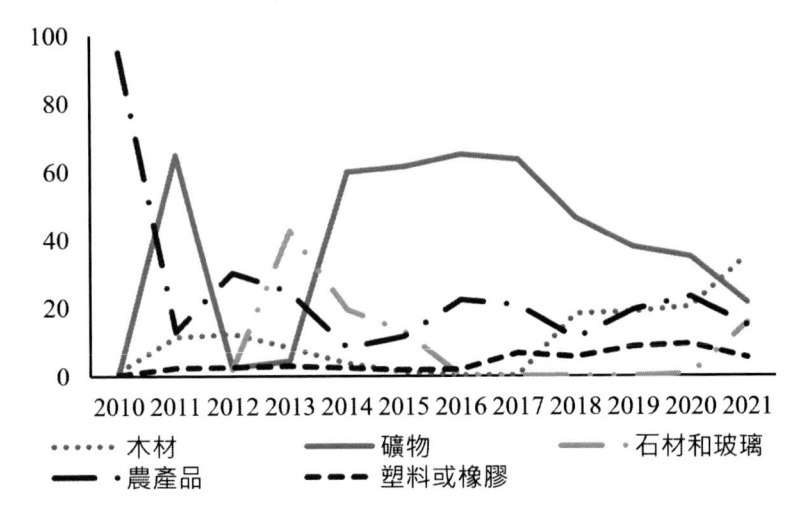

```
100
 80
 60
 40
 20
  0
    2010 2011 2012 2013 2014 2015 2016 2017 2018 2019 2020 2021
    ······ 木材         ── 礦物         ─·─ 石材和玻璃
    ──·── 農產品      ─ ─ ─ 塑料或橡膠
```

來源：世界貿易整合解決組織（World Integrated Trade Solution, WITS）。

圖3：2010-21寮國出口中國之主要項目（%）

　　中國在寮國的農業投資大抵集中在與中國接壤的北部省份。前述提及了中國私人投資家透過「契約農業」的方式從寮國出口稻米，現在更常見的機制是透過「土地特許權」（land concessions）的方式（Suhardiman, et al., 2021）。亦即，中國的私人企業直接向寮國農民租賃土地，然後由公司自己雇用勞工、經營開發農場。中國這兩種投資寮國農業的方式，同時扮演了寮國農業現代化的仲介者角色，包括了提供資本和生產技術轉移、先進農耕技術和專業知識分享。透過培訓計劃、技術示範和合作研究，中國在土壤管理、害蟲防治和綜合農業技術等領域的專業知識可以傳播給寮國農民，以改善整體農業實踐並增加產量。此外，為了使農產運銷達到高效率，中國在寮國鄉村進行基礎設施開發計畫，譬如灌溉系統的建立和道路建設。這些策略著實大大的幫助寮國農業現代化的提升。

肆、中寮鐵路對寮國農業的影響

　　中國對寮國的影響更有標誌性的「中寮鐵路」，提供了兩個國家整體經濟發展轉型所需的重要基礎設施之一。中寮鐵是一條跨境鐵路，是中國「一帶一路」倡議政策下的重要計畫之一。「一帶一路」倡議是中國努力在國際和地區層面建立更安全的貿易路線或走廊的大計劃，中國的意圖還包括使參與國與中國經濟相互依賴，從而為中國建立經濟和政治影響力。對寮國而言，中寮鐵路具備了戰略的重要性，可以克服了其國土 80%的土地面積由山地和高原組成的地理劣勢，使寮國從「內陸國」轉變為「陸地聯接」。中寮鐵路總長 414 公里，於 2016 年開始建設，2021 年 12 月完成並正式啟動。在中寮鐵路建設期間，中國和寮國在 2017 年 5 月第一屆「一帶一路」國際合作高峰論壇（Belt and Road Forum for International Cooperation）簽署了雙方之間的「一帶一路」合作備忘錄之關鍵文件，其中確定了數個優先合作領域，包括基礎設施、農業、電力建設、工業園區、文化和旅遊、金融和銀行業以及產品推廣（Larpnun, 2023）。

　　中寮鐵路促進了兩國之間的農產品物流運輸快速且降低了成本，使寮國農民更具競爭力，並開拓更廣泛的消費群體。在區域貿易和經濟一體化方面，中寮鐵路將寮國與中國、泰國、越南等東南亞國家連接起來，為區域貿易和經濟合作提供了新的機遇。世界銀行的研究報告〈發展中寮鐵路走廊農業商機潛力〉（Developing the Agribusiness Potential in The Laos-China Railway Corridor）強調了這一潛力，指出鐵路可以顯著降低物流成本，為寮國農業企業創造有價值的機會（World Bank, 2022）。從農產品出口產值的資料來看，寮國在 2021 出口到中國的農產值超過 7.2 億，在中寮鐵路通車後 2022 年則高達 13 億。此外，中寮鐵路為寮國年輕人創造了許多工作機會，這使得 2021 年寮國的失業率相比 2020 年下降了 1.05 個百分點，並且相比 2021 年，2022 年下降了 2.25 個百分點（World Bank, 2022）。

中寮鐵路在「一帶一路」倡議的計畫下成為一個重要的通道，連接起了國首都永珍（萬象）農業產業園區和中國湖南的工業區，並連結起寮國、中國與東協其他國家。譬如，1 月 20 日泰國使用中寮鐵路運送的首批 1,000 噸泰國大米（圖 1）。從中國運送到寮國的貨物包括日常生活用品、肥料、電子產品、紡織品和蔬菜等，而從寮國和鄰國運送到中國的貨物包括鐵礦石、魔芋粉、大麥米、木炭、橡膠、鉀肥和水果等。這意味著為寮國農民創造了種植更多作物出口到中國以為家庭賺取收入並逐步改善人民生活的良好條件。中寮鐵路運輸系統讓大量的貨物運往國外國家，可以說開啟了寮國和中國國際農業合作的新紀元，促成寮國經濟快速增長，有望達成寮國政府預計在 2024 年脫離未開發國家之列。

伍、世界銀行與中寮經濟走廊

中寮鐵路是連接起寮國和中國的重要交通走廊，也被稱為「中寮經濟走廊」（China-Laos Economic Corridor）。中寮經濟走廊是「一帶一路」倡議的重要組成部分，對於促進兩國之間的貿易、旅遊和經濟合作的重要性不言可喻。中國「一帶一路」倡議的官方資訊平台「一帶一路門戶」（Belt and Road Portal, BRP）網站於 2023 年 12 月 7 日，在寮國首都永珍（萬象）舉行的第二屆「一帶一路」倡議寮中合作論壇開幕儀式上，與寮國新聞社簽署合作備忘錄，開設「中寮經濟走廊專頁」。如同網站的總編輯陳宇表示「雙方將充分利用各自渠道發布權威信息，促進構建中國－寮國命運共同體」（Yu, 2023）。中寮鐵路對中國的利益是無庸置疑的，而對寮國的利益得失是個有待深入探討的議題。有趣的是，世界銀行等國際資助組織則計畫於促成寮國利用中寮經濟走廊，使之成為中國的農業體系的一部份。例如，世界銀行的研究報告〈發展中寮鐵路走廊農業商機潛力〉表示（World Bank 2020a: 9）：

> 根據 2019 年世界銀行的一項最新研究顯示，「一帶一路」倡議的整體經濟影響對於受益國家，包括寮國，可能是顯著的，但也強調了各國需要進行相應的政策改革。如果採取了正確的改革措施，鐵路以及在更廣泛的「一帶一路」倡議網絡中降低貿易成本的相關措施，有潛力提升寮國的比較優勢。該鐵路可能會使該國更具吸引力作為投資目的地，並將其與中國和東南亞國家協會（ASEAN）的主要生產和消費地區聯繫起來，使企業能夠進入全球價值鏈。圍繞火車站的一些計畫中的出口加工區可以作為吸引投資的地點，只要它們配備良好並且得到有效管理。透過高效的物流服務，寮國可以發展成為一個物流樞紐，而針對農業和旅遊的有針對性的投資可能會帶來新的出口機遇。

其他對於寮國如何利用中寮經濟走廊的研究報告還包括了：〈從內陸國到陸聯國：發掘寮中鐵路連接的潛力〉（World Bank, 2020a）、〈中寮鐵路廊道開發農企業潛力〉（World Bank, 2021）、及〈東南亞區域經濟走廊與連接性項目〉（World Bank, 2022）。

世界開發銀行非常重視寮國的農業開發潛力，特別是農企業的發展潛力，主要是因為農業績效的增強以及地區出口的增加，已經展現出降低寮國貧窮率的潛力。寮國在 2013 年至 2019 年期間，貧窮率從 24.6% 急劇下降為 18.3%（World Bank, 2022）。而且，寮國的「北部」和「南部」的貧窮率，比起原本富裕的寮國「中部」地區下降得更快。世界銀行認為這原因是「南北地區」農業產銷體系的轉型所致，這些省份採用了農業現代化農耕方式，實現了農產品商業化、並且將農業發展鑲嵌上寮國國內外的區域食品價值鏈中。農業生產體系的轉型實現了寮國的農業出口潛力，在 2018 年至 2021 年期間，農業出口每年增長了 23%，每年平均價值為 9.82 億美元。世界銀行因而更認定寮國發展農業多元化和經濟作物商品化生產轉型的重要性。

關於世界銀行如何協助寮國善用中寮經濟走廊，有四個主要的觀點和實踐方針。首先，實現寮國出口潛力有賴有效的區域連通性（regional connectivity），中寮鐵路提供了寮國區域和國家運輸網絡的重要基礎。中寮的北部走廊與中國相連，西部走廊與泰國相連，東部走廊則與越南相連。中寮的經濟廊道正是寮國重要的區域經濟市場，中國、泰國和越南這三國合計佔了寮國農產品出口的 90%（世界銀行，2022）。而且，這三個國家的中產階級人口日益增加，對優質農產品的需求強勁且不斷增加。譬如，2020 年比起 2016 年，寮國對中國的農業出口額成長了 37%，對泰國成長了 51%，對越南也成長了一倍之多。

第二，中寮鐵路經濟廊道反映出的中國、泰國、越南不同的食品經濟價值鏈的潛力，因而受到世界銀行的特別重視（World Bank, 2022）。中國、泰國和越南，寮國的三個鄰國，是其農產品的主要買家，三個鄰國佔了寮國總出口的近 90%。這三個國家的中產階級正在擴大，表明對優質農產品的需求強勁且持續增長。譬如，中國現階段需要寮國的香蕉、玉米、白米，預估靠近中國的北部廊道，世界銀行建議待連結中國的食物價值鏈的有潛力的農產品包括了木薯（新鮮的和澱粉）和新鮮水果。泰國主要進口寮國的木薯，待開發的農產品為玉米、活牛、和咖啡。對於越南的出口，目前以牲畜為主，世界銀行建議加強咖啡、木薯的出口。

事實上，亞洲開發銀行、世界銀行、聯合國世界糧食計畫署等國際援助機構，把大量的精力花在研究中國的糧食價值鏈[2]，想盡辦法讓寮國快速成為中國糧食的供應國，從而得以解決寮國的財政困難。這些資助國家看中的是中國有超過14億人口，仍有強烈的農產品需求，因而寮國政府要把握中國龐大的農產品消費市場，以推動寮國經濟增長，提高農民收入，並在運輸、物流和加工行業創造就業機會。

中寮鐵路的開通帶給寮國與鄰國貿易的發展，這使得寮國從孤立的內陸國家轉變為透過促進貿易和整合，與東南亞地區其他國家連結在一起的國家。這些貿易聯繫也為寮國與沿著經濟走廊的農業加工企業合作，發展高價值的農業生產和加工價值鏈提供了機會。

第三，為了使順利加入區域經濟貿易市場，世界銀行強調寮國必須有能力遵守每個市場的「食品安全檢驗與動植物防疫檢疫」（sanitary and phytosanitary, SPS）和「良好農業規範」（GAP）要求，寮國有必要建置相對應的制度，這正是寮國目前有待改進的項目（World Bank, 2019）。特別是中國嚴格的SPS標準要求，從生

---

[2] 具體的計畫包括，亞洲開發銀行的〈北部農村基礎設施發展部門專案〉計畫（Asian Development Bank, 2010）、世界銀行〈寮國人民民主共和國稻米和蔬菜價值鏈的商業化：現狀與前景〉計畫（World Bank, 2018）、聯合國世界糧食計畫署的〈轉型中的農業：農業商業化對寮國人民民主共和國民生和糧食獲取的影響〉計畫（Wright, 2009）。

產到出口建立全面的可追溯性和檢驗系統，包括對農場註冊、農場管理、包裝廠管理、離境檢疫、入境檢疫和合規性檢驗。這些標準符合中國的良好農業規範（China GAP），該規範設定了生產和農場級別的標準和合規標準。泰國和越南的 SPS 標準則較不嚴格。然而，寮國的 SPS 制度架構有限，缺乏足夠的分析和診斷能力來執行基本功能，沒有任何實驗室獲得 ISO 17025 認證。此外，寮國地方上沒有可以執行檢驗的實驗室、沒有 SPS 標準、也沒有從生產到出口全面可追溯檢驗系統、沒有數位系統而須透過紙本文件來進行管理。SPS 的制度與執行的確是寮國農業部門、貿易商、加工商當前亟需建立的基礎制度和設施。

第四，世界銀行指出，寮國農業價值鏈支離破碎且組織不完善，這主要是因為寮國的農業價值鏈多是大量分散的小規模生產者，而且中間商和加工業者的資本不夠，而農企業是主要的發展目標。根據 2019／2020 年全國最新農業普查，寮國人民民主共和國是一個小農國家，其中 52%的農業家庭是小農，亦即寮國缺乏具有投資於數位系統（digital system）或現代生產基礎設施能力的農企業。如果要把握住中寮鐵路廊道的帶來的農業商業化契機，則寮國有必要將價值鏈的所有環節（從生產、集運、加工和出口和國內市場的分配）建立起有組織和具規模化的農企業型態團體，才能增加農業出口。更具體地說，寮國必須發展農企業（World Bank, 2021: 4）。

提案的農業戰略分析（ASA）將與正在籌備中的北部寮國區域經濟走廊和連接性計畫（P176088）的準備密切協調，並借鑒正在進行的農業競爭力項目（P 16143）。提案的 ASA 將探索農業企業潛力，以促進沿寮國-中國經濟走廊的選定農業出口價值鏈，並將中部地區的小農納入這些價值鏈，以創造農業／農村就業機會，進而減少農村貧窮。ASA 的結果將為與負責農業／農業企業發展、該國北部經濟發展以及沿走廊的區域貿易促進的相應部門進行政策對話提供分析基礎。該結果還有望作為農業競爭力計畫的後續貸款操作的一部分。

在農企業發展的前提下，世界銀行重視發掘寮國小農加入農業出口價值鏈的選擇潛力[3]，使之在這樣發展過程中受益。世界銀行提出了 5 項建議：1）加強橫向和縱向協調，以納入小農；2）提高生產力和商業化，以幫助小農融入出口價值鏈；3）加強貿易便利化和與 SPS 相關的服務，以促進農業出口；4）改善與農場的最後一英里連接，以及相關的物流和貿易便利化服務；5）促進增加私營部門投資（World Bank, 2022）。小農能夠利用這些方式創造更大連結性，以整合到融入區域和國際價值鏈，並且以這些方式為目標，建立重大的基礎設施、制度和政策。

整體而言，世界銀行認為，過去的經驗說明了，農業體系多元化、現代化的農耕方式、從區域價值鏈（regional value chains）來行銷農產品，得以快速降低貧窮率。對此，有必要將從自給自足的水稻種植轉向商品作物的商業化生產。特別是中寮鐵路為寮國提供一個透過促進貿易和一體化的基礎設施來轉變該國的機會。這些貿易聯繫也代表著透過與沿經濟走廊的農產品加工企業合作來發展高價值農業生產和加工價值鏈的機會。

---

[3] 世界銀行借鑑了國際開發協會資助的農業競爭力計畫（IDA-funded Agriculture Competitiveness Project）以及政府和發展夥伴正在進行的研究。

陸、寮國農村社會變遷：中國的影響

中國的投資和貿易為寮國帶來了顯著的成長機會，但也同時伴隨挑戰。其中一個主要的挑戰是對寮國債務的影響。中寮鐵路大規模基礎設施的建設主要由中國資金支持，顯見中國在寮國經濟領域的深度參與。這條鐵路主要由三家中國國有企業的合資企業，共同持有 70%的股權，以及一家寮國國有企業，持有 30%的股權。中國與寮國政府簽署了關於中寮鐵路的建設、經營、移交（BOT）特許經營協議，5.6 億美金的成本負擔，相當於寮國 GDP 的約 10%。寮國政府向中國銀行借貸 3.1 億美元，利率約為 2.3%，並以幾個礦山的收入作為債務的抵押品，剩餘的 2.5 億則是透過國家預算來資助。中寮鐵路對寮國來說代表著一項重大的財務負擔，而且由於中國是最大的債主國，這增加了寮國將可能長期依賴中國的風險。

其次，中寮鐵路的建設使得中國對寮國鄉村地區發展的影響尤其顯著，特別是對寮國農村地區的經濟主體，家庭式農場的小農帶來了深遠的影響。有文獻指出農業自由化有助於正向的農業發展（Onphanhdala, 2022），也有研究表示雖然農業現代化和貿易化會激發農業產出的成長，但卻剝削了農民收入，甚至在某些情況下導致了離農現象（de-agrarianization）（Temudo & Abrantes, 2013）。農業現代化和貿易化的核心是鼓勵農企業的形成。前述曾提及寮國小農加入中國的契約種植得以增加收入，是改善寮國小農戶貧窮的重要機制之一。中國提供的種子、肥料、技術、資訊、市場等也可視為提升農業產值的農業推廣工作，似乎是寮國小農的救星。

在這種合作模式下，小農需要自行完成播種前的田間整地與準備工作[4]。對許多小農家庭來說，這些初期農耕活動所需的成本構成了沉重的負擔。這主要是因為，家庭成員作為主要的勞動力來源往往不足以應對所有工作，導致小農可能不得不在本村或鄰村僱用額外的工人來協助完成耕作初期的任務。亦即，寮國農業工作的機會成本上升（Manivong, et al., 2014），這使稻米農戶難以應對這一趨勢。

一般農業現代化的過程意味著資本密集化，農戶必須投入生產成本，購買種苗、化肥、灌溉設施，原本就貧窮的農民必須仰賴信用貸款才能應對增加投入的需求。Goto 與 Douangngeune（2017）對於在首都永珍地區的稻農研究得知，有超過一半的家庭表示信貸缺乏是農耕轉型的主要限制，而且只有 36%的樣本家庭從金融機構獲得了某種形式的信貸。寮國並沒有臺灣或日本的農會組織，基於農民生產和收穫的特別情況發展的農會融資借貸模式。因而，無法在商業環境中競爭的小農將有被邊緣化的風險。雖然城市地區的食品價值鏈發展迅速，但是為了增加收入，農戶必須增加產量（產出）或增加其附加值。如果無法適應這種契約種植方式，農戶可能會選擇棄農而另謀其他生計辦法。

第三、現代化農業的轉變帶來了許多機遇，但也帶來了寮國農業部門的萎縮的挑戰。寮國農業部門的衰退相當迅速，其總增值份額已縮為不到一半：從 1990 年的 61.2%下降到 2012 年的 27.9%（Goto & Douangngeune, 2017）。在人口密集的地區，尤其是首都永珍，製造業和服務業部門的興起帶來了新的就業機會。此外，在參與農業工作（主要是稻米種植）和參與非農業工作（包括離農工

---

[4] 播種之前的準備工作包括了土壤準備工作（包括挖掘、攪拌、翻覆），以及整地過程（包括犁田、耙田等）。

作）的人的年齡組成上有明顯差異。農村的年輕一代越來越傾向從事非農業部門的工作或離鄉到都會去工作，農村面臨了農業勞動力缺乏的窘境。從事農業的人員平均年齡約為 40 歲，而非農業工作者的平均年齡為 32 歲（Goto & Douangngeune, 2017）。農業工資的快速上漲似乎促使小規模家庭農戶逐漸脫離農業的領域[5]（Wiggins & Keats, 2014）。

第四點，寮國的經濟發展和農村現代化或企業化政策導致了農家的生計策略發生了變化。類似於其他發展中國家，越來越多的寮國農村青年從農業轉向都市地區的製造業和服務業的非農業工作（Estudillo, et al., 2013），改變了農家的基本生計策略。除了國內遷移，來自農村的國際勞工遷移也呈上升趨勢。例如 Manivong 等人（2014）對寮國 Champasack 省的農村家庭進行的研究顯示，接受海外（主要是泰國）工作的家庭成員匯款的家庭比例，從 2003 年的 3.5%在 2012 年顯著增加到 6.1%。到了 2012 年，這些匯款對家庭收入的貢獻平均達到 21.6%。因此，遷移和匯款成為農村家庭生計策略不斷演變的關鍵因素。

柒、結論：與中國狼共舞的寮國農業

中國在寮國鄉村發展中的角色是一個由機遇和風險交織而成的複雜織錦。本文說明了寮國新經濟政策改革帶來的國際貿易和中國投資，實現了寮國現代化歷程並創造了就業機會，另一方面，新經濟改革中的中寮鐵路帶來了重大的財務負擔，造成工資差距，

---

[5] 即使寮國農業現代化和企業化的趨勢，各類的統計資料來源均表示，超過 70%的寮國人口仍然從事農業活動。農民和農業仍是寮國的基礎。

並提供有限的當地技能發展機會。寮國面臨的挑戰在於在這個複雜的環境中行走，以最大程度地利用中國的投資收益，同時減輕其對當地經濟和勞動力的不利影響。當國際資助機構也積極促發中寮經濟走廊的經濟遠景，看似提供了一劑有效緩解寮國貧窮率的特效藥，特別在貧窮的農村地區，然而吾人更應該仔細審視對農民和農村社會影響。正如亞洲開發銀行發表的《寮國：2025年農業部門發展戰略》強調了包容性和扶貧方法的重要性，以確保農村地區的公平利益和減貧（Asian Development Bank, 2022）。未來研究可以進一步探討如何增加弱勢農民享有包容性高的農業發展策略和健全的社會保障網絡，深刻檢討與中國投資相關的土地徵收和重新安置可能會破壞生計的研究議題。這對於緩解這些影響並確保所有寮國公民從農業發展計劃中受益至關重要。

　　中國在寮國鄉村發展中的角色仍然是一個正在進行中的工作，一個仍在書寫的故事。它最終是一個助益還是一個困擾，取決於寮國能否善用機遇並減輕風險。在經濟增長、環境保護和社會公正之間取得平衡是寮國必須解決的微妙方程，以確保其鄉村社區不僅在龍的陰影下茁壯，還在自己的指引下繁榮。展望未來，寮國必須以批判的眼光來應對這種複雜的關係，確保好處不僅流向精英階層，還流向中國旨在幫助提升的社區。透明度、健全的環境法規、強有力的社區參與以及對可持續發展的關注是確保中國的參與成為寮國鄉村未來真正公平和繁榮的跳板的關鍵。

參考文獻

ACO (Agricultural Census Office). 2012. *Lao Census of Agriculture 2010/11 Highlights*. Vientiane: Agricultural Census Office.

Andersson, Magnus., Anders Engvall, and Ari Kokko. 2009. "In the Shadow of China: Trade and Growth in Lao PDR." Stockholm: Stockholm School of Economics (https://swopec.hhs.se/hacerc/papers/hacerc2009-004.pdf) (2024/4/2)

Asia and Pacific Seed Association (APSA). 2023. "Laos Seed Industry News." (https://web.apsaseed.org/news/laos-seed-industry) (2024/4/2)

Asian Development Bank. 2010. "Northern Rural Infrastructure Development Sector Project." (https://www.adb.org/projects/42203-022/main) (2024/3/27)

Asian Development Bank. 2022. "Lao PDR: Agriculture Sector Development Strategy 2025." (https://www.adb.org/documents/lao-pdr-agriculture-assessment-strategy-road-map) (2024/2/25)

Cole, Robert, and Micah L Ingalls. 2020. "Rural Revolutions: Socialist, Market and Sustainable Development of the Countryside in Vietnam and Laos," in Arve Hansen, Jo Inge Bekkevold, and Kristen Nordhaug, eds. *The Socialist Market Economy in Asia: Development in China, Vietnam and Laos*, pp. 167-94. Singapore: Palgrave Macmillan.

Eliste, Paavo, and Nuno Santos. 2012. "Lao People's Democratic Republic Rice Policy Study." Rome: Food and Agriculture Organization of the United Nations (FAO) (https://documents1.worldbank.org/curated/en/221721468046152681/pdf/781300WP0LaosR0Box0377325B00PUBLIC0.pdf) (2024/4/2)

Estudillo, Jonna. P., Yukichi Mano, and Saugnasak Seng-Arloun. 2013. "Job Choice of Three Generations in Rural Laos." *Journal of Development Studies*, Vol. 49, No. 7, pp. 991-1009.

FAO Regional Office for Asia and the Pacific. 2021. "Implementation of the Global Strategy in Lao PDR." (https://www.fao.org/asiapacific/perspectives/agricultural-statistics/global-strategy/results-in-the-region/lao-pdr/en/) (2024/3/6)

Fullbrook, David. 2007. "Contract Farming in Lao PDR: Cases and Questions." Vientiane: Laos Extension for Agriculture Project (https://www.fao.org/uploads/media/Library_Contract_Farming_in_Laos_Cases_Questions_2007_LEAP.pdf) (2024/4/2)

Goto, Kanta, and Bounlouane Douangngeune. 2017. "Agricultural Modernization and Rural Livelihood Strategies: The Case of Rice Farming in Laos." *Canadian Journal of Development Studies*, Vol. 38, No. 4, pp. 467-86.

Larpnun, Radda. 2023. "BRI's Laos-China Railway: A New Dawn for Greater Mekong"? *Bangkok Tribune*, February 21 (https://bkktribune.com/bris-laos-china-railway-a-

new-dawn-for-greater-mekong/) (2024/3/24)
Manivong, Vongpaphane, Rob Cramb, and Jonathan Newby. 2014. "Rice and Remittances: Crop Intensification versus Labour Migration in Southern Laos." *Human Ecology*, Vol. 42, No. 3, pp. 367-79.
Mirza, Hafiz., and Axele. Giroud. 2004. "Regionalization, Foreign Direct Investment and Poverty Reduction: Lessons from Vietnam in ASEAN." *Journal of the Asia Pacific Economy*, Vol. 9, No. 2, pp. 223-48.
Onphanhdala, Phanhpakit. 2022. "Food Value Chain Inclusiveness in Agriculture and Rural Development: The Case of Northern Laos," in Shozo Sakata, ed. *Development of Inclusive Food Value Chain in the Mekong Region.* pp. 1-25. Bangkok: Bangkok Research Center (https://www.ide.go.jp/library/English/Publish/Reports/Brc/pdf/30_01.pdf) (2024/4/2)
Schiller, J. M., M. B. Chanphengxay, B. Linquist, and S. Appa Rao, eds. 2006. *Rice in Laos*. Manila: International Rice Research Institute (IRRI) (http://books.irri.org/9712202119_content.pdf) (2024/4/2)
Setboonsarng, Sununtar, PingSun Leung, and Adam Stefan. 2008. "Rice Contract Farming in Lao PDR: Moving from Subsistence to Commercial Agriculture." ADBI Discussion Paper No. 90. Tokyo: Asian Development Bank Institute (http://hdl.handle.net/11540/3678) (2024/2/25)
Suhardiman, Diana, Jessica DiCarlo, Oulavanh Keovilignavong, Jonathan Rigg, and Alan Nicol. 2021. "(Re) Constructing State Power and Livelihoods through the Laos-China Railway Project." *Geoforum*, Vol. 124, pp. 79-88.
Temudo, Marina Padrão, and Manuel Bivar Abrantes. 2013. "Changing Policies, Shifting Livelihoods: The Fate of Agriculture in Guinea-Bissau." *Journal of Agrarian Change*, Vol. 13, No. 4, pp. 571-89.
Thongmanivong, Sithong, and Toumthone Vongvisouk. 2006. "Impacts of Cash Crops on Rural Livelihoods: A Case Study from Muang Sing, Luang Namtha Province, Northern Lao PDR," in Sango Mahanty, Jefferson Fox, Michael Nurse, Peter Stephen, and Leslie McLees, eds. *Hanging in the Balance: Equity in Community-based Natural Resource Management in Asia*, pp. 106-21. Bangkok: East-West Center.
Wang, Holly H., Yanbing Wang, and Michael S. Delgado. 2014. "The Transition to Modern Agriculture: Contract Farming in Developing Economies." *American Journal of Agricultural Economics*, Vol. 96, No. 5, pp. 1257-71.
Wiggins, Steve, and Sharada Keats. 2014. *Rural Wages in Asia*. London: Overseas Development Institute.
World Bank. 2018. "Commercialization of Rice and Vegetables Value Chains in Lao PDR: Status and Prospects."

(https://www.worldbank.org/en/country/lao/publication/commercialization-of-rice-and-vegetables-value-chains-in-lao-pdr-status-and-prospects) (2024/3/27)

World Bank. 2020a. "From Landlocked to Land-linked: Unlocking the Potential of Lao-China Rail Connectivity." (https://elibrary.worldbank.org/doi/abs/10.1596/33891) (2024/2/25)

World Bank. 2020b. "Lao People's Democratic Republic Poverty Assessment 2020: Catching Up and Falling Behind." (https://elibrary.worldbank.org/doi/abs/10.1596/34528) (2024/2/25)

World Bank. 2021. "Development of the Agribusiness Potential in the Lao-China Corridor." (https://www.worldbank.org/en/country/lao/brief/developing-agribusiness-potential-in-the-laos-china-railway-corridor) (2024/4/2)

World Bank. 2022. "Southeast Asia Regional Economic Corridor and Connectivity Project." (https://projects.worldbank.org/en/projects-operations/project-detail/P176088) (2024/2/25)

World Integrated Solution (WITS). n.d. "Lao PDR Trade." World Bank. (https://wits.worldbank.org/CountrySnapshot/en/LAO) (2024/4/2)

Wright, Samantha. 2009. "Agriculture in Transition: The Impact of Agricultural Commercialisation on Livelihoods and Food Access in the Lao PDR." Vientiane: World Food Programme (https://data.opendevelopmentcambodia.net/km/library_record/agriculture-in-transition-the-impact-of-agricultural-commercialization-on-livelihoods-and-food-acce/resource/4426dd39-c244-4b7a-81fe-cffcb6fb6ee0) (2024/2/25)

Yu, Huichen. 2023. "China-Laos Economic Corridor Web Page Section Launched on Official Website for BRI, as Chinese, Lao Media Vow to Work Together." (https://eng.yidaiyilu.gov.cn/p/0F6H15SE.html) (2024/3/27)

寮國經濟發展的挑戰與展望

陳建甫

淡江大學外交與國際關係學系副教授

壹、研究緣起與目的

一、研究緣起

「寮國人民民主共和國」（Lao People's Democratic Republic，簡稱寮國或老撾）位於中國與東南亞半島之間。根據 2023 年的估計，寮國人口約為 785 萬，是一個多元族群的國家。寮國政府在 2015 年承認了 49 個民族，但實際上擁有超過 200 個民族。其中，主要的三個民族及其人口比例分別為：Lao 族（53.2%）、Khmou 族（11%）、Hmong 族（9.2%）（CIA, 2024）。依據居住地區的不同，寮國可以大致分為三個主要族群：「寮龍族」（Lao Loum，又稱河口族），約占人口的 65%，主要居住於湄公河沿岸的平原地帶；「寮聽族」（Lao Theung，又稱山坡寮），約占人口的 22%，居住於海拔 1,000 公尺以下的丘陵地區；「寮松族」（Lao Soung，又稱山頂寮），約占人口的 10%，主要居住於海拔 1,000 公尺以上的山地地區（中華民國外交部，2016）。

寮國是亞洲人口最年輕的國家，其年齡中位數為 25 歲（CIA, 2024）。寮國勞動力中有 73% 主要從事農業工作。在年齡介於 18 至 24 歲之間的年輕人中，有 38.7% 屬於「尼特族」，即未接受教育、未就業或未參加就業培訓的群體，這已成為寮國社會的一大問題（阿拉斯泰爾‧麥克雷迪，2023）。由於勞動市場規模有限，且薪資水平偏低，許多年輕人會選擇前往語言相似的泰國東部尋找工作機會，兩地皆屬於傣－卡岱語系／寮－傣語族。然而，這些年輕勞動力的外移情況反而造成了國內勞動力的短缺問題，同時也限制了寮國內部產業發展的速度。

在一帶一路倡議初期，寮國經濟曾保持著 6% 以上的增長率。然而，隨著 COVID-19 疫情爆發，中國對出境旅遊的限制影響了寮國，導致經濟增長率下降至 3%。到了 2021 年，消費者物價指數（CPI）僅為 3.8%，但在 2022 年急劇上升至 23%（經濟小組、FA 小組，2023）。到了 2023 年，消費者物價指數更是飆升至 31.2%，顯示寮國正面臨著嚴重的通貨膨脹壓力。與此同時，世界銀行警告指出，截至 2022 年底，寮國的公共債務已達到國內生產總值的 125%，引發了財政緊縮的擔憂（Akama, 2024）。

在全球化貿易分工下，市場規模較小的寮國並未引起世界主要貿易大國的廣泛關注。中國是寮國最大的外國投資者和主要援助提供者，同時也是其第二大貿易夥伴。寮國在東協國家中排名第三的中國投資目的地。中國進口的產品範圍包括電子設備、機械、鋼鐵和汽車。反之，寮國主要出口自然資源和食用水果（Comtrade, 2020）。

寮國擁有豐富的自然資源，特別是水力發電潛力巨大，政府積極向鄰國輸出電力，希望成為「東南亞電池」（Battery of Southeast Asia）（Brent, 2018）。然而，儘管湄公河擁有豐富的水力發電資源，寮國並未能發展出獨立的民生工業。這主要是因為周邊國家（如中國、泰國和越南）進口商品的價格較低，使得國內生產的民生工業產品難以競爭。

寮國政府曾試圖開放國內市場，引進「國外直接投資」（foreign direct investment, FDI）來推動國內經濟發展。自1986年以來，寮國實施開放政策，計劃發展「可控的」市場經濟，類似於當時中國和越南實施的計劃經濟模式，吸引各國的FDI進入寮國，提供基礎設施建設資金，促進市場經濟的增長。湄公河沿岸的其他國家或城市，如越南、泰國和柬埔寨，也計畫吸引外資投資。然而，這些國家面臨著市場同質性過高的問題，僅依靠「大湄公河次區域整合」（Greater Mekong Sub-region, GMS）經濟合作以及湄公河流域的水利與電力建設，難以發揮群聚經濟效應。對寮國而言，這也意味著難以從內陸河流經濟中發展出自己的民生與輕工業。

2013年，中國提出了「一帶一路倡議」（Belt and Road Initiative, BRI），其中包括「泛亞鐵路」（Trans-Asian Railway）東南亞路段的基礎建設計畫，規劃了三條路線（見圖1）。從中國的角度來看，泛亞鐵路東南亞路段分為東、中、西三條路線。東線，即中越鐵路，從中國昆明出發，經過越南河內、柬埔寨金邊，到達泰國曼谷，最終南下連接馬來西亞和新加坡。中線，即中老鐵路，從中國昆明出發，經過寮國永珍，泰國曼谷，最終連接馬來西亞和新加坡。西線，即中緬鐵路，從中國昆明出發，經過緬甸仰光、泰國曼谷，最終也可連接馬來西亞和新加坡。

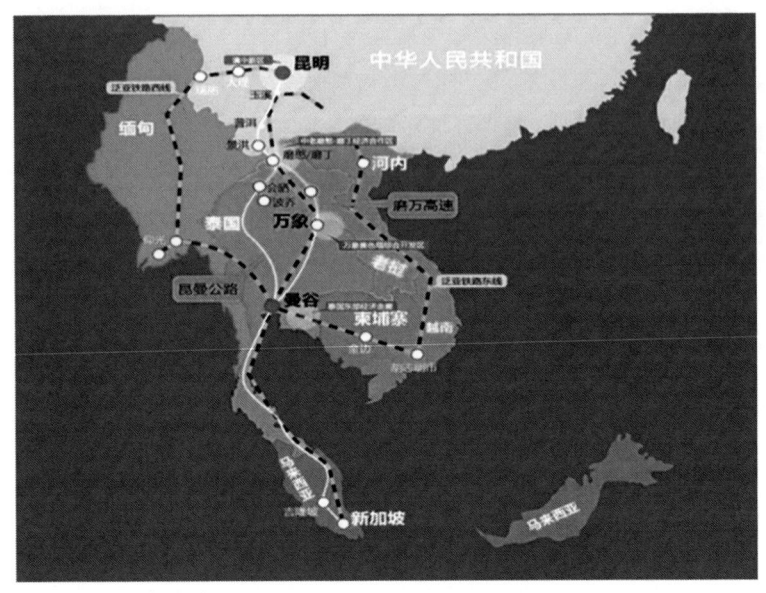

來源：新京報（2019）。

圖 1：中國泛亞鐵路示意圖

　　中國計劃興建泛亞鐵路的東南亞路段，旨在讓寮國擺脫「東南亞電池」的宿命。這將使寮國從「內陸」國家逐漸轉變為「陸聯」（land-linked）國家，擴展其經濟規模，不再受限於湄公河流域或東南亞區域的經濟整合。寮國有機會通過連接中國西南部的雲南、廣西、廣東等區域，成為東南亞區域與中國西南區域經濟發展的「連接器」（interconnector）。未來，混合鐵路和高速鐵路將成為中國與東南亞半島之間重要的經濟走廊，促進中寮雙邊在服務業、加工製造、物流、生態農業、餐飲業和民生輕工業等領域的貿易合作。這項計畫符合寮國《2016-20年國家社會經濟發展計劃》、《國家發展戰略》（2016-25）和《寮國人民民主共和國到2030年的願景》的計劃目標（Vörös & Somsack, 2020）。

除了中寮鐵路外，寮國政府也計劃引進外資進駐特別經濟區（special economic zones, SEZ）和興建水壩等基礎建設。外國直接投資（foreign direct investment, FDI）的總額明顯增加，其中來自中國的投資占 25.2%。中國的投資主要集中在採礦和水電兩個領域，占投資總額的 70%以上。自 2005 年至 2018 年，中國在寮國的投資項目超過 840 項，總投資額超過 110 億美元（Phommouny, 2019: 184）。

寮國 65%的外債貸款來自中國政府或企業。儘管財政空間已大幅縮小，寮國仍在繼續向中國借入更多資金，用於興建大型基礎設施，例如數十座大壩，使其成為東南亞主要的電力出口國。然而，由於電力供過於求，寮國國家電力公司目前背負著 50 億美元（約 41 億英鎊）的債務。此外，中寮鐵路項目的總投資成本超過寮國年度 GDP 的 30%以上（International Monetary Fund, 2019: 6）。這些鐵路項目增加了寮國的外債壓力，迫使寮國政府不得不尋求更多貸款來支付利息和本金，以及籌措其他基礎設施項目的資金。

在 2023 年 10 月 18 日北京召開的第三屆一帶一路國際合作高峰論壇上，習近平強調了共建一帶一路高質量基礎建設的重要性，並指出將暫停那些缺乏經濟效益或戰略價值的項目。因此，泛亞鐵路在整個東南亞半島的興建工程可能會受到影響而暫停。同時，隨著疫情結束後，中國經濟未如預期迅速回升，反而持續低迷。這對寮國的經濟發展方向提出了新的挑戰和考慮。寮國在未來的發展中，是否應繼續依賴中國，或者應該採取不同的發展模式和途徑，成為了一個重要的問題。持續擁抱中國的路徑意味著繼續依賴中國的投資和援助，利用一帶一路倡議提供的基礎設施和市場機會。然而，這也可能使寮國在長期內與中國的經濟聯繫更加緊密，同時可能面臨來自國際社會和內部挑戰的壓力。

　　另一方面，寮國也可以考慮多元化其經濟發展策略，尋找其他合作伙伴和投資來源，降低對中國的依賴度。這可能包括與其他東南亞國家、亞太地區及其他國際合作夥伴的深化合作，以及推動本土產業發展和提升治理能力，以吸引更多外部投資和發展援助。因此，寮國未來的發展路徑將取決於其在經濟、政治和地緣戰略上的多重考量，以及如何平衡國內發展需求與國際合作的需求。

二、研究目的

　　本研究將首先深入回顧寮國與其他國家在湄公河流域經濟發展相關的學術文獻，特別是探討水壩建設和中寮鐵路對寮國經濟的可能利益與損害。我們將分析這些基礎設施對寮國長期發展的多方面影響，包括經濟增長、社會變遷及環境衝擊，並提出最大化利益、減少風險的建議。

　　其次，本研究運用國際關係理論中的「小國理論」（small state theory），探討寮國在面對如此重大基礎建設發展時的外交政策選擇與策略。我們將評估寮國推動這些專案可能面臨的政治、經濟和地緣戰略上的挑戰，並探討其如何平衡各方利益，以及可能衍生的債務風險與應對措施，進而提出有效的政策建議。

　　然後，運用「情節分析」（scenario analysis）方法，設計四個具體情境：「平衡之舞」、「沉默的鐵路」、「金色橋梁」和「協同之河」。這些情境將幫助我們評估寮國在不同發展路徑下可能採取的外交政策選擇，並制定最符合其長期發展利益的策略性決策，同時探討這些情境下可能出現的挑戰及其因應策略。

　　在結論部分，本研究將進一步評估台灣民間企業和非政府組織是否具備與日本或美國合作的機會，共同參與寮國基礎建設和經濟發展的可能性及影響。我們將探討這種合作對於促進地區間經濟一體化、增進各國之間相互依存及共享繁榮的潛力，並提出推動合作的具體建議和政策支持，以促進長期穩健的合作關係和共同發展。

貳、文獻回顧

本研究首先從歷史脈絡探討湄公河流域，涵蓋貿易、生態、環境與氣候變遷等多個議題，並分析湄公河流域對沿岸國家地緣政治關係和市場競爭策略的影響。其次，檢視寮國境內水壩建設與水利發電項目，探討中資企業為何積極投入寮國基礎建設。最後，重新審視中寮鐵路通車後，從施工到完工帶來的各項正面和負面效益與影響。

一、湄公河流域是地緣政治的角力戰場

1960 年代起，「亞洲開發銀行」（Asia Development Bank, ADB）多次經援寮國，特別針對境內的湄公河流域，透過攔砂壩、或興建水庫，不僅可以做為水利灌溉系統，也做為水力發電。水利灌溉與電力對發展中的國家是非常重要的基礎建設。但也因為湄公河流域穿越寮國境內，每逢雨季來臨，多數道路會被河流氾濫或改道所阻斷，橋樑建設又落後，導致欠缺一個完整的公路交通網。

美蘇冷戰終結後，國際社會逐漸改以合作取代對抗的氛圍下，1992 年東南亞各國開始關注大湄公河次區域整合，範圍包括：柬埔寨、寮國、緬甸、泰國、越南，以及中國雲南省。其宗旨是加強次區域國家的經濟聯繫，提高次區域的競爭力，促進次區域經濟和社會的共同發展。由於 6 國國力不同，社會與政經情況不同，所持

的角度及利益互異,在合作上無可避免地出現衝突和協調。除了中國外,其餘五國在經濟上都是以農業與航運價值為利益算計。例如中國在中國境內的瀾滄江,也是湄公河上游興建 11 座水壩,就被指控是加劇湄公河下游流域乾旱的狀況(張晉誠,2023)。不僅只有湄公河的水資源,隨著中國經濟與國力崛起,湄公河上游與中下游間擴大了垂直與不對稱的權力關係。

　　表面上涉及是生態主權,但是跨境水利資源不僅是單純的整合議題,複雜的跨境河水系統更是直接聯繫著湄公河流域國家的安全與生存發展。受到氣候變遷的影響,原本充沛的湄公河水資源也開始有不穩定或枯竭的現象。一旦湄公河上游的生態發生變化,必然直接衝擊中下游沿線各國經濟與生態環境;相較於其他湄公河中下游國家,農業灌溉、水利資源與航運價值是進行跨境貿易的命脈。

　　湄公河也是次區域國家的主要農業產地,生態條件直接聯繫各國永續發展目標與生態環境所造成的衝擊。大湄公河次區域經濟合作屬於內河經濟特性,與外向的海洋經濟明顯不同。且必須要符合中國、緬甸、寮國、柬埔寨,越南及泰國各方在湄公河經濟,生態與永續發展的各方利益。除了寮國本身外,泰國與越南在湄公河流域有一定的影響力,雖然,對中國在 GMS 影響力有所警覺,不過最終迫於現實利益,可能會轉向選擇與中國合作。泰國與越南也藉由引入日本與美國等外部勢力介入湄公河的發展計劃,意圖增加在與中國某些合作項目上的議價能力。

　　中國與日本,在 GMS 緣政治上,不管就政治或經濟經常出現競爭的局面(宋興洲,2021)。在 2000 年,中國率先提出「中國－東協自由貿易區」(China-ASEAN Free Trade Area, CAFTA),或利用東協成員國召開會議時,中國會與東協會員國進行商業或經貿談判，形成一種獨特的「東協＋1」的會議。日本、韓國與美國等國也紛紛利用東協會員國開會前後，參與經貿討論會議。

2014年中國總理李克強提出「瀾－湄合作計畫」擴大與GMS國家合作關係。尤其是藉由中國的雲南、廣西及珠三角的粵港澳大灣區的優勢，持續提供GMS國家所欠缺的融資與海外投資、以及設置海外生產供應鏈的各項佈局。中資企業很早就投資興建寮國水壩工程與水力發電設施，看準寮國具有水力發電潛能，可以作為東南亞的電池。可以將多餘的電力賣給工業正在起飛的泰國或越南。

隨著習近平一帶一路倡議強調基礎建設設施，更多的中資企業與工人到寮國投入修建泛亞鐵路的中老鐵路。寮國政府也設置特別經濟區吸引外資企業進駐寮國。截至2021年，寮國「計劃與投資部」已經在北部設置3處、首都永珍地區設置5處、中部設置3處和南部設置1處，共計開發12個特別經濟區來促進市場經濟。已有1158家企業進駐特別經濟區，提供68,483個工作機會，總投資額達76億美元。投資企業主要來自中國（757家）、寮國（118家）、泰國（56家）、日本（38家）、馬來西亞（22家）和台灣（5家）（SEZO, 2024）。

日本，雖然不是大湄公河次區域的成員國，但從1975年以來，日本一直是寮國「官方發展援助」（ODA）的前三名。最具有代表性的建設，是連結泰國穆達漢（Mudahan）與寮國沙灣拿吉（Savannakhet）的「泰寮友誼大橋」（Thai-Lao Friendship Bridge）。日本提供寮國與泰國各40億日（約新台幣11億4千餘萬元）（洪聖斐，2014）。截至2014年，日本已經向寮國提供了超過1800億日圓的援助和無息貸款，其他包含國際機場，城鎮下水道工程等，也都看得到日本企業在當地的影響力（Hung, 2019）。

2013年12月在東京召開「東協－日本合作40週年紀念高峰會」，除了紀念日本與東協交流40周年。日本首相安倍晉三提出中長期《關於日本東協友好的中長期願景》的草案，力圖讓雙方關係「提升到新水平」（潘維庭，2013）。隨後隔年日本政府承諾未來3年將挹注6千6百億日圓（約新台幣1,889億元），幫助東協國家興建基礎建設，主要是「大湄公河次區域合作」5年基礎建設計畫。涵蓋55個項目，總投資額444億美元（超過新台幣1兆3千億元），用以興建公路、鐵路、橋梁和港口（洪聖斐，2014）。

　　早在1992年，在亞洲開發銀行的支持下，大湄公河次區域內的六個國家基於共同的歷史文化，建立了「大湄公河次區域經濟合作計劃」，以加強各國之間的經濟聯繫。該項計畫目標要實現繁榮、一體化、和諧的次區域發展願景，採取三管齊下的3C發展戰略，包括：加強區域「連通性」（connectivity）；提高區域「競爭力」（competitiveness）；以建立更廣泛的「共同體意識」（community）（Asian Development Bank, 2015）。在戰略上，日本也樂意以生態環境作為區域經濟合作架構的主軸。

　　除了亞洲開發銀行外，日本也透過具獨立行政法人的「日本國際協力機構」（Japan International Cooperation Agency, JICA）不斷加碼對GMS成員國進行官方發展援助資金來應對中國在湄公河的影響力（宋興洲，2021）。由於GMS國家與城市之間的市場區位條件同質性太高，各國與城市都積極爭取日本或日資企業進行投資，例如：水壩與水利工程項目，很容易產生內部的矛盾。日本政府就必須扮演斡旋或關鍵角色，確保日資企業在湄公河經濟合作與東南亞地投資與產能，維護商業利益。

　　直到歐巴馬政府，美國才開始介入GMS。美國國務院正式提出「湄公河下游國家合作倡議」（Lower Mekong Initiative, LMI）。

這項倡議是 2009 年 7 月 23 日，美國國務卿希拉蕊與湄公河下游國家（柬埔寨、老撾、泰國和越南）外交部長，在泰國普吉島舉行外長會議後提出的構想。各國同意加強在環境、衛生、教育、基礎建設發展等領域的合作，美國政府希望從戰略、安全、經濟等方面，提供更多援助給湄公河下游流域國家。緬甸隨後於 2012 年 7 月正式加入此倡議（U.S. Department of State, 2019）。

中國也警覺美國歐巴馬總統的「重返亞洲」的各項外交動作。在 2016 年，中國和泰國、柬埔寨、寮國、緬甸和越南的領導人聚會，會議主題圍繞同飲一江水，命運緊相連，會後宣布『瀾滄江－湄公河合作首次領導人會議三亞宣言』與簽署『瀾滄江－湄公河國家產能合作聯合聲明』（澎湃新聞，2016）。中國與各國宣示「瀾－湄合作」的三大支柱和初期五個優先領域，三大支柱包括：政治安全、經濟和永續發展、社會人文；五個優先領域，包括：互聯互通、產能、跨境經濟、水資源和農業減貧合作。

為了抗衡中國的 BRI，2020 年川普總統宣佈啟動「湄公河-美國夥伴關係」（Mekong-US Partnership），這是為了加強了美國、柬埔寨、寮國人民民主共和國、緬甸、泰國和越南之間牢固而長期的關係。這項夥伴關係是建立在歐巴馬-希拉蕊時期「湄公河下游國家合作倡議」（LMI）的合作基礎上，也被稱「印太願景和東協戰略夥伴的不可或缺的一部分」。計畫投資 1.5 億美元支持大湄公河次區域合作國家打擊跨國犯罪、發展能源和電力市場等（斯影，2020）。

2022 年 5 月，美國國際開發署（United States Agency for International Development, USAID）副署長訪問寮國再次重申，在 COVID-19 疫情流行後，美國願意協助重建寮國經濟並改善社會服務，特別是針對弱勢群體。也宣佈為幼兒和初等教育提供新資金，並為女性主導的企業提供經濟復甦支持。在美國-寮國全面夥伴關係為基礎下，幫助寮國實現其發展目標，維護其經濟主權，並加強其全面融入東南亞國家聯盟（東協）和全球經濟。

這是繼2016年湄公河－美國夥伴關係後，美國與寮國兩國合作，涵蓋健康與教育、經濟成長、法治和治理。年度的預算從600萬美元在2020年增加到超過4,000萬美元（United States Agency for International Development, 2024）。相較中國的BRI與日本的ODA，美國對湄公河流域國家的援助實在不多。美國的援助只是為大部分GMS國家，在湄公河不對稱的權力結構中，提供給各國，對中國、對日本，更多的談判籌碼。

二、水壩建設

寮國與中國在湄公河及其支流上修建大壩已有多年歷史。寮國已在湄公河的主流和支流上建造了79座水壩，計畫2030年將建造100座水壩。除與中資企業合作興建水壩外，寮國也對日本與韓國企業招商，像是東南部的大型水壩與水力發電工程 Saddle Dam，便是由韓國SK集團、泰國與寮國等跨國聯合公司承包。南烏河水壩（Nam Ou Dams）則是中國水利水電建設集團公司在寮國北部的南烏河（Nam Ou）興建的七座梯級水壩中的最後一個（圖2）。從2017年規劃，2019年1月南烏1號水力發電廠大壩落成，總容量為180兆瓦。該項目是與「寮國國家電力公司」（Électricité du Laos, EDL）的合資企業，EDL持有該項目15%的股份，南烏水壩產生的所有電力將出售給EDL（Ton Ka, 2020）。

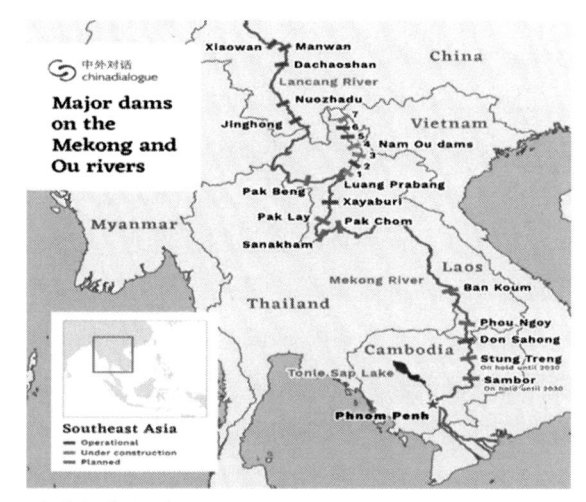

來源：新京報（2019）。
圖2：湄公河與中國烏河流域的主要水庫

南烏水壩部分是由亞洲開發銀行或日資企業已規劃完畢，但因寮國政府缺乏建設基金與建水壩的專業勞工而停擺多年。中國國營企業與中國勞工恰好彌補寮國缺乏有素質與足夠的勞工。依照日本規劃的水壩與水力發電廠設計，中國營造商順利完工後，寮國可以將多餘的電力賣給泰國與越南極需要電力的工業部門。

2021年寮國與中國大唐集團合資20億美元（約新台幣560億）在湄公河上游建造薩納坎大壩（Sanakham Dam），預計2028年投入發電，將產生684兆瓦的電力。但是，大壩距離泰國東北部偏遠山區Loei的Chiang Kan地區2公里處，泰國擔憂這項大壩工程會對邊境環境產生潛在影響，也擔心新大壩興建，將改變湄公河的水流，未來將更難以管理湄公河深水河道的邊界。

儘管，泰國對中國寮國合建薩納坎大壩深感不滿，但是，泰國中國水電、泰國「海灣能源開發」（Gulf Energy Development Public）

和「泰國能源局」（EGAT）卻在 2023 年 3 月 22 日簽署協議，三國共同開發寮國北部札雅布里（Xayaburi）湄公河流域「北賴」（Pak Lay）水力發電大壩。「北賴」大壩是湄公河早期規劃的 9 座巨型水壩計畫之一。早在 2018 年 6 月 13 日，寮國就向「湄公河委員會」（Mekong River Commission）提呈關於興建「北賴」水力發電廠文件，已延遲數年。目前寮國境內開始建設橋樑和道路通道等基礎設施，主體結構的建設計劃於 2024 年初開始，大壩預計將於 2029 年開始發電。新的水力發電大壩，發電量預計為 770 百萬瓦，泰國海灣能源開發擁有 40%的股份，中國水電持有剩餘的 60%股份且擁有 29 年的特許經營權，所有電力都將出售給泰國能源部和財政部監管的國有企業。

湄公河目前有兩座大壩，分別是在寮國與泰國邊境 2019 年 10 月啟用的「札雅布里」（Xayaburi）水壩，和在寮國與柬埔寨邊境 2020 年 1 月啟用的「棟沙宏」（Don Sahong）水壩。儘管電力已經有超過 15%的儲備量，泰國政府仍執意要進行「北賴」水力發電廠建設，預計會採用泰國與中國貸款模式，未來會列入泰國政府對中國的債務（蔡侯塞，2023）。

不管是與寮國或與泰國合資興建大壩的工程，都可以看到中資企業身影，或納入中國主導的「亞洲基礎建設投資銀行」（Asian Infrastructure Investment Bank, AIIB）基礎建設項目，不斷為中國介入 GMS 地緣政治進行加碼。中資企業不只是在基礎建設項目的數量上要進行競爭，更要在「規範制定」與日本進行角力。中國以低價搶占市場，試圖削弱日本地緣經濟的影響力，尤其是日本在湄公河流域國家乃至於整個東南亞的工業生產體系的主導權。

三、中寮鐵路

中寮鐵路，從 2016 年 12 月開工，總耗資 59 億美元。2021 年 12 月 3 日一輛綠色的動車駛出昆明站前往寮國首都永珍見證中寮鐵路的通車儀式。中寮鐵路是一帶一路倡議提出後首條以中方為主投資建設，全線採用中國標準、使用中國設備，並與中國鐵路網直接連接的國際鐵路（新華社，2021）。這是中國強調「規範制定」的最佳範例，也是泛亞鐵路東南亞線路中唯一通車的路段。這項工程由中國承包商承建。由於地理條件的限制，超過 62% 的軌道是由橋樑和隧道所組成。採取單軌（標準軌距為 1.435 米）鐵路網絡，全長 414 公里，貫穿寮國北部山區，沿途設置 32 個車站。旅客列車的設計速度為每小時 160 公里，貨運列車的設計速度為每小時 120 公里（*Laotian Times*, 2017）。

除了要考慮寮國缺工的問題，特別是欠缺受過鐵道運輸專業訓練的勞工，更要克服自然環境與地形的挑戰。寮國在氣候變化（尤其是洪水、乾旱和颱風）在全球最脆弱的國家中排名第 73 位，主要是因為寮國過於依賴對氣候敏感的自然資源開採產業來維持寮國的經濟增長（World Food Programme, 2017: 3）。鐵路沿線更要克服第二次印度支那戰爭（美越戰爭）的未爆彈藥。從 1964 年到 1973 年，超過 500,00 次轟炸任務所投下超過 200 萬噸的彈藥。估計大約有 30% 的炸彈還未能引爆（UN, 2015: 6）。

這項工程中國出資 70%，寮國出資占 30%（*Laotian Times*, 2017）。其中 60%（約 35 億美元）是從中國進出口銀行借款的。另外，40%，即 24 億美元，則是以合資公司的形式提供股權融資，該合資公司由三家中國國有企業和一家寮國國有企業組成。寮國國有企業持有 30% 的股份。寮國政府從國家預算中撥款 2.5 億美元，並從中國進出口銀行獲得了 4.8 億美元的第二筆貸款。寮國因鐵路項目而向銀行承擔的債務總額超過 15 億美元（Freeman, 2019）。

中老鐵路建設項目幾乎相當於寮國 2016 年國內生產毛額（GDP）137 億美元的一半。首期投資 23.8 億美元，其中寮國出資 7.15 億美元，其中國家預算 2.5 億美元，中國進出口銀行貸款 4.65 億美元，利率 2.3%（Janssen, 2017）。雖然，寮國政府指導方針要求承包商僱用寮國技術人員和公司，並在施工中使用當地現有的材料；建設必須高標準、按計劃完成；必須確保安全，必須遵守寮國法律，尊重當地習俗和文化，不得對村民造成不利影響；環境保護也是重中之重（*Laotian Times*, 2017）。

但是，鐵路施工期間，外界和輿論曾對其對生態環境的破壞、居民安置問題，以及雇用當地勞工過少等方面提出批評。例如：13 個區 167 個村的 4400 多戶人家必須離鄉安置，範圍更超過 3,830 公頃土地和 3,346 座建築物以及農作物、果樹、圍欄和林業（ANN, 2018）。補償金太低，估計約為 29,773 萬美元，截至 2020 年夏季，許多村民仍未收到任何補償。截至 2018 年 12 月，共有 17,115 名工人從事鐵路軌道、隧道和其他必需品的建設，僅僱用 4,032 名寮國工人，其餘皆是中國工人（Jarabejo, 2019）。儘管這些問題會被中寮鐵路完工與營運通車所帶來的觀光客經濟收益等新聞所掩蓋，但是寮國的社會輿論與民眾對中國援助項目的矛盾依然存在。

參、寮國的外交政策選擇

寮國在 1988 年曾效法中國鄧小平的改革開放，逐步地、有條件地允許私人企業、外國投資與實施自由化市場經濟等措施。1996

年加入亞洲開發銀行、1997 年加入東協、2013 年加入 WTO 世貿組織、2015 年加入東協經濟體（ASEAN Economic Community）。與同列在東協最不發達國家（least developed countries, LDCs）的柬埔寨和緬甸相比，寮國政府在處理國家發展問題上展現了更高的能力和效率。面對外來強權，例如：中國或美國，還是來自鄰國越南或泰國不友善的外交政策或經貿談判，寮國政府都能「公平對待」（even-handed）或堅持自身的外交政策（Lin, 2023）。

在國際體系中，許多小國為了解決外交難題，經常會使用多變且複雜的外交政策選擇。Jesse 與 Dreyers（2016）比較三種外交政策選擇理論：現實主義（realism)（強調結構性因素）、國內因素、以及社會建構主義（social constructivism）（強調規範和身份），以 20 世紀以來，瑞士、愛爾蘭、芬蘭、挪威、荷蘭、比利時、衣索比亞、索馬利亞、越南、玻利維亞和巴拉圭等七個國家的外交政策選擇進行分析。

小國的外交政策選擇與大國和強國不同。Jesse 與 Dreyers 發現在大國政治常見的現實主義理論，無法充分解釋小國的外交選擇行為。在大多數情況下。當小國受到大國、好戰國家的威脅時，小國就會依照社會建構主義理論的預測來行事。當小國相互威脅時，它們會按照現實主義的預測來行事。這本書分析小國在現實主義下權力的局限性，與在建構主義下，小國有能力去抓住機會，並創造出一種新型態的國際關係規範。

更重要的是，小國能否在其不對稱關係中以及在什麼條件下塑造這樣的結果？在 Long（2023）《小國對世界政治的影響力指南》（*A Small State's Guide to Influence in World Politics*）書中，設計三個標準來識別小國是否能夠克服不對稱性的條件，包括：該項政策是否與小國發展目標有所分歧（不對稱權力的目標是否存在分歧？）要解決的問題是否很重要（國家內部對這項政策有多少關注？）小國內部的凝聚力（解決這項問題有多少共識？）根據這些因素在不同時間背景下的整合程度，小國可能會出現促成該項政策是否轉變的關鍵。甚至會出現如 Corbett 等人（2019）所描述的小國將其弱點轉化為優勢，「有效地利用了脆弱性」，或許是整個國際體系提供「小國有效利用疏忽的手段」。小國們也了解到需要以各種手段與方式，來鼓勵大國對這些政策必須要適當的改變。

寮國加入「大湄公河次區域經濟」（GMS）或是加入美國「湄公河下游經濟倡議」（LMI）就是典型現實主義的考量。相較於湄公河下游國家，寮國只算是小眾市場。如果寮國不加入，很可能就會被世界或強國給遺忘。但是加入後，寮國就要面對湄公河沿岸的越南、泰國、柬埔寨、緬甸等國家，在科技、農產生產、低廉且充沛勞動力國家的激烈競爭。

在經濟、文化與科技實力，越南與泰國都優越於寮國。寮國可以跟越南與泰國，在某些程度上進行交換，或按照現實主義，寮國可以衡量這項外交選擇或商業貿易制裁，能夠得到多少回報或遭受那些衝擊。例如在湄公河乾季時，或越南國內產業極需要電力時，寮國可以伺機提高電價，但同時也面臨中國電力公司的價格競爭。或者也可以透過農產品貿易與越南電子產品進行交換。

面對中國這樣大型經濟強權時，寮國就會依照社會建構，扮演好大國與小國間適當的角色；或是透過同屬於社會主義國家的曖昧關係，寮國認為中國的經濟援助是好意，是「信任貸款」（trust loan），絕非西方國家所稱的「債務陷阱」（debt trap）。在沒有其利益衝突時，寮國會不斷強化越南與中國同屬於社會主義國家，但是遇到中國與越南的南海主權爭議時，雖然不致於全面支持中國，寮國會跟泰國或緬甸站在一起，以國家沒有臨近南海為理由，採取中立態度。

但隨著中國對寮國提供越來越多的經濟誘餌，寮國在越中的一些爭議中愈加偏向關係支持中國的立場，特別是對南海的立場以及對中國在湄公河上游興建水壩態度明顯的改變。即使 2016 年老撾國內政爭中，「親越派」勝過「親中派」成功掌權之後，寮國卻在不同場合上發表一些偏向支持中國的訊息。在湄公河水壩寮國的態度亦有所改變，從與越南對中國建設水壩表示擔憂轉向默許中國的行為。中資企業扮演關鍵的角色，透過經濟勸誘，中國逐漸壓制小國決策以及影響小國間的互動（阮功松，2019）。

中國、美國和日本等大國對東南亞小國之間，並非如外界預期大國可以為所欲為。相反的，許多基礎建設是透過複雜的談判，最後雙方或多方妥協的結果。Lampton 等人（2020）在調查鐵路沿線研究中發現，中國和東南亞國家的國家、地方政府和地方層面、不同利益和利害關係參與者間不斷的競爭和談判。談判過程處在不對稱的權力關係，從一開始的談判策略、國內政治在塑造外交政策行為中的作用、和最終的政策執行。各項基礎設施是以在地機構為中心，歷經複雜的談判過程，絕非外界認為中國相對於東南亞較小國家具有絕對權力的關係。

肆、債務危機：基礎建設的代價

即使寮國在泰國與越南兩個巨人之間遊走，並利用中國、美國和日本三強的競爭來尋找最有利的外交選擇，仍然不得不為基礎建設付出代價，深陷債務危機。根據國際貨幣基金組織（International Monetary Fund, IMF）數據顯示，寮國目前的債務占其國內生產總值（GDP）比例在全球位列第九，其中約一半是欠中國的。新加坡尤索夫伊薩東南亞研究所（ISEAS-Yusof Ishak Institute）經濟學家賈揚特・梅農（Jayant Menon）指出寮國曾多次拒絕其他國際貸款方而選擇北京，或許是因為寮國政府內部認為中國「不會讓另一個社會主義國家失敗」（阿拉斯泰爾・麥克雷迪，2023）。當寮國積欠中國債務越多，就面臨越大的債務壓力，就不得不向中國貸款更多的錢來度日。寮國政府如果想要跟其他國家引 FDI 或申請日本 ODA 時，北京可以利用其權力影響寮國政策的制定過程，這就是西方各國所批判的「債務外交」（debt-diplomacy），債權國有意向陷入困境的債務國提供更多的貸款獲取經濟或政治讓步。

事實上，中國並不太擔心寮國無力償還貸款，因為從過去的案例，中國已從提供寮國貸款獲得長期的利益。例如：2009 年中國提供興建東南亞運動會國家體育場的 8000 萬美元貸款，寮國也沒有能力償還。中國只要寮國政府授予中方承包企業 300 多平方米長期土地特許權項目來償還債務（*Laotian Times*, 2017）。同時，寮國雖享有中寮鐵路貸款前 5 年的寬限期和 20 年的還款期，但需要以鋁土礦與鉀岩礦作為債務擔保。中國除了要掌握寮國水利與礦產資源以獲得實質利益外，隨著各項基礎建設的陸續完工，「中國製造」、「規範制定」是中國積極想要在東南亞各國間營造更重要的無形價值。

除了積欠中國債務外，寮國約有 8%的債務是欠亞洲開發銀行，7%是欠世界銀行，6%是欠泰國機構（RFA Lao, 2023）。寮國政府現階段面臨的挑戰是要如何平衡基礎設施需求和管理債務，以避免未來可能發生的金融危機。寮國公共債務已上升至 GDP 的 112%，政府正在努力應對高通膨、疲軟的貨幣和逐漸減少的外國投資。寮國政府已對中國債務重整進行談判，計畫展延 12 億美元的債務償還計畫。世界銀行指出，2022年底，寮國的公共債務將達到187億美元，上升至GDP的125%。

為何寮國政府要不斷地向外舉債進行基礎建設?在《鐵河：鐵路與東南亞的中國力量》(*Rivers of Iron: Railroads and Chinese Power in Southeast Asia*)這本書中，Lampton等人（2020:3）調查訪問印尼、泰國、寮國、新加坡等東南亞國家對中國一帶一路泛亞鐵路基礎建設的看法，一位匿名的寮國政府官員提出政府為何不斷舉債時，無奈的說：

> 我們是一個內陸國家，不像別的國家有比較好的機會。柬埔寨有海也有鐵路，泰國也有不錯的基礎設施，而我們都沒有。如果我們不加入（鐵路）計畫，我們就失去了和中國、越南、泰國、馬來西亞、新加坡連接的機會。……我們需要決定，是要接受或不要接受。如果（寮國）政府不接受，我們將會失去發展機會；（假如不接受），我們不需要背負這些債務，但我們會一直窮下去。

寮國政府原本計畫在2024年從最不發達國家畢業，進入「中高收入」國家行列，但由於疫情影響，這一目標已修正延後至2026年（SEZO, 2024）。此外，寮國政府更在2030年宣示計畫要成為「中等偏上收入」國家。「寮國人民革命黨」（Lao People's Revolutionary Party, LPRP）作為寮國憲法中唯一可以執政的社會主義政黨。對於以意識形態作為吸引人民支持的政黨來說，執政的團隊，不管是所謂的「親越派」或「親中派」，發展已經不是經濟問題，而是政治問題。就像中國、越南等少數社會主義國家一樣，寮國政府正不惜以貸款手段，強化各項基礎建項目，企圖擺脫貧窮困境達成國家計畫經濟的成長目標。

伍、寮國面臨未來情節與策略敘述

　　寮國是一個資源有限的小國，面臨著多方面的挑戰，包括：基礎設施建設、經濟發展和區域影響力無法提升。面對中國、日本和美國在大湄公河次區域（GMS）的增強投資，寮國要如何在這些國際強國和強鄰越南、泰國之間找到其重要的戰略定位？寮國政府要通過哪些策略，爭取在這一區域中獲得更多的利益，無論是礦產資源，還是成為泛亞鐵路計劃東南亞路線的重要中繼站？然而，也正是基於這些挑戰，寮國政府可以採用小國理論的策略，通過精心選擇和有效運用外交政策選擇，最大化其國家利益和影響力。

　　寮國可以學習新加坡和芬蘭等小國的成功經驗，通過多邊合作和創新政策提升全球舞台上的地位。新加坡作為資源極其有限的城市國家，憑藉開放和積極的外交政策，在國際上享有廣泛的尊重和影響力。同樣地，芬蘭則依靠強大的教育系統和技術創新，成功實現了從農業國家向現代高科技經濟體的轉型，為寮國提供了寶貴的學習和借鑒。

一、情節分析

　　本研究運用「情節分析」精確評估寮國在此不利的條件下，要採取不同的外交選擇，制定出符合寮國長期發展利益的戰略性決策。例如，寮國面對中國等大國影響時，可以選擇在經濟合作上加強與中國的關係，以獲取資金和技術支持，同時保持政治上的中立，避免過度依賴單一國家。並積極加入與參與地區性和國際性組織，例如東協，擴大寮國在區域事務中的發言權和影響力。

情節分析是未來學研究中重要的方法之一（宋玫玫，2014）。在 1970 年代，美國「蘭德公司」（RAND Corporation）就利用的情節分析方法，通過構建不同的未來情景來理解和準備可能的未來發展。除了應用在解決複雜的社會問題（Brewer, 1972）、新科技與軍事突發事件（Boling, et al., 2022）、氣候變遷引發的衝突（Toukan, et al. 2023）等研究外，蘭德公司也進行過與小國外交政策相關的研究案例。例如波羅的海國家的安全和防禦策略、中東小國的戰略選擇、加勒比海島國家的發展挑戰、太平洋島國的氣候變遷和安全等。這些案例通常涵蓋了不同的地區和具體的國家情境，不僅提供了未來可能面臨的挑戰，還為制定相應的戰略和政策提供重要參考。

本研究透過「時間維度」（現在與未來）和「實現機會」（高與低）兩個面向設計出 2*2 四項情節與其隱喻，分別是「平衡之舞」、「沉默的鐵路」、「金色橋梁」以及「協同之河」（表1）。

表 1：寮國政府面臨的四項情節與隱喻

	實現機會高	實現機會低
當前	財務重整 （financial restructuring） 平衡之舞 （balance dance）	項目停滯 （project stagnation） 沉默的鐵路 （silent railway）
未來	多邊發展 （multilateral development） 協同之河 （river of synergy）	區域聯通未來 （regional connectivity future） 黃金橋梁 （golden bridge）

「平衡之舞」是描述寮國必須應對複雜的金融挑戰和國際關係，以實現穩定和經濟的永續性。寮國要如同舞藝高超的舞者保持

平衡，與中國等主要債權人就債務減免或重組進行談判，同時，也可能涉及向其他國家和國際組織（例如美國、日本和國際貨幣基金組織）尋求財務援助或貸款。這種情況也凸顯審慎經濟政策和改革對穩定國家經濟的重要性，也涉及平衡短期財政救濟與長期經濟成長策略。寮國也必須謹慎處理其外交關係，平衡對中國投資的依賴與其他國際參與者的接觸，實現更多元化的經濟夥伴關係與降低對單一國家的依賴。

「沉默的鐵路」是描述泛亞鐵路等大型基礎設施項目的開發停止或嚴重延遲的未來情景。沉默的鐵路意味著雄心勃勃的泛亞鐵路計畫，預計要改變地區交通和經濟動態，現在面臨重大的障礙。這些阻礙可能來自財務、政治、環境或技術的挑戰。鐵路未能竣工導致錯失經濟機會，也降低潛在的貿易成長、就業機會和外國投資。鐵路進展緩慢不僅影響寮國，也影響其他相關國家，導致潛在的區域不穩定或合作減少。

「金色橋梁」是描述高度樂觀和理想的未來場景，完工後的泛亞鐵路與基礎設施項目，就像一座座金色橋梁，為寮國帶來顯著的經濟成長和促進區域互聯互通。寮國將轉變為重要的交通樞紐，增強了區域連結性。基礎建設發展帶來巨大的經濟機會，吸引投資，促進貿易，創造就業機會。寮國經濟加速成長，更加繁榮。促進基礎設施網絡所涉及國家之間更緊密的經濟和政治聯繫，促進區域穩定與合作。

「協同之河」是描述各國之間的多邊發展與合作，就像河流要經各支流匯流後才能發揮效應，帶來重大且正面成果的情境。寮國將與泰國、越南等湄公河流域國家，以及美國、中國、日本等主要國際參與者積極合作各項發展計畫，包括：基礎設施、健康、教育和環境永續性。這種協同效應不僅可以增強區域穩定性、促進經濟成長並提高生活水準,更有助於寮國緩解挑戰並優化資源利用,打造穩健且富有彈性的發展途徑。

二、寮國的外交策略、調整產業結構和內政措施

寮國政府必須展示出在推動必要經濟改革、提升治理能力和透明度方面的決心,以贏得國際社會對其的信任和支持。這不僅能吸引更多的國際投資和發展援助,還能促進整個地區的經濟發展,與越南、泰國等區域合作夥伴共同實現發展目標。以下針對四項情節,探討寮國政府如何選擇外交策略、調整產業結構和內政措施,以應對各種可能的變局。

(一)平衡之舞:與中國協商減免債務、利息或展延期限

根據國際貨幣組織估算,寮國積欠的債務占其 2023 年國內 GDP 的 122%,中國是最大債權國。美國威廉瑪麗學院的 AidData 研究實驗室也計算從 2000 年到 2018 年,寮國積欠中國的債務已經累積到 122 億美元,占其 GDP 的 65%。在全球通貨膨脹的背景下,2023 年寮國的通膨率超過 41%,寮幣兌美元的匯率貶值超過 43%,使得寮國政府償還巨額債務的能力變得愈加困難(轉角 24 小時,2024)。同時,中國自身經濟也面臨下行壓力,這使得中國在是否收回貸款或提供減免以避免寮國違約之間進退兩難。

最理想情況是中國能夠提供債務減免方案,或者基於 2020 年至 2022 年間中國向寮國提供的大量短期債務,允許延期還款。另一個選項是按照目前的淨現值減少債務,以確保寮國能夠持續履行償債義務。外界普遍擔心,寮國在這些談判中可能不得不在主權方面做出妥協,例如部分寮國電網已由中國控制,或者允許中國國安人員在寮國境內活動並逮捕中國異議人士(轉角 24 小時,2024)。

寮國同時需要積極尋求多邊融資的支持，特別是向美國、日本及其他國際組織爭取資金援助。這樣的多元化融資渠道不僅能夠減少對單一國家的依賴，還能推動基礎設施建設和經濟結構調整，從而增強寮國的經濟韌性和永續發展的能力。

成功的債務協商，不僅依賴於寮國的談判技巧，還需展示其推動必要經濟改革的能力和決心。寮國政府要積極推動經濟改革，努力提升政府治理能力和透明度，以提高國際社會對其的信任度。這將有助於吸引更多國際投資和發展援助，促進整個地區的經濟發展。寮國的債務重整與經濟改革也為區域合作帶來了新的機遇。越南和泰國等區域合作夥伴將從中受益，通過區域合作獲得更多經濟支持和技術援助，共同推動發展目標。唯有通過區域基礎設施項目、貿易協定和永續發展倡議方面的合作，寮國與湄公河流域國家才能創造更加穩定和繁榮的環境。

（二）沉默的鐵路：泛亞鐵路計畫被擱置

在 2023 年第三屆「一帶一路」國際合作高峰論壇上，習近平提出高質量共建「一帶一路」的八項行動計劃。其中，在第三項「進行務實合作」，特別強調推動標誌性工程和「小而美」民生計畫。這包括在中國國家開發銀行和中國進出口銀行設立 3,500 億元人民幣的融資窗口，並新增 800 億元人民幣至絲路基金，同時在企業家大會達成了 972 億美元的合作協議，計畫實施 1,000 個小型民生援助項目（人民網，2023）。中國強調共建高質量基礎設施，不具經濟效益或戰略價值的項目將被擱置。最壞情況是泛亞鐵路計畫的暫停，寮國必須尋找替代方案來維持經濟穩定。這不僅使寮國失去重要的基礎設施發展機會，還將對其長期經濟和社會發展產生深遠影響。寮國應探索其他可行發展途徑，包括加強與其他國家的合作，推動更多類似基礎設施建設計畫的實施，以彌補基礎設施發展的斷層所帶來的影響。

在面對泛亞鐵路計畫擱置的情況下，寮國應尋找其他基礎設施項目作為替代方案，尤其是那些能夠直接改善民生的小型項目，例如道路修繕、橋梁建設和供水系統升級。這將有助於減輕基礎設施發展斷層所帶來的影響，並促進地區內部的經濟活動和社會進步。在外交政策上，寮國應該積極擴展外交夥伴，不僅依賴於中國，還應與美國、日本和其他國際組織加強合作，以獲取多元化的援助和投資。這將有助於減少對單一國家的依賴，增強寮國在國際事務中的發言權和影響力。在內政施政方面，寮國應該集中精力提升國內的發展能力。這包括推動國內改革，提高政府治理能力和公共服務水平，吸引更多的國際援助和投資。同時，寮國應該改善投資環境，通過法律改革和政策支持來吸引外國直接投資，並加強公共服務，提升國民生活質量，從而增強國內發展的動力和永續性。

（三）黃金橋梁：泛亞鐵路持續興建，改變整個遊戲規則

寮國最理想的未來之一是成功完成泛亞鐵路的建設，這將使其成為區域經濟的核心樞紐，顯著促進長期經濟發展。寮國地理位置具有戰略優勢，可以作為中國與東協成員國之間的橋樑，並從過境服務中獲益。相較於其他東協國家，寮國政治和社會穩定，沒有嚴重的種族或民族主義衝突（陳俐甫，2010），亦無宗教衝突，且政府積極發展特別經濟區，為投資和商業提供了合適和有利的場所（Zhang, et al., 2018: 19）。

寮國應妥善處理實施過程中可能出現的合作機會或利益衝突，特別是來自中國、周邊鄰國和其他國際利益相關者的挑戰。透

過改善與周邊國家和主要經濟中心的互聯互通，寮國有機會從內陸內河經濟體轉型為東南亞區域經濟的重要參與者。泛亞鐵路的建設可以提高運輸效率，降低物流成本，促進寮國與其他一帶一路沿線國家之間的貿易和投資，成為貨物和人員流動的重要走廊，刺激經濟活動並吸引更多外國直接投資。

政府應積極推動與鄰國的貿易和物流協議，確保鐵路通車後能迅速融入區域經濟圈。這不僅有助於提升寮國在區域中的戰略地位，還將促進跨境貿易和投資活動的增長。借助於鐵路建設的機遇，寮國政府可以積極吸引外國投資，尤其是在物流、倉儲和輕工業等領域，提升國內產業鏈的整合度和附加值，進一步推動經濟結構調整和升級。同時，利用鐵路建設帶來的基礎設施改善機會，推動國內其他交通、能源和通信基礎設施的現代化，促進全國經濟的均衡發展，增強各地區的競爭力和吸引力，進一步推動社會和經濟的可持續發展。

泛亞鐵路持續興建，改變整個遊戲規則，是寮國最期待的未來展望之一，但實現這一目標仍需克服諸多挑戰。除了鐵路建設工程面臨自然環境限制和生態保護問題外，中國是否能夠對沿線各國提供如中老鐵路般優厚的條件，以及各國中央政府是否能夠有效化解地方政府和政治精英對鐵路建設的各項質疑，這些都是需仔細協商和解決的變數和阻礙。

（四）協同之河：美國與日本積極參與湄公河流域開發

疫情之後，中國經濟未如預期的復甦，以及中國新一帶一路政策中對小而美民生計畫的強調，寮國社會菁英對中國的態度逐漸轉變。這引發了關於美國和日本在湄公河流域發展項目中角色增強的討論。

根據「羅伊研究所」（Lowy Institute）在 2018 年至 2022 年針對美國與中國在東南亞進行的「亞洲實力指數」研究，顯示中國在該地區的影響力逐步擴大。然而，美國在菲律賓和新加坡的影響力超過中國，而中國在寮國、柬埔寨和緬甸則占據主導地位。這一情況部分源於中國一帶一路基礎設施建設的持續推進（Patton & Sato, 2023）。然而，另一項研究顯示，中國在寮國的影響力增加引起了當地民眾的擔憂。根據新加坡尤索夫伊薩東南亞研究院的調查，大多數寮國受訪者更願意與美國建立聯盟關係，而不是依賴中國。超過 72%的受訪者擔心中國的經濟影響力，並對中國干涉寮國內政表示關切（ASEAN Studies Centre, 2019, 2023）。

　　未來可能的發展方向之一是美國和日本在湄公河流域積極參與多個領域的開發，包括基礎設施、社會福利和環境保護。這種多邊合作不僅將為寮國帶來重要的外部資源和技術支持，還將促進區域內部各國之間的經濟和社會互聯互通，進而推動整個地區的綜合發展。這些跨國合作不僅擴展了寮國的發展管道，還加強了國際之間的合作關係，有助於形成更加穩固和永續的發展格局。

　　在外交策略上，寮國將與美國和日本深化合作，積極推動雙邊和多邊項目，以最大化其在湄公河流域開發中的利益。同時，寮國將維持與中國的良好關係，確保其在區域開發中的平衡作用，避免過度依賴任何單一國家。寮國也將加入並積極參與國際環保和永續發展組織，提升其國際聲譽和影響力。在內政施政方面，寮國將制定長期發展規劃，將湄公河流域開發項目納入國家發展戰略之中。同時，寮國將改善國內治理結構，提升政府執行力和透明度，確保開發項目的順利實施。寮國也將加強教育和技能培訓，提升國民素質和勞動力競爭力，以確保能夠有效抓住發展機遇。

陸、結語

　　湄公河流域是一個複雜的地緣政治舞台，各國的利益相互競爭。儘管寮國積欠中國巨額債務，但中國政府並未急於要求寮國償還。這是因為在各項水壩和中老鐵路等基礎建設項目中，中國成功地將其「中國標準」或「規範制定」引入東南亞各國，例如印尼的雅萬高鐵，逐步改變了東南亞各國民眾對「中國製造」的傳統負面印象。

　　短期內，寮國很難擺脫中國的影響，同時，中國也不會輕易放棄對寮國的支持，將持續維持目前的外貿關係。然而，隨著地緣政治的變化，寮國政府有機會逐漸向美國、日本等西方國家靠攏，不再完全依賴中國。儘管多角外交經營策略可能會招致中國外交政策的反制，但也能為寮國帶來更多經濟和戰略上的優勢。

　　目前，台灣政府與寮國之間的外交關係發展較為困難，但民間企業與非政府組織有機會與日本或美國合作，共同參與寮國的經濟發展。寮國民眾主要信奉上座部佛教，境內保留著多處佛教寺廟及其宗教傳承，台灣可透過文化交流，尤其是宗教界的民間交流活動，促進台灣與寮國人民之間的相互理解和友誼。

　　其次，鼓勵民營企業提供技術轉移和人才培訓，協助寮國提升技術水平和人才素質，推動寮國產業升級和轉型。在合作過程中，應尊重寮國的主權和發展需求，確保合作項目的持續性和社會責任，以實現共贏合作，促進地區經濟發展和穩定。

　　最後，透過美國和日本等友台國家，在與寮國商討經濟合作平台時，納入台灣作為合作機制的一部分。共同研究合作領域、計劃和執行，例如定期舉辦合作與交流會議和工作小組，確保合作項目的順利推進和及時解決問題。台灣在基礎設施、製造業、農業、能源等領域具有豐富的技術、資金和管理經驗,可以為寮國的經濟發展提供支持。

參考文獻

人民網，2023。〈第三屆"一帶一路"國際合作高峰論壇主席聲明〉10月19日（http://cpc.people.com.cn/BIG5/n1/2023/1019/c64387-40098580.html）（2024/5/10）。

中華民國外交部，2016。〈寮國國家概述〉（http://www.taiwanembassy.org/uploads/sites/96/2018/11/20160427-寮國國家概述-revised.pdf）（2024/5/10）。

宋玫玫，2014。〈情節分析法〉收於鄧建邦、陳瑞貴、陳國華、陳建甫、紀舜傑、宋玫玫、彭莉惠、吳姿瑩（編）《未來學：理論、方法與應用》頁127-61。新北市：淡江大學出版中心。

宋興洲，2021。《大湄公河次區域地緣經濟角力——衝突與調和》。香港：香港城市大學出版社。

阮功松，2019。〈舊情還是新歡？中國經濟誘拐對老撾的越南政策之影響〉《東亞研究》12期，頁117-58。

阿拉斯泰爾・麥克雷迪（Alastair McCready），2023。〈寮國經濟因債台高築而岌岌可危，有年輕人稱「我感到絕望」〉《BBC NEWS 中文》10月11日（https://www.bbc.com/zhongwen/trad/world-67065674）（2024/5/10）。

洪聖斐，2014。〈日本挹注近2千億資金協助東協基礎建設〉《Newtalk 新聞》1月30日（https://newtalk.tw/news/view/2014-01-30/44055）（2024/5/10）。

張晉誠，2023。〈湄公河乾旱給中國威脅機會！專家：藉造水壩趁機掐住東南亞經濟！〉《Newtalk 新聞》8月11日（https://newtalk.tw/news/view/2023-08-11/883736）（2024/6/30）。

陳俐甫，2010。〈東南亞國際情勢不穩的民族因素析探〉《國際文化研究》6卷1期，頁107-19。

斯影，2020。〈湄公河：美國啟動夥伴計劃會給流域資源之爭帶來什麼〉《BBC NEWS 中文》9月24日（https://www.bbc.com/zhongwen/trad/world-54264192）（2024/5/10）。

新京報，2019。〈泰国称这条高铁2023年开通，背后是中国铁路外交突破〉9月5日（https://www.bjnews.com.cn/feature/2019/09/05/623499.html）（2024/5/10）。

新華社，2021。〈激动！中老铁路，正式通车！〉12月3日（http://www.xinhuanet.com/2021-12/03/c_1128129113.htm）（2024/5/10）。

經濟小組、FR小組，2023。〈寮國2023年經濟現況——產業發展、總體市場分析〉《OOSGA》10月25日（https://zh.oosga.com/economies/lao/）（2024/5/10）。

潘維庭，2013。〈日本東協強化合作　陸學者：制衡中國〉《風傳媒》11月11日（https://www.storm.mg/article/21473）（2024/5/10）

澎湃新聞，2016。〈瀾湄合作首次领导人会议：政治安全为何列为三大合作支柱之首〉3 月 24 日（https://www.thepaper.cn/newsDetail_forward_1447696）（2024/5/10）。

蔡侯塞，2023。〈賣電救經濟？寮國再獲中泰資金蓋湄公河水力發電大壩〉《報呱》3 月 28 日（https://www.pourquoi.tw/intlnews-indo-pacific-230321-230327-1/）（2024/5/10）。

轉角 24 小時，2024。〈中國一帶一路衝擊寮國：深陷債務危機被迫「出賣主權」〉《轉角國際》1 月 12 日（https://global.udn.com/global_vision/story/8662/7703929）（2024/5/10）。

Asian Development Bank (ADB). 2015. "Greater Mekong Subregion Economic Cooperation Program: Overview." May (https://www.adb.org/publications/greater-mekong-subregion-economic-cooperation-program-overview) (2024/5/10)

Akama, Kenya. 2024. "New Railway from China Boosts Tourism in Laos' Ancient Capital." *Nikkei Asia*, February 11 (https://asia.nikkei.com/Business/Travel-Leisure/New-railway-from-China-boosts-tourism-in-Laos-ancient-capital) (2024/5/10)

ANN. 2018. "Compensation Payments for Laos-China Railway Slated for Completion in 2019." *Asia News Network*, November 15 (http://www.asianews.eu/content/compensation-payments-laos-china-railway-slated-completion-2019-85946) (2024/5/10)

ASEAN Studies Centre. 2019. "The State of Southeast Asia: 2019 Survey Report." (https://www.iseas.edu.sg/images/pdf/TheStateofSEASurveyReport_2019.pdf) (2024/5/10)

ASEAN Studies Centre. 2023. "The State of Southeast Asia: 2023 Survey Report." (https://www.iseas.edu.sg/wp-content/uploads/2025/07/The-State-of-SEA-2023-Final-Digital-V4-09-Feb-2023.pdf)

Boling, Bryan, Benjamin Boudreaux, Alexis A. Blanc, Christy Foran, Edward Geist, Moon Kim, Kelly Klima, Erin N. Leidy, Samantha Mcbirney, and Danielle C. Tarraf. 2022. "Emerging Technology beyond 2035: Scenario-Based Technology Assessment for Future Military Contingencies." RAND Corporation (https://www.rand.org/content/dam/rand/pubs/research_reports/RRA1500/RRA1564-1/RAND_RRA1564-1.pdf) (2024/05/10)

Brent, Thomas. 2018. "Laos Gambles on Becoming 'Battery of Southeast Asia.'" *Southeast Asia Globe*, August 3 (https://southeastasiaglobe.com/laos-gambles-on-becoming-battery-of-southeast-asia/) (2024/5/10)

Brewer, Garry D. 1972. "Dealing with Complex Social Problems: The Potential of the "Decision Seminar." RAND Corporation (https://www.rand.org/pubs/papers/P4894.html) (2024/5/10)

Central Intelligence Agency. 2024. "Laos." *The World Factbook* (https://www.cia.gov/the-world-factbook/countries/laos/) (2024/5/10)
Comtrade. 2020. "UN Comtrade Database." (https://comtrade.un.org) (2024/5/10)
Corbett, Jack, Yi-Chong Xu, and Patrick Weller. 2019. "Norm Entrepreneurship and Diffusion 'From Below' in International Organisations: How the Competent Performance of Vulnerability Generates Benefits for Small States." *Review of International Studies*, Vol. 45, No.4, pp. 647-68.
Freeman, Nick. 2019. "Can Laos Profit from China Rail Link Despite Being US$1.5 Billion in debt?" *South China Moring Post*, December 10 (https://www.scmp.com/week-asia/opinion/article/3041394/can-laos-profit-china-rail-link-despite-being-us15-billion-debt) (2024/5/10)
Huang, Jack I. C.，2019。〈列強環繞下，「沒有存在感」的寮國如何夾縫求生？〉《換日線》(https://crossing.cw.com.tw/article/11841)（2024/5/10）。
International Monetary Fund (IMF). 2019. "Lao PDR." IMF Country Report No. 19/267 (https://www.imf.org/en/Publications/CR/Issues/2019/08/08/Lao-Peoples-Democratic-Republic-2019-Article-IV-Consultation-Press-Release-Staff-Report-48577) (2024/5/10)
Janssen, Peter. 2017. "Fast Trains to Nowhere in Southeast Asia." *Asia Times*, July 31 (https://asiatimes.com/2017/07/fast-trains-nowhere-southeast-asia/) (2024/5/10)
Jarabejo, Jacob. 2019. "Urbanization in Southeast Asia: Field Notes from Laos." Data Driven Envirolab, August 9 (http://datadrivenlab.org/data/urbanization-in-southeast-asia-field-notes-from-laos/) (2024/5/10)
Jesse, Neal G., and John R. Dreyer. 2016. *Small States in the International System: At Peace and at War*. Lanham, Md.: Lexington Books.
Lampton, David M., Selina Ho, and Cheng-Chwee Kuik. 2020. *Rivers of Iron: Railroads and Chinese Power in Southeast Asia*. Berkeley: University of California Press.
Laotian Times. 2017. "Everything You Need to Know about the Laos-China Railway." February 20 (https://laotiantimes.com/2017/02/20/everything-you-need-to-know-laos-china-ailway/) (2024/5/10)
Lin, Joanne. 2023. "Changing Perceptions in Laos Toward China." *Perspective*, No. 55, July 17 (https://www.iseas.edu.sg/wp-content/uploads/2023/06/ISEAS_Perspective_2023_55.pdf) (2024/5/1)
Long, Tom. 2023. *A Small State's Guide to Influence in World Politics*. New York: Oxford University Press.
Patton, Susannah, and Jack Sato. 2023. "Asia Power Snapshot: China and the United States in Southeast Asia." Lowy Institute, April 20 (http://lowyinstitute.org/publications/asia-power-snapshot-china-united-states-southeast-asia) (2024/05/10)
Phommouny, Phetsamone. 2019. "The Impact of China's Foreign Direct Investment on

Economic Growth of Lao PDR." *North American Academic Research*, Vol. 2, No. 11. pp. 183-95.

RFA Laos. 2023. "Laos' National Debt Now Larger Than Its GDP - And Could Get Even Bigger." *Radio Free Asia*, December 21 (https://www.rfa.org/english/news/laos/national-debt-12212023161505.html?fbclid=IwAR1tdoCqRr76Mjf2Jvqs4Pa8pm9rj_jGLzZnvo7c8dggjXAS4V0TTPA9_hY) (2024/5/10)

SEZO. 2024. "Special Economic Zones in Lao PDR." SEZ Promotion and Management Office (SEZO), Ministry of Planning and Investment (https://www.asean.or.jp/main-site/wp-content/uploads/2024/05/CS_230325_53.pdf) (2024/5/10)

Toukan, Mark, Stephen Watts, Emily Allendorf, Jeffrey Martini, Karen M. Sudkamp, Nathan Chandler, and Maggie Habib. 2023. "Conflict Projections in U.S. Central Command Incorporating Climate Change." RAND Corporation (https://www.rand.org/pubs/research_reports/RRA2338-3.html) (2024/6/30)

Ton Ka. 2020. "Loss of faith along the Ou River." *China Dialogue*, March 27 (https://chinadialogue.net/en/energy/11933-loss-of-faith-along-the-ou-river/) (2024/5/10)

U.S. Department of State. 2009. "Lower Mekong Initiative." (https://2009-2017.state.gov/p/eap/mekong/index.htm) (2024/5/10)

UN. 2015. "Lao PDR-UN Partnership Framework (2017-2021): A Partnership for Sustainable Development." (https://laopdr.un.org/sites/default/files/2019-08/2016%20UNPF_2017-2021_English.pdf) (2024/5/10)

United States Agency for International Development (USAID). 2024. "Our Work." (https://www.usaid.gov/laos/our-work) (2024/5/10)

Vörös, Zoltán, and Pongkhao Somsack. 2020. "Laos and the Belt and Road Initiative: An Interconnector Helping the Chinese Need." *Foreign Policy Review*, No. 13. pp. 24-38.

World Food Programme. 2017. "Lao People's Democratic Republic Country Strategic Plan (2017-2021)." (https://executiveboard.wfp.org/document_download/WFP-0000037355)(2024/5/10)

World Rivers Day. 2020. "Major Dams on the Mekong River Delta and the Ou River, China." September 22 (https://www.facebook.com/109693280884249/photos/a.124688006051443/133022651884645/?type=3) (2024/5/10)

Zhang, Tuo, Yu Hui, and Rong Zhongxia. 2018. "Report on China-Laos Cooperation Opportunities under the Belt and Road Initiative." Open Development Cambodia (https://data.opendevelopmentcambodia.net/library_record/report-on-china-laos-cooperation-opportunities-under-the-belt-and-road-initiative-in-2018) (2024/5/10)

寮國國防武力及其與大國關係

吳東林

國立臺南大學兼任助理教授

壹、前言

寮國（Laos）古稱老撾，原初住民屬於南亞語族（Austroasiatic Peoples），在農業出現之前以狩獵和採集為生，而且老撾商人擅長使用獨木舟在河流上航行以及藉此從事商業行為——最重要的河流路線是湄公河（Mekong river）（GlobalSecurity, 2013a）。1353 年 Fa Ngum 國王建立 Lan Xang 王國，自此 300 多年 Lan Xang 王國的影響力遍及今天的柬埔寨（Cambodia）和泰國（Thailand）以及寮國（外交部，2023；Central Intelligence Agency, 2023a）。

Lan Xang 王國建立後，14 世紀中葉越南（Vietnam）入侵，成為越南的藩屬；1873 年泰國入侵，越南無力保護，寮國淪為泰國藩屬。經過幾個世紀的逐漸衰落，1893 年法國壓迫泰國，1907 年兩國簽訂『法國-暹羅條約』（*Franco-Siamese Treaty*），法國成為寮國的保護國。第二次世界大戰爆發後，1940 年 9 月日本佔領寮國，直到 1945 年戰爭結束後日本投降；此時東南亞各國掀起反殖民運動，寮國於 1945 年 10 月組織臨時政府，罷黜當時由法國扶植的 Sha Wenwang 國王，並宣佈獨立（外交部，2023；Central Intelligence Agency, 2023a）。

寮國位於中南半島東北部，係半島唯一的內陸國，首都是永珍

（Vientiane）。全國總人口據 2023 年的估計約 7,852,377 人，排名世界第 103 名（Central Intelligence Agency, 2023b）；領土總面積約 236,800 平方公里，排名世界第 84 名；人民 64.7%以上信奉佛教，基督教 1.7%，無宗教信仰 31.4%；官方語言為老撾語（Lao），其它還有法語、英語、各種民族語言等（Central Intelligence Agency, 2023b; 2023c）。

其次，寮國地理特性呈現南北長而東西窄，地勢北高南低，由西北向東南傾斜，境內 80%為山地和高原，且多被森林覆蓋（新华网，2020）。陸地東與越南為鄰，北接中國，西面和西南面分別與緬甸、泰國交界，南面與柬埔寨相接；陸地邊境長達 5,274 公里，與鄰國的陸地邊境線長度依序為越南、泰國、柬埔寨、中國、緬甸（GlobalSecurity, 2012a; Central Intelligence Agency, 2023c）。寮國領土狹長，如遇外力入侵容易被突穿；歷史上與寮國邊境最長的東方越南、西南方泰國即曾先後入侵寮國。尤其，寮國與泰國相鄰之處地勢平坦，除湄公河地障外幾乎無險可守，形成軍事衝突中的戰略薄弱地帶（圖 1）。

前文所述，寮國於 1945 年宣佈獨立，但是 1946 年法國重新佔領寮國，Sha Wenwang 國王復位，同時草擬憲法，選舉國會議員；法國並在制憲會議選舉後授予寮國有限的自治權。1949 年，法國與寮國簽訂總協定，承認寮國在法屬聯邦中自治；直至 1954 年法國於法、越戰爭中被越南擊敗，7 月法國自寮國撤軍，結束法國在寮國的殖民統治（外交部，2023；GlobalSecurity, 2013a）。

寮國完全獨立後，內部中立派、共產黨及保皇派發生武裝衝突，最後由 Souvanna Phouma 親王領導的中立主義者與共產主義叛亂份子結盟，並開始得到前蘇聯的支援，而當時由 Phoumi Nosavan 將軍領導的右翼政權得到了美國的支援，內亂不已。經國際調停後，雖然於 1962 年協議組成聯合政府，但是雙方各自在大國的支援下，內戰很快重新開始；而且在越南戰爭中，美國和北越在寮國日益增長的軍事活動亦將寮國捲入越南戰爭中（外交部，2023；GlobalSecurity, 2013a）。

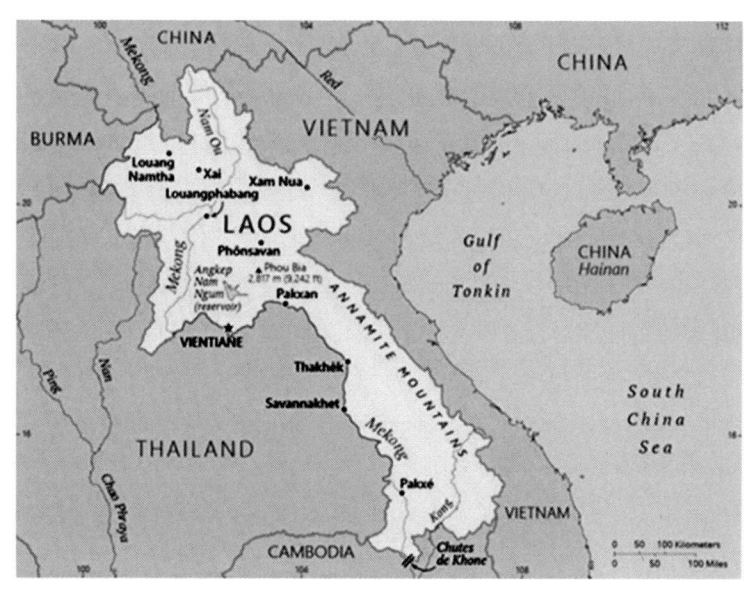

來源：Central Intelligence Agency（2023d）。

圖 1：寮國地理位置圖

1975 年 4 月，美國於越南戰爭中失利、撤軍，共產主義寮國人民革命黨（Lao People's Revolutionary Party, LPRP）武力攻克永珍，1975 年 12 月 2 日寮國共產黨宣佈廢除 600 年的君主制度，成立寮國人民民主共和國（Lao People's Democratic Republic, LPDR）（外交部，2023）。共產黨政府實施了集中式的經濟決策和嚴厲的安全措施，包括控制媒體，逮捕和監禁許多前政府和軍隊成員。這些嚴厲的政策和不斷惡化的經濟狀況,以及政府實施的政治控制,促使寮國人口大量外流。隨著時間的流逝,寮國政府釋放了大多數政治犯,人口陸續回流;1977年寮國加入東南亞國家協會（Association of Southeast Asian Nations, ASEAN）,1988年公佈施行外國投資法,允許私人企業成立（外交部,2023；GlobalSecurity, 2013a）。

寮國內戰和長年共產黨統治,自然與國防武力的演變息息相關,甚至淪為奪權者的工具,這是共產黨政府常有的特徵。寮國武力於1949年成立之初係一支游擊隊,稱為「巴特老撾」（Pathet Lao, PL）（GlobalSecurity, 2012b）,至1964年兵力已由初期的兩、三百人增加為約20,000人（GlobalSecurity, 2012c）；1965年10月稱為寮國人民解放軍（Lao People's Liberation Army, LPLA）,主要由中央軍事指揮部所轄的正規部隊組織以及區域補充單位、鄉村層級民兵等3個層級組成（GlobalSecurity, 2012b）,至1970年兵力超過48,000人（GlobalSecurity, 2012c）。

1975年,共產黨政權將寮國人民解放軍改名為寮國人民軍（Lao People's Army, LPA）,並轉變為常規軍事組織（GlobalSecurity, 2012b）。1970年代末和1980年代初期,寮國人民軍接受來自前蘇聯新的軍事裝備援助,但是落後的經濟能力無法提供配合當時新裝備所需的軍事預算（GlobalSecurity, 2012b）。

1980年代中後期,隨著越南軍隊以及前蘇聯和越南軍事顧問的撤離,無法再依賴外國的直接軍事援助。尤其,缺乏前蘇聯的軍事支援以及從中國和越南購買的裝備十分有限情況下,寮國人民軍開始從事私營企業來供給本身的不足;在1990年代初期,裝備老舊和缺乏資金持續阻礙了寮國國防武力進一步的現代化（GlobalSecurity, 2012b）。

1990 年代以來，由於沒有任何真正的外部威脅，軍隊主要負責內部安全、支援政府對抗政治異議者，以及負責邊境巡邏任務。1994 年，寮國人民軍兵力約為 33,000 人；2010 年再度更名為寮國人民武裝部隊（Lao People's Armed Forces, LPAF），基本結構維持不變，現役部隊兵力約為 30,000 人，分別在部署在寮國 4 個軍區的 3 個軍種（GlobalSecurity, 2012b）。

　　縱觀寮國處於中南半島內陸國的地緣戰略位置，以及第二次世界大戰結束迄今，因為越南戰爭的牽動和長期共產政權統治而與美國、前蘇聯、中國和周邊國家互動關係迭有起伏，在在影響東南亞次區域的政、經、軍情勢發展。本文將從地緣戰略的角度探討寮國安全環境、國防任務與組織、寮國政府和人民武裝部隊挑戰與作為，以及寮國共產主義政權與大國的互動關係，期對寮國國防武力、共產主義政權在區域中扮演的角色有更深一層的認識。此外，本文撰寫的目的旨在廣泛地探討寮國國防與軍事議題，以期了解該國國防與軍事發展全貌，至於單一議題或單項武器的分析，可另做為未來研究發展的主軸。

貳、寮國安全環境

　　寮國經歷了百餘年的殖民統治和共產主義一黨專政，從未走出政治和軍事動盪的不安環境；加上處於廣泛領域合作和激烈競爭為特徵的全球化背景下，傳統和非傳統安全挑戰、國際和地區環境繼續發生複雜變化，長期以來寮國人民無法平靜生活，每當他們閉上眼睛時，一場噩夢就會降臨在他們面前（ASEAN Secretariat, 2021a: 64; Boupha, 2018: 19）。

一、外部安全環境

19世紀後半葉起，西方列強基於資本主義和工業發展的需求，試圖擴大殖民統治東南亞地區的勢力範圍，以利其尋求勞力、天然資源等，進而強化國力，具備競爭優勢。第二次世界大戰結束後，世界政治衝突從先前殖民佔領和大國之間的帝國主義擴張轉變為意識形態衝突，兩極世界秩序牽動東南亞地區國家也必須選擇資本主義或社會主義（Boupha, 2018: 19）。寮國不幸選擇了社會主義道路，這條道路使其無法擺脫反共勢力在東南亞地區的擴展和抵制。其次，寮國人口少、經濟不發達、軍事力量薄弱，向來無法抵擋擁有一系列新武器和戰爭技術的外來入侵者（Boupha, 2018: 19），也注定了寮國成為冷戰時期東南亞地區貧窮、落後的內陸國家。

冷戰結束後，普遍性的區域和國際和平與安全以及發展合作等議題，對東南亞地區實現永續發展、區域經濟整合具有實質的意義，影響所及也有益於寮國的發展。但是，21世紀以來東南亞地區部份國家發生政治與社會動盪、恐怖主義、暴力極端主義、自然災害等，以及2020年爆發的COVID-19疫情肆虐，使得地區各國的社會、經濟發展與合作面臨各種挑戰和不確定因素，情勢仍然複雜多變（ASEAN Secretariat, 2021b: 135）。

此外，寮國所處位置較特殊的是面臨地緣政治格局更加多元化，以及經濟全球化面臨美國、前蘇聯及俄羅斯、中國等大國關係緊張和保護主義政策加劇的挑戰。面對這些區域挑戰，經由包括東南亞國家協會主導的雙邊和多邊區域合作與平台，地區和平與安全逐漸得到維護和增進，各國之間的良好關係與合作不斷增強，促進了區域經濟成長與和平、安全、穩定和發展（ASEAN Secretariat,

2021b: 135）。在這方面，寮國多年來受委託主持許多次區域和國際會議，有益於區域和平與發展。例如，擔任數次東南亞國家協會主席國，以及參與集束彈藥公約締約國會議（Meeting of State Parties to the Convention on Cluster Munitions）、亞歐高峰會議（Asia-Europe Meeting Summit, ASEM）、東南亞國家協會國防部長會議（ASEAN Defence Ministers' Meeting, ADMM）、東南亞國家協會國防軍參謀長非正式會議（ASEAN Chiefs of Defence Forces Informal Meeting, ACDFIM）和其它國防相關會議（ASEAN Secretariat, 2021b: 137）。寮國積極參與國際事務，對本身與區域和平穩定具有正面的意義。

另一方面，自2020年起持續3年的COVID-19疫情，對全球穩定和安全造成嚴重影響；目前世界各國已開始放鬆國內限制，公平、負擔得起和可獲得的疫苗，以及擁有資源和技術的國家之間的團結與合作，已為國際社會和東南亞地區各國對抗病毒、恢復正常秩序，提供一條較為平坦的道路，寮國也受其益（ASEAN Secretariat, 2021b: 135）。

以當前而論，東南亞地區安全情勢不致於爆發嚴重的軍事衝突，對寮國外部安全環境相對有利，因此寮國推而廣之也關注區域外的朝鮮半島局勢。基本上，寮國與國際社會對朝鮮半島局勢的看法一致，亦即當前朝鮮半島局勢總體上仍然複雜多變，難以預測。寮國希望看到朝鮮半島和平、穩定與發展，並鼓勵相關各方透過對話和外交接觸，以和平方式解決分歧（ASEAN Secretariat, 2021b: 135）。寮國自然不樂意朝鮮半島不穩定情勢影響整個東亞地區的安全，因為東亞地區緊張情勢將會波及東南亞地區。

整體而言，寮國外部安全環境短期不至於發生劇烈變化和衝突。但是，區域和國際情勢複雜多變的發展，仍然有可能對寮國造成負面影響。目前在南中國海問題上，捲入爭端的寮國兩個友好國家——中國和越南，不可避免地將寮國推入拉鋸戰之中。客觀而言，寮國被認為較親近中國，且逐漸依賴中國。但是，另一方面卻又繼續與越南維持傳統的友好關係，因為越南是南海爭端中反對中國勢力擴張的主要國家之一，且是值得寮國信賴的友好國家；寮國處境猶如走在鋼索上，左右為難（Boupha, 2018: 27）。

二、內部安全環境

　　一如前文所述，1975 年寮國共產黨奪取政權後，實施專制極權的一黨專政，內部動盪、貧弱。20 世紀結束前，儘管寮國依舊處於共產黨的統治之下，卻已逐漸走入國際社會，除了人權問題久為國際社會所詬病之外，基本上處於外部無立即、明顯威脅的安全環境，這項有利條件也提供了內部安全環境可以朝正向發展的管道。相對地，寮國政府可以有餘力處理面臨的內部潛在安全議題。

　　首先是已往殘酷的戰爭所遺留下來的隱患，據統計越戰期間的 1964 至 1973 年期間，約有 300 萬噸的未爆炸彈藥（unexploded ordnance, UXO）潛存寮國境內——包含集束炸彈（cluster bomb）投擲的子母彈和飛機投擲的炸彈。寮國政府必須為集束炸彈的犧牲者，以及戰爭中經歷爆炸殘留物和地雷影響的倖存者，長期承受後續責任。以 2015 年為例，全國計有 42 人因未爆炸彈藥事件傷亡，摧毀數十個無辜家庭（Boupha, 2018: 25）。

　　未爆炸彈藥的存在，不僅僅是殃及無辜的生命和家庭，影響所及也減緩了農業、林業、礦業、旅遊、水力發電、交通、教育、健康各個範疇的發展，直接對人民的生計構成威脅（Boupha, 2018: 25）。面對這些內部安全威脅，寮國政府承諾依據『傳統武器公約第 5 號議定書』(Convention on Conventional Weapons Protocol V) 和『集束彈藥公約』(Convention on Cluster Munitions) 規定，以及於 2009 年批准『殘障人士權利公約』(Convention on the Rights of Persons with Disabilities, CRPD) 對受害者提供援助 (Boupha, 2018: 25)。

寮國政府在保障戰後受害者的權利之餘，也因為當前資訊科技進步，正面臨另一項內部安全挑戰。寮國共產黨政府認為社交媒體一方面促成大眾交往日趨便利，另一方面卻也容易被用來詆毀政府和煽動社會動亂。現今網際網路已經成為大眾生活重要的一部份，每天 24 小時運作和訊息往來，讓世界的距離變得更小 (Boupha, 2018: 26)。雖然如此，網際網路帶來的影響利害參半；在這方面，例如線上即時的社交媒體已經造成國家安全威脅，國內外敵對勢力經常藉此批評領導人，以及在社交媒體網站發布尖銳的批判內容，表達對政權更迭觀點 (Boupha, 2018: 26)。此一現象是民主國家的常態，但是對寮國以及同屬共產黨統治的越南、中國和北韓，不僅視為國家安全威脅，而且是共產黨專制政府箝制人民思想和行動的一大阻礙，自然更想去之為快。

除此之外，邊界問題也是寮國嚴峻的挑戰，關係到內部安全威脅和邊境人民的日常生活。尤其，寮國與南邊的柬埔寨存在邊境劃界的緊張關係，兩國於 2017 年 4 月爆發邊境糾紛，柬埔寨指控大約 30 名寮國軍人逾越邊境，阻止柬埔寨在東北地區鋪設道路。同年 8 月，柬埔寨總理 Hun Sen 緊急前往寮國就邊境糾紛展開高峰會談後，寮國總理 Thongloun Sisoulith 最後同意且命令軍隊全部從柬埔寨境內撤出（中央廣播電台，2017）。

事實上，寮國與柬埔寨邊界長達 535 公里，至 2017 年衝突事件時，兩國已完成了 86%邊境劃界。寮國一貫堅持基於歷史證據、國際法和法國人先前制定相關法令,經由外交對話、談判來解決問題(Boupha, 2018: 25)。寮國之所以關切與鄰國的邊界問題,主要是寮國面臨沿著湄公河流域,以及來自鄰國越南、中國、柬埔寨、緬甸和泰國邊境的毒品交易、非法貿易和移民等跨國犯罪。這些非傳統安全威脅加上非法毒品交易、人口販運、恐怖主義和自然災害也對內部穩定與安全造成負面衝擊(Boupha, 2018: 26)。

綜合而言,寮國係中南半島的內陸國,已往也曾被鄰近戰爭所波及,加上內部政權更迭,社會動盪不安。冷戰結束以來,國際與區域情勢不再有意識形態的極端對立,因此當前並無立即和明顯的外部安全威脅。但是,寮國為解決長期因邊境問題所衍生且威脅內部安全環境的非傳統安全威脅,以及基於共產黨政權一貫對人民採取嚴密控制的專制本質,在在都會影響其國防武力的規劃和建軍備戰,甚至三軍的建軍方向與武器裝備發展,也會有所差異。

參、寮國國防任務與組織

寮國是東南亞國家協會的成員國,亦是世界低度開發國家之一;加上寮國係中南半島唯一的內陸國,軍力有限,因此未被風雲詭譎的南中國海爭端所波及。寮國國防任務與組織在國家戰略任務的指導下,係以應付偶發的邊境問題以及處理內部非傳統安全威脅為主。此外,寮國是東南亞地區除越南外,由共產政權統治的社會主義國家,1975年成立寮國人民民主共和國之後,一如共產國家,不乏藉武力箝制人民自由的歷史痕跡。

一、國防任務與角色

『1991 寮國人民民主共和國憲法：2015 修訂版』(*Lao People's Democratic Republic's Constitution of 1991 with Amendments through 2015*) 第 1 章第 1 條開宗明義闡述：「寮國人民民主共和國是一個包含其領水及領空，擁有主權和領土完整的獨立國家。」憲法序言中也說明：「自國家解放以來，……我國人民共同執行防衛和建設國家兩項戰略任務 (Constitute, 2002: 5)。」此外，憲法第 1 章第 11 條強調：「國家全面貫徹全民國防和安全政策，加強國防建設，實施現代化計畫，忠於國家和人民；……」。同時規定了包含國防在內的各種制度 (Constitute, 2002: 5, 7)。

寮國經歷長期戰亂之後，深切體認政府的首要任務是確保國家安全，亦是憲法中規定的各界以及多種族人民共同的責任 (ASEAN Secretariat, 2021a: 65)。在此之前，1975 年以來寮國政府已經意識到必須實踐「維持革命成果、國家發展與治療戰爭創傷」兩項重要任務 (Boupha, 2018: 20)。承上所述，寮國一直奉行全民國防和自我防衛的安全政策，以落實國家防衛和發展兩項戰略目標 (ASEAN Secretariat, 2021b: 136)。

首先，在全民國防政策方面，寮國全民國防與安全政策的目標是追求國家獨立、主權和領土完整，保護國家利益和全體寮國各族人民，確保國家安全和社會秩序，從而創造國家社會、經濟發展的良好環境 (ASEAN Secretariat, 2021b: 136)。換言之，此項目標旨在維護政治、經濟和社會文化等各方面的穩定，寮國政府強調這是國防和安全部隊以及寮國多種族人民無可旁貸的職責 (Boupha, 2018: 21)。

值得一提的是，寮國政府一方面主導全國多種族人民有效貫徹

「維護人民的民主權力」目標，也期待人民治癒已往戰爭所帶來的傷痛，進一步恢復生產，擴大新政權的經濟與文化發展，以及穩定和改善人民的精神生活與物質條件（Boupha, 2018: 20），有效支援國防發展。但是，共產統治的寮國政府一向箝制人民生活的各個層面，人權紀錄差、生活水準低，迄今仍然是世界低度開發國家之一。

全民國防的執行層面，軍隊自然是最主要的力量，承擔防衛性軍事作戰任務。此外，公共安全武力主要是維持內部和平、穩定和社會秩序；民兵自衛武力（self-defense militia forces）則負責戰鬥整備支援、防禦作戰以及協助維持內部社會秩序（Boupha, 2018: 21）。另一方面，寮國政府特別重視建立和發展國防與安全部隊，逐步將其轉變為現代化的武力；其中，中央安全與國防部門扮演全般指導的角色，並協助地方武力履行職責，以及建立和強化民兵自衛武力，使其成為國家的支柱（Boupha, 2018: 21）。

其次，在自我防衛政策方面，寮國採取一項全面性安全途徑以強化處理現存和潛在挑戰的能力；對外以和平方法解決歧異和紛爭，避免任何形式的武力威脅或使用武力。寮國認為確保國家和平與安全，最重要的是建立自信和自我克制；經由和平對話與談判，同時尊重其它國家的主權與領土完整（Boupha, 2018: 21）。事實上，上述主張亦是冷戰結束後國際上解決爭端的主要途徑，而且以寮國薄弱的國力和武力亦不足以再啟戰端。

相對地，寮國的國防政策也支持東南亞地區和世界的和平、安全、穩定與發展；但是，寮國堅持其人民武裝部隊僅是執行自我防衛任務，不參與任何軍事集團或聯盟，亦不允許外國在寮國領土內設立軍事基地（ASEAN Secretariat, 2021a: 65; 2021b: 136）。這是寮國記取歷史上數度被殖民與受到外部軍事衝突波及的教訓所致，亦同時避免本身小國寡民的窘境被動捲入強權紛爭。

在軍文關係方面，憲法第 1 章第 2 條內容雖然敘明寮國是一個人民民主國家，但是實際上是由共產政權統治的社會主義國家；憲法第 3 條也明定寮國政治制度是以唯一的寮國人民革命黨為核心所組成和領導（Constitute, 2002: 6）。這與一般共產主義國家無異，往往只有共產主義國家才會在憲法條文中律定永久執政的單一政黨，以遂行其一黨專政。

寮國憲法第 6 章第 65、66 條明定：國家主席是寮國人民民主共和國的國家元首，由國民議會（National Assembly）選舉產生，亦是國內外多種族人民的代表。國家主席同時擔任國防暨安全委員會（Council for National Defence and Security）主席，是確保國家獨立、主權、領土完整、穩定和永續發展的人民武裝部隊領導人（Constitute, 2002: 16）。其次，憲法第 7 章第 72 條則律定：總理實際負責政府運作，領導和管理政府與地方行政部門的工作；憲法第 7 章第 69 條亦規定：政府對國民議會和總統負責（Constitute, 2002: 18-19）。

另一方面，寮國係共產主義國家，以黨領政。寮國人民革命黨中央委員會 55 人，其中最高權力機關政治局委員 11 人。政府首長均由政治局為首的中央委員會高階黨員產生，國家主席由中央委員會最高職位總書記出任，同時任命總理（*Encyclopaedia Britannica*, 2023; U.S. Department of State, 2023）。形式上，寮國國防指揮體系類似民主國家「文人統制」（civilian control）的架構，1975 年以來國家主席和總理多由文人出任。但是，共產主義國家一黨專政，且係以黨領政、以黨領軍，黨、政、軍分際不明，軍隊容易影響政治運作，同時較難維持中立，「文人統制」實質意義不大。另一方面，寮國人民武裝部隊總參謀長秉承國防部長之命，實際指揮人民武裝部隊，並對國防部長負責，因此國防指揮體系屬於軍政、軍令一元化體制。

二、國防組織與兵力結構

由前述寮國憲法條文內容及黨政關係得知，最高元首國家主席擔任國防暨安全委員會主席，亦是人民武裝部隊領導人。由國家主席任命的總理指揮包含國防部長在內的政府首長，並對國民議會和國家主席負責；其次，國防部長依既定政策指揮、管制寮國人民武裝部隊，國防政策與軍事指揮之間的關係連貫一致。

（一）寮國國防組織

憲法第 3 章第 31 條內容明示：「國防和安全是所有組織和寮國人民的義務和責任，國防和安全部隊是維護國家獨立、主權和領土完整的主要力量；保護人民生命和財產，確保穩定和人民民主永續發展（Constitute, 2002: 10）。」基於此項宗旨，寮國人民武裝部隊主要轄地面部隊——包含人民陸軍及河川部隊（riverine force）、人民空軍以及民兵自衛武力，由人民武裝部隊總參謀長實際指揮遂行任務（Central Intelligence Agency, 2023e）。除此之外，另有公共安全部維持內部安全，負責執法以及監督地方、交通、移民和安全警察、鄉村輔助警力、其它武裝警察單位（Central Intelligence Agency, 2023e）。

在兵役制度方面，憲法第 4 章第 49 條規定：「寮國人民有義務保衛國家，維護安全並履行法律規定的兵役義務（Constitute, 2002: 12）。」寮國人民 18 歲是義務或志願兵役的法定年齡，義務兵役的役期至少 18 個月（Central Intelligence Agency, 2023e）。綜合而言，寮國兵役制度是以義務兵役為主，且輔以志願兵役的並行制。

（二）寮國兵力結構

1975年，寮國著手將先前游擊武力改編為正規部隊；1976年，寮國政府賦予當時的寮國人民軍執行保衛國家免受泰國反動派和寮國反革命流亡份子侵害的5項主要任務：第一，提高警覺，維護和平與公共秩序；第二，提高軍隊政治和意識形態認知，強化紀律，貫徹政府政策；第三、第四項任務是經由政治和軍事學習，加強人民團結的傳統，提高軍隊素質。最後，要求軍隊強化組織，改善內部安全防衛工作（GlobalSecurity, 2012b）。

當前，寮國並無立即、明顯的外部安全威脅，人民武裝部隊除延續先前任務外，特別置重點於維護邊境和內部安全——包括弭平叛亂和反制恐怖主義（Central Intelligence Agency, 2023e）。在兵力結構方面，寮國人民武裝部隊據2023年估計，現役部隊約30,000人，排名世界145個國家的第82名，佔總人口的0.4%，沒有預備部隊；在準軍事部隊方面，民兵自衛武力約100,000人，佔總人口的1.3%，排名世界145個國家的第21名（Central Intelligence Agency, 2023e; GlobalFirePower, 2023a）（圖2）。

一如前述，寮國人民武裝部隊明顯將政治和意識形態認知、政治學習、內部安全防衛等要項納入任務中，違反軍隊中立原則，卻屬於共產主義國家的常態。此外，以寮國實施義務兵役制度而言，上述現役部隊佔總人口0.4%，屬於中等比例的規模。近年來寮國也擴大了與意識形態相近的中國和俄羅斯防務關係，而越南是寮國軍方的主要安全夥伴（Central Intelligence Agency, 2023e）。

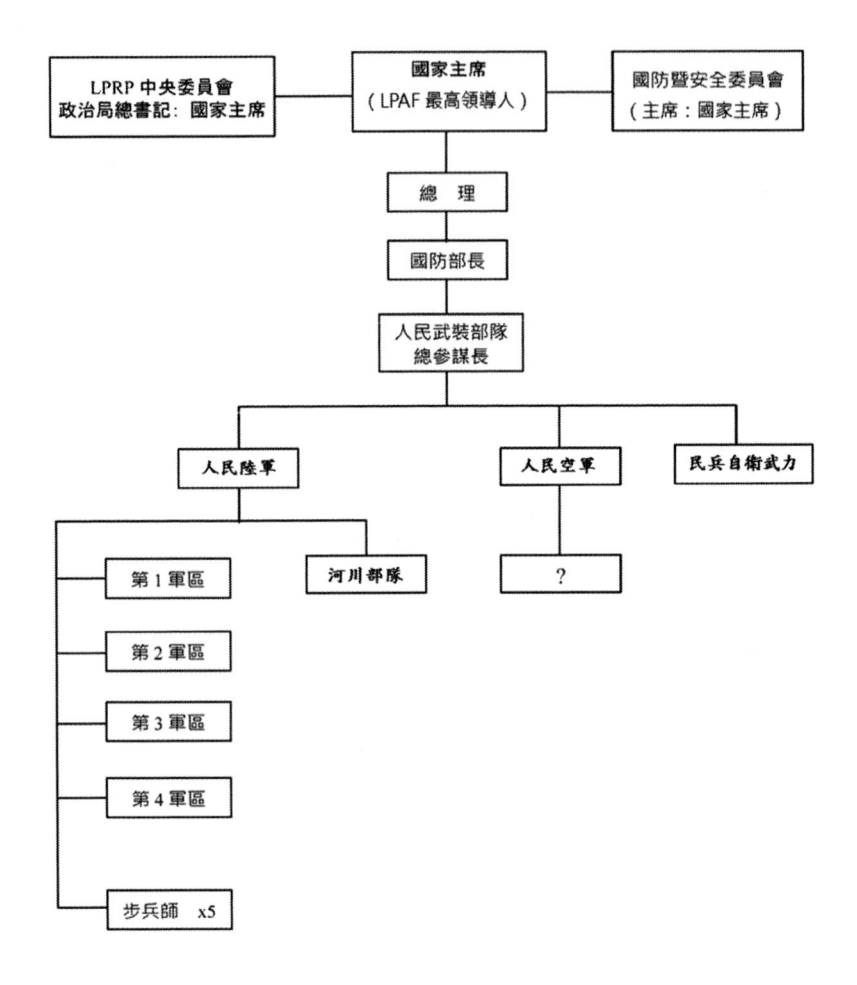

```
┌─────────────────┐      ┌─────────────────┐      ┌─────────────────┐
│ LPRP 中央委員會  │      │    國家主席      │      │ 國防暨安全委員會 │
│ 政治局總書記:國家主席│──│ (LPAF 最高領導人)│──│ (主席:國家主席)  │
└─────────────────┘      └────────┬────────┘      └─────────────────┘
                                  │
                          ┌───────┴───────┐
                          │    總  理     │
                          └───────┬───────┘
                          ┌───────┴───────┐
                          │   國防部長    │
                          └───────┬───────┘
                          ┌───────┴───────┐
                          │  人民武裝部隊  │
                          │   總參謀長    │
                          └───────┬───────┘
              ┌───────────────────┼───────────────────┐
         ┌────┴────┐         ┌────┴────┐         ┌────┴────┐
         │ 人民陸軍 │         │ 人民空軍 │         │民兵自衛武力│
         └────┬────┘         └────┬────┘         └─────────┘
      ┌──────┴──────┐             │
  ┌───┴───┐   ┌────┴────┐      ┌──┴──┐
  │第1軍區│   │ 河川部隊 │      │  ?  │
  └───┬───┘   └─────────┘      └─────┘
  ┌───┴───┐
  │第2軍區│
  └───┬───┘
  ┌───┴───┐
  │第3軍區│
  └───┬───┘
  ┌───┴───┐
  │第4軍區│
  └───┬───┘
  ┌───┴──────┐
  │步兵師 x5 │
  └──────────┘
```

圖 2：寮國國防組織架構圖

1.人民陸軍

　　一如前述，1975 年寮國人民軍重組且因應時勢賦予任務後，下轄 3 個軍種以及約 100,000 名的地方自衛隊和非正規武力。2010

年，寮國人民軍更民為寮國人民武裝部隊後基本架構不變，但是陸軍沿用寮國人民軍的名稱（GlobalSecurity, 2012b; 2012d）。陸軍由5個規模較小的師級部隊和獨立團組成，部署在全國第1至4軍區──分別位於Louangphrabang、Muang Phônsavan、Xénô、Pakxé，上述100,000名民兵自衛武力亦支援地面部隊執行任務（Central Intelligence Agency, 2023e; GlobalSecurity, 2012e）。

人民陸軍是寮國人民武裝部隊最大武力，兵力約26,000人──包含河川部隊，占總兵力87%（Central Intelligence Agency, 2023e）。陸軍所轄的5個師級單位均為步兵師，第1師位於首都永珍地區；第2師負責監控寮國與泰國邊境以及寮國中北部地區；第3師監控寮國與中國邊境；第4師和第5師則執行寮國南部巡邏任務（GlobalSecurity, 2012b; 2012e）。由於寮國當前並無立即、明顯的外部安全威脅，因此人民陸軍均以執行維護內部安全和邊境巡邏任務為主。

人民陸軍武器裝備大部份來自於前蘇聯時期的裝備，近年來主要由中國和俄羅斯獲得補充；研判主要武器裝備包含各式坦克85輛，庫存130輛；各式戰鬥車輛4,160輛，庫存6,400輛；各式自走砲28門，庫存45門；各式牽引砲57門，庫存87門；火箭砲57套，庫存87套（Central Intelligence Agency, 2023e; GlobalFirePower, 2023b）[1]。由上述人民陸軍武器裝備分析，明顯看出戰力薄弱，且兵力與裝備比例懸殊，僅適於維護內部安全任務。

---

[1] 另依據2020年GlobalSecurity（912f）的推估，寮國地面部隊主要武器裝備計有：中型和主戰坦克約15輛；輕型坦克約5輛；裝甲人員運輸車約50輛；牽引砲約62門。

2.人民海軍／河川部隊

1975 年寮國人民軍改編重組後,寮國人民海軍(Lao People's Navy)係由先前的寮國皇家海軍(Royal Lao Navy)殘部所編成,當時僅約 500 人。1990 年代,這支部隊只配備少量的內河巡邏艇和兩棲登陸艇,因此常被稱為人民陸軍海上部隊,而不是人民海軍,亦無步兵單位可執行正規的兩棲作戰。其次,這支部隊主要由越南顧問協助其組訓,同時培訓寮國幹部有關河川作戰及船隻維修能力(GlobalSecurity, 2012g)。人民陸軍海上部隊主要維護內陸水道的安全,其中包括控制從泰國避難所沿湄公河而來的反抗武力行動。21 世紀迄今,據研判人民陸軍海上部隊的基本結構並無明顯的變化,仍為編裝最小的部隊,沒有資料顯示有重大的增減(GlobalFirePower, 2023b)。其實,這支部隊與其稱之為獨立的正規人民海軍,不如歸類於人民陸軍的河川部隊較適切。

河川部隊兵力目前約 3,500 人,占總兵力 11.7%,其編制與指揮體系並無資料可查;主要武器裝備研判僅有 1985 年從前蘇聯接收的約 40 艘巡邏艇──包含 Sheml 級魚雷艇;及 1960 和 1970 年代美國提供的 4 艘小型機械登陸艇,目前可能仍在服役(GlobalFirePower, 2023a; GlobalSecurity, 2012h)。客觀而言,寮國是中南半島唯一的內陸國,又未捲入南中國海爭端,因此不需要維持大規模的海上武力。但是,依據上述兵力和裝備分析而言,這支河川部隊僅有約 44 艘小型船隻執行任務,卻編配 3,500 名兵力,明顯人浮於事。

3.人民空軍

1975 年,經由寮國共產黨改編後的寮國人民軍從先前寮國皇家空軍接收了約 150 架美國製造的對地攻擊機、直升機，在這個基礎上，寮國尋求越南和前蘇聯為其重建、訓練人民空軍，越南且提供大部份設備；從 1977 年起，前蘇聯提供為數不多的戰鬥機、運輸機、直升機，及協助其建立空軍基地和雷達站，至 1990 年越南及前蘇聯技術顧問撤出寮國（GlobalSecurity, 2020）。

1990 年起寮國開始接收來自中國的飛機，但是 1990 年代迄 21 世紀初，寮國老舊機種已汰除，僅存來自中國和俄羅斯的各式直升機以及旋翼機隊，且由於資金有限，人民空軍現代化的前景仍然很低；另一方面，寮國人民空軍資訊有限，對外人而言不易觀察和了解，十分神祕！2018 年 7 月，始有越南記者得以進入人民空軍基地進行採訪（GlobalSecurity, 2020）。

人民空軍是一支規模相對較小的部隊，在全球媒體很少被提及；根據 2023 年估計僅約 1,000 人（GlobalFirePower, 2023a），占總兵力 3.3%。主要武器裝備研判僅包含定翼運輸機 2 架，庫存 3 架；訓練機 2 架，庫存 4 架；各型直升機 15 架，庫存 27 架（GlobalFirePower, 2023c）。[2]依據上述分析，人民空軍不具作戰能力，對屬於內陸國且無立即、明顯外來威脅的寮國而言，亦不需要發展強大空中武力。以目前的空軍規模評估，執行維護內部安全和短程人力運輸尚可遂行任務。

---

[2] 另依據 2012 年 GlobalSecurity（2012i）的估計，寮國人民空軍主要武器裝備計有：中型運輸機：1 架 An-74、3 架 An-26、5 架 An-24 / Y7；輕型運輸機：1 架 Y-12、4 架 An-2；人員運輸機：1 架 Yak-40；訓練機：8 架 Yak-18；運輸直升機：1 架 Mi-26、15 架 Mi-8 / -17、1 架 Mi-6；輕型直升機：3 架 Z-9、7 架 Ka-32。

肆、寮國政府和人民武裝部隊挑戰與作為

前文分析所述，1975 年寮國共產黨奪權實施一黨專政以來，初期一如其它共產主義國家，實施了集中式控制和嚴厲的安全措施，武力係其主要的鎮壓工具。前文也提及，1990 年代以來，由於沒有真正外力入侵的威脅，人民武裝部隊主要負責內部安全、支援政府對抗政治異議者，以及負責邊境巡邏任務。相對地，自此以後寮國由於無嚴重的內、外安全威脅，因此國防發展明顯亦無重大進程規劃。

但是，隨著全球化衍生的跨國問題日益受到包含寮國在內的世界各國所關切，寮國也根據自身能力，依照普世公認的原則和規範，參與地區和國際社群處理共同關切和利益所在的各種挑戰；加上寮國共產主義政權係黨、政、軍一體，且以黨領政和以黨領軍，因此人民武裝部隊亦轉而應付共產主義政權關注的跨國問題所帶來的挑戰為主。這些跨國問題包含：反核子擴散以及軍備控制和裁軍、人道援助和災難救援、反恐怖主義和跨國犯罪等。

首先，在反核子擴散以及軍備控制和裁軍方面；冷戰結束以來，核子擴散仍然是全球和平與安全的主要威脅，寮國表明既沒有能力也無意圖生產、使用或擁有、輸出、轉移、交付核生化武器給任何國家或非國家行為者。其次，寮國認為在區域衝突、爭端和跨區域動亂的背景下，國際社會應加強解決軍備問題。寮國強調裁軍與核不擴散對於確保永久國際和平與安全的重要性，並支持在聯合國架構下多邊裁軍；且完全支持國際社會在多邊外交原則下，遂行核不擴散和裁軍（ASEAN Secretariat, 2021b: 139），也簽署了多項相關條約。

同時，寮國由於已往長期受到戰爭的影響，未爆炸彈藥清除、

受害者援助和地雷風險教育仍然是寮國政府全面性的挑戰，因為該行動是一個非常複雜的過程，需要足夠的資源、人力和技術能力。當前，解決未爆彈的影響仍然是寮國政府的首要任務，為了解決未爆炸彈藥造成的嚴重影響，寮國作為『集束彈藥公約』或『奧斯陸公約』（OSLO Convention）的締約國，一直積極推動這，以防止人類進一步受害（ASEAN Secretariat, 2021b: 140）。

除了未爆炸彈藥的危害，寮國也需要其它國家、國際組織和國際非政府組織繼續支持、協助寮國地雷排除部門的行動。寮國為了進一步加強該領域的區域合作，寮國人民武裝部隊和俄羅斯聯邦武裝部隊於 2017 至 2019 年共同主持了東南亞國家協會國防部長會議下的擴大人道地雷行動（Humanitarian Mine Action, HMA）專家工作小組（Experts Working Group, EWG）會議，並經由主導多項行動成功地實現了這項領域的目的和目標（ASEAN Secretariat, 2021b: 140）。

其次，在人道援助和災難救援方面；寮國高度重視並支持在有限資源基礎上，根據受災國請求或同意的原則下，進行人道援助和災難救援領域的區域和國際合作。早在 1949 年 8 月 12 日，寮國即已成為此領域 4 項『日內瓦公約』（Geneva Convention）的締約國。寮國共產黨主政以後，1977 年 6 月 8 日又參與簽署了「關於保護國際武裝衝突受害者」（Protection of Victims of International Armed Conflict）以及「關於保護非國際性武裝衝突受害者」（Protection of Victims of Non-International Armed Conflicts）等 2 份『日內瓦公約』的附加議定書（SEAN Secretariat, 2021b: 141）。

另一方面，寮國人民武裝部隊也積極參與人道援助和災難救援工作。例如，2014 至 2016 年，寮國人民武裝部隊與日本針對人道援助和災難救援問題共同主持了 5 次東南亞國家協會國防部長會議下的擴大專家工作小組會議。2016 年 9 月，在泰國舉行了東南亞國家協會國防部長會議下的擴大軍事醫療人道援助與災難救援聯合演習（ASEAN Secretariat, 2021b: 141）。

此外，2017 年 7 月，寮國人民武裝部隊也於首都永珍主辦及主持了主題為「加強東南亞國家協會在人道援助與災難救援領域的軍事醫療合作」第 7 屆東南亞國家協會軍事醫療首長會議（ASEAN Chiefs of Military Medical Conference, ACMMC）；在這項領域，此後寮國又不遺餘力與中國和加拿大舉辦了多次相關會議（ASEAN Secretariat, 2021b: 141）。

最後，在反恐怖主義和跨國犯罪方面；寮國在這項議題處理上，雖然由公共安全部負責，但是共產主義國家的武裝部隊仍然是最重要的後盾，而且與公安警察部門經常在職權界線上混淆不清。寮國政府一貫高度重視反恐和跨國犯罪問題，同時強調遵循與國際社群合作以防範和打擊任何形式恐怖主義的一貫政策。

國家層次上，寮國 2014 年陸續頒布和修訂了『國家公共安全法』、『反洗錢和反恐怖主義融資法』等多項法律架構；且將一切恐怖主義行為定為刑事犯罪，鎮壓和懲治導致人民生命財產安全和公共安全、秩序、國家誠信造成損失等與恐怖主義犯罪有關的非法活動。寮國政府也成立國家反恐怖主義特設委員會（National Counter-Terrorism Ad-Hoc Committee），由公共安全部主導，作為政府反恐怖主義相關問題提供諮詢的機構（ASEAN Secretariat, 2021b: 137）。

此外，寮國高度重視反洗錢和打擊資助恐怖主義問題；2007 年成立由副總理直接監督的反洗錢情報辦公室，副總理同時是國家反洗錢和反恐怖主義融資協調委員會（National Coordination Committee for Anti-Money Laundering and Counter-Financing of Terrorism, NCC）

主席（ASEAN Secretariat, 2021b: 137）。

雙邊層面上，為保障邊境地區安全，共同解決邊境問題，寮國與相鄰 5 個國家建立了雙邊邊境問題合作機制。區域層面上，寮國於 2007 年加入亞太反洗錢組織，進一步增進國內反洗錢和反恐怖主義融資成效，以及加強與地區其它國家的合作。國際層面上，寮國一貫執行聯合國安全理事會各項涉及恐怖主義問題的決議，並與國際社群密切合作，以預防及打擊恐怖主義；這一方面包括資訊共享、定期參加國際刑警組織和其它相關跨國犯罪會議期間的國際培訓和研討會（ASEAN Secretariat, 2021b: 138）。

綜觀寮國人民武裝部隊近半世紀以來的國防發展，雖然在武器裝備的質與量上並無重大成長，亦缺乏透明資訊。但是因其屬於內陸國家，在可預見的未來亦無外力入侵之虞，因此人民武裝部隊的主要任務與作為，轉而結合寮國政府處理當前跨國性非傳統安全問題的挑戰，從雙邊到多邊面向擴大與各國安全合作，對寮國國家安全間接地亦能發揮一定程度的成效。

伍、寮國共產主義政權與大國關係

從前文關於寮國人民武裝部隊的武器裝備分析得知，早期主要來源是鄰近的共產主義國家如越南、中國，甚至是前蘇聯，這是因為 1975 年寮國人民革命黨取得政權後主要與越南和前蘇聯結盟，對西方國家採取敵對的態度。此後的數十年期間，寮國與前蘇聯集團國家保持著密切關係，且大部份外來援助高度依賴前蘇聯（Global Security, 2012）。

但是，自 1991 年前蘇聯解體以來，寮國環繞著和平、獨立、友好與合作原則制定其外交政策，並開始尋求改善與地區鄰國的關係（Boupha, 2018: 23），藉其有限的軍力與國際社群一起反制非傳統安全威脅。舉其犖犖大者，在地區防務和安全事務方面，寮國陸續與各國強化軍事關係和戰略聯結，例如進行軍事代表團之間的交流與合作。在國際安全合作方面，寮國人民軍與東南亞國家協會內、外國家廣泛進行政治、安全、軍事與外交合作，以達成政府的戰略目標（Boupha, 2018: 24）。

根據上述的寮國政策與發展，在與鄰近主要國家的互動關係中，寮國與同為共產主義政權的越南淵源最深。越南對寮國的影響取決於地理和歷史的接近性以及意識形態和經濟援助；就地緣戰略位置而言，越南為處於內陸的寮國提供了一條通往東面海洋的通道，而寮國東部的山區也為越南提供了挑戰泰國在湄公河流域霸權地位的前沿戰略位置（The Cove, 2022），兩國唇齒相依。

早先在寮國人民革命黨奪取政權的鬥爭過程中，越南共產主義政權即已暗中為其策劃謀略。1975 年寮國人民革命黨主政後，兩國維繫的特殊關係凸顯寮國外交政策並無另外調整的空間（GlobalSecurity, 2021）。1977 年 7 月，兩國進一步簽署了為期 25 年的『友好合作條約』（*Treaty of Friendship and Cooperation*），並同意重新確定 1986 年劃定的共同邊界（The Cove, 2022）。

此外，自 1961 年以來一直駐紮在寮國的越南軍隊於 1989 年初才撤出，因為 1989 年以後寮國的外交政策已經轉向更加獨立，放棄馬克思列寧主義意識形態以及減低越南的特殊影響力。但是，越南扮演指導角色和緊急盟友的影子仍然存在，甚至 2011 年 6 月 22 日兩國還發表聯合聲明指出，越南與寮國的關係是兩國共同的寶貴財富，也是確保兩國革命事業取得成功的重要因素（GlobalSecurity, 2021; The Cove, 2022）。

相對地，當寮國與越南持續維繫友好關係的同時，中國同樣憑藉著與寮國毗鄰的領土，以及經濟上巨大的規模和精打細算，可以與寮國任何執政的政權達成協定。越南和寮國在與崛起的中國互動關係上，也面臨越來越困難的問題；隨著三角關係向中國傾斜，越南相對於寮國的地位必須取決於本身的基礎設施能力，方能繼續增加對寮國的價值，並確保其未來與寮國結盟的最佳前景（Son, 2022）。

寮國與中國的互動關係方面，1975年奪取政權後的寮國共產主義政府與中國建立外交關係；1978年底，越南入侵柬埔寨推翻赤色高棉政權，中國緊接著發動懲越戰爭，導致寮國陷於既不能挑釁中國、又無法反對越南侵略行為的兩難之中。寮國一度選擇降低與中國的外交關係，直到1989年兩國的摩擦才逐漸緩和。1992年兩國關係正常化，貿易擴大，共同邊界劃定；且1990年代末以後，中國向寮國提供了大量金援、低息貸款、技術援助、外國投資和備受矚目的發展專案（The Cove, 2022）。

同樣屬於共產主義國家，寮國長期以來盡力在越南和中國之間取得平衡，但是21世紀以來，由於經濟因素的影響，愈來愈多的跡象顯示原本平衡的槓桿正逐漸傾向中國。寮國一方面致力於維繫與長期盟友越南之間的安全利益，另一方面卻更希望尋求從中國崛起的經濟和「一帶一路」倡議（Belt and Road Initiative, BRI）的基礎設施建設中受益（Son, 2022）。

寮國的作法是典型的小國外交實例，寮國也發現自己必須與鯊魚一起游泳，否則就會被吃掉；換言之，寮國與中國維持友好關係是有道理的，因為中國代表著一個巨大的影響力，寮國不可能獨自對抗（Gnanasagaran, 2018）。再者，目前中國是寮國最大的債權國，占其所有外來公共債務的一半（Bhatt, 2023）。現實層面上，越南所能資助寮國的經濟實力遠遠不及中國。

相對於寮國冀望自中國「一帶一路」倡議中獲得實質利益，卻因中國與寮國簽訂的許多貸款缺乏透明度，未來很有可能陷入債務陷阱（debt trap）之中，寮國正嘗試設法減低可能遭遇的困境。在內部，寮國發行債券，實施資本管制；在外部，期待中國准予延期償還部份債務，並建立通貨交換（Currency Swap）協議等措施，以舒緩危機。對中國而言，持續兩國的合作符合中國的最大利益，尤其是可以減低外交上有關債務陷阱的傳言（Bhatt, 2023），但是兩國可否順利解決本身的困境，尚待觀察！

　　寮國除了與鄰近的共產主義國家有著不可分的歷史淵源之外，也與另一個在地緣位置上無直接關聯——美國，卻基於圍堵共產主義的地緣戰略考量，有著間接而長久的互動關係。1954 年，寮國脫離法國殖民統治完全獨立後，美國即於 1955 年與寮國建立全面外交關係（U.S. Department of State, 2021）。

　　冷戰前期，寮國北部和東部分別與共產主義中國、北越接壤，南部和西部與親西方國家的南越、柬埔寨和泰國為鄰。加上隨著前蘇聯在東歐陸續擴張共產主義，美國深怕中南半島發生骨牌效應導致全面被赤化，加上當時美國懷疑前蘇聯、中國和北越會尊重寮國中立，因此決定援助寮國以加強美國的影響力（GlobalSecurity, 2013b）。

　　當寮國獨立初期陷入內戰期間，美國支持原先的皇家政權，而且 1962 年起美國中央情報局也加入對寮國共產黨的戰爭中；在與寮國人民革命黨對立以及受到越戰波及，寮國境內遭受美軍長期的轟炸，直到 1973 年關於越戰的巴黎和平協議簽訂後才終止。1975 年，寮國人民革命黨奪取政權並選擇與前蘇聯、越南同盟，寮國與美國關係惡化，美國在寮國的代表權被降級，但是未被取消；1992 年因前蘇聯已解體，兩國才再度恢復外交關係（GlobalSecurity,

2013b; U.S. Department of State, 2021）。

對美國而前,寮國位於中南半島中心和中國南方,目前兩國關係的改善與穩固對美國安全和經濟利益具有實質的戰略重要性,並有助於寮國成為印太地區維護國際秩序和抵禦跨國威脅的關鍵,美國相當重視在印太戰略（Indo-Pacific Strategy）架構下與志同道合的盟友以及寮國新一代領導人持續發展友善的合作關係（U.S. Department of State, 2022: 1-2）。

美國協助寮國的政策目標,首先是著重在支持其獨立自主的經濟發展,增進寮國融入東南亞國家協會和全球經濟的能力。在這方面,2013年寮國已加入世界貿易組織（World Trade Organization, WTO）,並且成為東南亞國家協會經濟共同體（ASEAN Economic Community, AEC）的一員；2016年,美國也與寮國簽署『貿易與投資架構協議』（*Trade and Investment Framework Agreement*）,擴大了兩國合作關係（U.S. Department of State, 2021）。

但是,相對地,在安全戰略上,美國與寮國的戰略互動也不是沒有瓶頸。由於歷史淵源和意識形態相近的因素,寮國一向較親近中國,加上寮國人權紀錄不佳,背離美國的價值觀,因此美國與寮國的戰略互動一如國際觀察家形容:寮國幾乎脫離了美國的雷達幕（Grossman, 2022）。美國如要扭轉這個不利的戰略態勢,必須藉著各項反制中國「一帶一路」倡議專案,加強與寮國接觸,且可進一步連結柬埔寨、越南、泰國等3個湄公河流域國家,這4國均與中國存在湄公河經濟生命線的爭議（Grossman, 2022）,美國的行動正好可以進入中國的南方後院。

就寮國立場而言,由於寮國是近年來世界經濟成長最快的國家之一,地緣位置上又是一個內陸小國,冷戰結束後外交政策強調合作而不是衝突,同時深信政治和經濟的穩定發展取決於與區域和世界大國的合作。雖然如此，美、中兩國在國際舞台和政、經領域的競合加劇，南中國海周邊的東南亞地區因緣際會成為此一戰略競爭的中心，寮國也不例外。展望未來，寮國2024年擔任東南亞國家協會輪值主席國，更需要謹慎駕馭此一複雜的地緣政治格局，以維護其利益和穩定（Sayavongs, 2023）。

最後，在另一項大國競爭的議題上，2022年2月24日俄羅斯入侵烏克蘭，寮國政府聲稱對這次戰爭保持中立，同年5月國家主席Thongloun Sisoulith表示，寮國的外交政策很清楚，在這次衝突與爭議中不會偏袒任何一方，並且表示對俄羅斯經濟制裁和禁運，不會使世界變得更好；此時，當東南亞國家面臨外交壓力，被要求與美國和西方國家一致對抗俄羅斯時，寮國的中立態度不免令人質疑她的公正性（Hutt, 2022）。

2022年3月2日，聯合國大會以141國支持、5國反對、35國棄權的壓倒性票數通過譴責俄羅斯入侵烏克蘭決議，但是東南亞國家協會成員國除寮國、越南棄權外，其它國家均投贊成票（陳尚懋，2022）。2023年2月23日，俄烏戰爭屆滿1年前夕，聯合國大會再次表決，仍然以141票通過要求俄羅斯軍隊無條件撤出烏克蘭；但是，寮國還是棄權（Ettoday新聞雲，2023）。

寮國的善意得到俄羅斯正面的回應，俄羅斯總統Vladimir Putin表示，對寮國作為可靠的東南亞夥伴感到十分滿意；俄羅斯外交部長Sergey Lavrov也相繼訪問了永珍；上的支持，應該與俄羅斯近年來對寮國的多方面援助有關，而獲得俄羅斯軍事裝備可能是寮國對俄羅斯入侵烏克蘭保持沉默的一個解釋（Hutt, 2022）。只是寮國處在大國之間如何維持平衡的角色？究竟是可左右逢源獲得利益，還是一如前文所述猶如走在鋼索上陷本身於困境？猶未可知。

陸、結論

寮國係中南半島唯一的內陸國,歷史上長期遭到鄰國和西方殖民帝國入侵,地緣戰略態勢十分脆弱。1954年脫離法國的殖民統治完全獨立後,內部黨派各自受到冷戰時期美國與前蘇聯的支援,內戰不已;而且在越南戰爭中,亦將寮國捲入衝突中。1975年越戰結束,寮國人民革命黨奪取政權,實施集中式的經濟決策和嚴厲的安全措施,經濟狀況不斷惡化、人口大量外流,致使整體國力薄弱。直到冷戰結束,原本依賴前蘇聯的寮國政府才逐漸改採與區域和西方國家合作的外交政策,近年來成為世界上經濟成長最快速的國家之一。

其次,寮國一如共產主義國家,黨、政、軍一體,由共產黨實質控制軍隊;加上無立即、明顯的外來安全威脅,因此軍隊係以陸上部隊為主,旨在維護內部安全以及應付非傳統安全威脅。但是,寮國人民武裝部隊武器裝備短缺、老舊,戰力不足,亦無嚴謹的三個軍種區分,由於屬於內陸國家,因此僅設立河川部隊隸屬於人民陸軍。另一方面,寮國國防組織編制缺乏一般正常國家應有的透明資訊或定期公布的國防報告書,整體國防規劃和未來發展藍圖乏善可陳!

在與區域和西方大國的互動關係中,早先寮國人民革命黨對西方國家採取敵對態度,主要與鄰國越南和前蘇聯集團國家保持密切關係,且大部份外來援助高度依賴前蘇聯。1991年前蘇聯解體,寮國陸續與各國強化軍事關係和戰略聯結,例如進行軍事代表團之間的交流與合作,以及廣泛參與國際行動。但是,在對長期盟友越南與中國的利益選擇中,以及在美國印太戰略和中國「一帶一路」倡議對抗中、俄羅斯入侵烏克蘭的敏感戰略問題中,寮國試圖折衝樽俎取得戰略平衡，只是國際情勢詭譎多變，寮國是否能維持一貫的戰略平衡？尚待觀察。

參考文獻

中央廣播電台，2017。〈柬埔寨總理控寮國侵犯邊界‧威脅用兵〉8月11日
（https://www.rti.org.tw/news/view/id/362134）（2023/12/10）
外交部，2023。〈寮人民民主共和國〉11月8日
（https://www.mofa.gov.tw/CountryInfo.aspx?CASN=5&n=5&sms=33&s=157）
（2023/11/8）
陳尚懋，2022。〈東協國家對俄烏情勢反應的背後盤算〉《遠景基金會》4月19日
（https://www.pf.org.tw/tw/pfch/12-8288.html）（2024/1/21）
新华网，2002。〈老挝概況〉
（https://web.archive.org/web/20120223165944/http://news.xinhuanet.com/ziliao/2002-06/18/content_445536.htm）（2023/12/3）
ASEAN Secretariat. 2021a. "ASEAN Security Outlook 2021." (https://asean.org/wp-content/uploads/2021/10/ASEAN-Security-Outlook-ASO-2021.pdf/) (2023/12/7)
ASEAN Secretariat. 2021b. "ASEAN Regional Forum Annual Security Outlook 2021." (https://aseanregionalforum.asean.org/wp-content/uploads/2021/10/ASEAN-Regional-Forum-Annual-Security-Outlook-2021.pdf) (2023/12/7)
Bhatt, Anjali. 2023. "Laos Is Not in a Chinese 'Debt Trap' – But It Is in Trouble." *The Diplomat*, April 7 (https://thediplomat.com/2023/04/laos-is-not-in-a-chinese-debt-trap-but-it-is-in-trouble/) (2023/11/15)
Boupha, Thieng. 2018. "Laos' Perspectives on National Security." *NIDS Joint Research Series*, No. 16, pp. 19-27
(http://www.nids.mod.go.jp/english/publication/joint_research/series16/pdf/chapter02.pdf) (2023/11/8)
Encyclopaedia Britannica. 2023. "Services of Laos."
(https://www.britannica.com/place/Laos/Services) (2023/12/22)
Central Intelligence Agency. 2023a. "The World Factbook: Laos - Introduction."
(https://www.cia.gov/the-world-factbook/countries/laos/#introduction)
(2023/12/3)
Central Intelligence Agency. 2023b. "The World Factbook: Laos - People and Society."
(https://www.cia.gov/the-world-factbook/countries/laos/#people-and-society)
(2023/12/3)
Central Intelligence Agency. 2023c. "The World Factbook: Laos - Geography."
(https://www.cia.gov/the-world-factbook/countries/laos/#geography) (2023/12/3)
Central Intelligence Agency. 2023d. "The World Factbook: Laos - Map."
(https://www.cia.gov/the-world-factbook/countries/laos/map) (2023/12/3)
Central Intelligence Agency. 2023e. "The World Factbook: Military and Security."
(https://www.cia.gov/the-world-factbook/countries/laos/#military-and-security)

(2023/12/24)
Constitute. 2002 . "Lao People's Democratic Republic 1991 (rev. 2015)."
(https://www.constituteproject.org/constitution/Laos_2015.pdf) (2023/11/8)
Ettoday 新聞雲，2023。〈聯合國大會要求俄羅斯撤軍，「7 國反對、32 國棄權」完整名單公開〉2 月 24 日
(https://www.ettoday.net/news/20230224/2447349.htm) (2024/1/21)
GlobalFirePower. 2023a. "Manpower." (https://www.globalfirepower.com/country-military-strength-detail.php?country_id=laos) (2023/12/24)
GlobalFirePower. 2023b. "Land forces." (https://www.globalfirepower.com/country-military-strength-detail.php?country_id=laos) (2023/12/24)
GlobalFirePower. 2023c. "Airpower." (https://www.globalfirepower.com/country-military-strength-detail.php?country_id=laos) (2023/12/31)
GlobalSecurity. 2012a "Laos - Geography and Climate."
(https://www.globalsecurity.org/military/world/laos/geography.htm) (2023/11/8)
GlobalSecurity. 2012b. "Lao People's Armed Forces."
(https://www.globalsecurity.org/military/world/laos/lpa.htm) (2023/11/8)
GlobalSecurity. 2012c. "Lao People's Liberation Army (LPLA)."
(https://www.globalsecurity.org/military/world/laos/pathet-lao.htm) (2023/11/8)
GlobalSecurity. 2012d. "Ministry of National Defense."
(https://www.globalsecurity.org/military/world/laos/mond.htm) (2023/11/8)
GlobalSecurity. 2012e. "Lao People's Army."
(https://www.globalsecurity.org/military/world/laos/army.htm) (2023/11/8)
GlobalSecurity. 2012f. "Laos Army Equipment."
(https://www.globalsecurity.org/military/world/laos/army-equipment.htm) (2023/11/8)
GlobalSecurity. 2012g. "Lao People's Navy - Lao People's Army Marine Section."
(https://www.globalsecurity.org/military/world/laos/navy.htm) (2023/11/8)
GlobalSecurity. 2012h. "Laos - Major Naval Equipment."
(https://www.globalsecurity.org/military/world/laos/navy-equipment.htm) (2023/11/8)
GlobalSecurity. 2012i. "Laos Air Force Equipment."
(https://www.globalsecurity.org/military/world/laos/air-force-equipment.htm.htm) (2023/11/8)
GlobalSecurity. 2012j. "Laos - Foreign Relations."
(https://www.globalsecurity.org/military/world/laos/forrel.htm) (2023/11/8)
GlobalSecurity. 2013a. "Laos - History."
(https://www.globalsecurity.org/military/world/laos/history.htm) (2023/11/8)
GlobalSecurity. 2013b. "Laos." (https://www.globalsecurity.org/intell/ops/laos.htm) (2023/11/8)
GlobalSecurity. 2020. "Lao People's Air Force."
(https://www.globalsecurity.org/military/world/laos/air-force.htm) (2023/11/8)

GlobalSecurity. 2021. "Laos - Introduction."
(https://www.globalsecurity.org/military/world/laos/intro.htm) (2023/11/8)
Gnanasagaran, Angaindrankumar. 2018. "Lao PDR's geopolitical advantage in Southeast Asia." *ASEAN Post*, May 18 (https://theaseanpost.com/article/lao-pdrs-geopolitical-advantage-southeast-asia) (2023/11/8)
　Grossman, Derek. 2022. "Time for America to Play Offense in China's Backyard." *Foreign Policy*, January 12 (https://foreignpolicy.com/2022/01/12/biden-cambodia-laos-southeast-asia-strategy-geopolitics/) (2023/11/8)
Hutt, David. 2022 . "Will Laos Be Sanctioned for Embracing Russia?" *Asia Times*, July 27 (https://asiatimes.com/2022/07/will-laos-be-sanctioned-for-embracing-russia/) (2024/1/16)
Sayavongs, Mai. 2023. "How Laos and Other ASEAN Countries Can Leverage U.S.-China Competition." United States Institute of Peace, October 4 (https://www.usip.org/publications/2023/10/how-laos-and-other-asean-countries-can-leverage-us-china-competition) (2023/11/8)
Son, To Minh. 2022. "Navigating Socialism, Security, and China in Laos-Vietnam Relations." *The Diplomat*, October 7 (https://thediplomat.com/2022/10/navigating-socialism-security-and-china-in-laos-vietnam-relations/) (2023/11/8)
The Cove. 2022. "Laos - Diplomacy." February 25 (https://cove.army.gov.au/article/kyr-laos-diplomacy) (2023/11/8)
U.S. Department of State. 2021. "U.S. Relations with Laos." May 21 (https://www.state.gov/u-s-relations-with-laos/) (2023/11/15)
U.S. Department of State. 2022. "Lao People's Democratic Republic." March 27 (https://www.state.gov/wp-content/uploads/2022/06/ICS_EAP_Laos_Public.pdf) (2023/11/13)
U.S. Department of State. 2023. "Laos (04/07)."
(https://2009-2017.state.gov/outofdate/bgn/laos/94048.htm) (2023/12/22)

出新意於法度之中
——寮國近現代的佛教雕像[*]

嚴智宏

國立暨南國際大學東南亞學系教授

壹、緒論

　　長久以來寮國常常不受關注。幅員上，其在全球近兩百個國家裡排名 82，但有七成以上面積是高原或高山，它們往往成為寮國與鄰國間的天然分界。其狹長又偏高的國土夾在中國、越南、柬埔寨、泰國、緬甸之間，為大陸東南亞（Mainland Southeast Asia）唯一內陸國。交通上，由於山多、平地少、無海洋，因此往來運輸有所不便。人口上，截至 2022 年為止僅有七百多萬（UNDESA, 2022），全球排名 104，逾六成住在低平之地，並不平均。經濟上，可歸為低度開發國，並不亮眼；歷史上，曾被緬、泰、越侵略或納為藩屬，近代被法國殖民，二戰時被日本佔領；越戰時雖然並非交戰國卻淪為秘密戰區，遭美軍猛烈轟炸（Goscha, 2016: 405），可說是全天下挨炸最多的國家之一，但很少人知道此事，美國至今並未正式道歉。從許多方面來看，寮國都不怎麼引人注目。

　　在與本文直接相關的層面上，寮國的世界能見度也不高。文化

---

[*] 本文是科技部補助研究計畫「西南絲路的美術：（泰國）蘭那的雕塑」（104-2410-H-260-019）的研究成果之一；感謝兩位匿名評審的寶貴意見，和研討會時的眾多評論和提問。

上，長久以來，該國被周邊的古老文化、近代的列強給忽視或歧視。宗教上，該國有將近七成的人口信奉南傳的長老上座部佛教（Theravada Buddhism，以下簡稱南傳佛教）（Wikipedia, 2024a），此一部派在佛教圈裡不是最大宗（Pew Research Center, 2024）。藝術上，其性質常與宗教有關，其作品很少受到外界注意，也不常被國際學界提起；偶爾被提起時，卻每每被說成是受某國影響、為某國的「地方版」、少有自我特色（詳如後文）。一言以蔽之，寮國長期默默地生活於內陸、山間，幾乎是遺世而獨立、被外界所遺忘。

但是根據古籍，寮國或寮人應該早就存在。《後漢書・南蠻西南夷列傳》有言，東漢明帝永平12年（西元69年），哀牢[1]王率族人內屬（范曄，1986）。鼎盛時其疆域東到今越南的西北，南至今柬埔寨以北，西到今緬甸北部，北到中國雲南，可說是地區性大國（維基百科，2023）。這個範圍大致符合《華陽國志・南中志》所記的哀牢幅員，「東西三千里，南北四千六百里」（常璩，2012）。無論「寮國」是否等同於史書所說的「哀牢夷」，但兩者在空間上確有重疊之處，都介於越南、柬埔寨、緬甸、中國雲南間。而且，寮國可能是滇西哀牢人往南遷徙所建立的（耿德銘，2002）。可知，寮國（至少寮人）與「哀牢」有關，在西方紀元初就活動於東南亞。那麼，一個歷史如此悠久、至今猶存的國度，在藝術上會沒有任何特殊性（specificity）？

藝術可用於表達自我、展現個性、傳達理念、型塑認同（National Gallery of Art, 2024）。藝術家或藝人工匠們通常稟受了特殊的才能和技藝，而且感知內外環境和各種人事物的能力很強，也願意選擇

---

[1] 「哀牢」這名詞早已錄於漢朝史書，其空間與今寮國疆域有所重疊，其應與今之寮國有關。越南把越南的西北部、西部稱為「哀牢」，此詞在《大越史記全書》裡出現數次，其所指者為今之寮國（維基百科，2024）。

各種方式以表達自身的感想、意見或異見。這些藝術工作者們用心面對其所處的社會之時間、空間及其中的特定問題，並發揮其特殊的天賦才情時，則很可能會創造出頗具意義的作品（Hauser, 1990: 41），那些作品常能觸發閱聽人去思考自身及他人，並瞭解世界。寮國沒有這樣的藝術工作者？這個長久以來就存在的國家，千百年間沒有創造出任何具有特殊性、含有在地特色或在地知識、值得稱述的作品？而如果有的話，則它們有何特殊性？這是本文所要探討的問題。

貳、文獻探討與分析架構

寮國的藝術通常沒有引起外界留意；即使有人留意了，也大都沒有給予多少好評。以下針對與寮國相關的幾個東西方國家或區域（中、印、歐、日、泰等），分別從其古代流傳至今的文獻、近現代的學術研究等兩方面來進行檢閱。

一、中國

自古以來，中華帝國抱持著以本身為中心的世界觀（亦即中國中心主義，Sino-centrism）。它自認是世界中心，無論在政治、經濟、社會、藝術等方面莫不出類拔萃、冠絕群倫；而且往往以自己所實行的典章制度、社會禮儀、倫理道德、民情風俗等，作為評判他國文明與否的標準。依此標準，其把世界各國劃分為不同等級：首先，其自居宇內中心，也就是「中」國、「中」華等；在向外輻射時，會先碰到世居該地、看守邊疆的少數民族及地方土司；其次會碰到根據中國的規定、週期性地向其稱臣「朝貢」的藩屬國、周邊國家；在藩屬之外的則是「化外之地」，住著「化外之民」。

　　換言之,中國與其他國家之間有高低階級、有遠近順序、有差距。一,歷代王朝都自視為高等文明的中心,皆為「天朝」,而其他國家則是邊陲或沒有文化的低階者,無法與「天」爭高。二,由該中心層層向外,存在著遠方的「四夷」,也就是「東夷、南蠻、西戎、北狄」,其在「文明開化」的程度上遠不如中央,也不像中國的「尊德性而道問學,敦厚以崇禮」。三,幾千年來中國的帝王皆為「天子」(上天之子),而邊陲國家的領袖無法與「上天之子」爭鋒。因此,中國是蒼天所眷顧的上等國度、天上朝廷,與其他國家之間不但有差距,還存有「宗主國 vs. 朝貢國」的關係;這也是自漢朝以降,歷代中國對外關係的核心概念(錢穆,2018)。在此概念下,寮國的文化幾乎不值一提,相關事項不足為道。

　　中國用以稱呼寮國或該國人民之詞,大抵並不美好。在漢文古籍中,曾先後以不同的名詞來稱呼寮國,包括南掌、瀾滄、蘭章、纜掌、老撾、潦查等;古籍中也有「寮、僚、獠、老、佬」等用於稱呼特定族群的名詞(維基百科,2023)。應該說明的是,一,「南掌、瀾滄、蘭章、纜掌」等看來彼此有異的名詞,實際上都由 Lan Chang 此詞音譯而成,其字面意義是「百萬大象」,與今日寮國首都的名稱之一(萬象)相符。二,「老撾、潦查」及「寮國」等詞貴為國家之名稱,但字面上並不高雅,不克與「美利堅、英吉利、蘇格蘭、威爾斯、德意志、法蘭西、義大利、瑞士、瑞典」等近代西洋國名相提並論。三,「寮、僚、獠、佬、牢」等字應該都是 Lao 的同音異譯。而無論「寮、僚、獠、佬」或「哀牢夷」,都不能說是麗緻;「華 vs. 寮」,可謂一雅一俗,「喜樂 vs. 哀牢」,可謂前者吉慶正向,後者悲傷負面,「禮義之國 vs. 蠻夷之邦」更是相差懸殊。簡要言之,在國名及族群等重要名稱上,中國自古就以負面字眼把寮國列為次等並且予以貶抑了；在地位上，雙方壓根無法彼此對等，不能平起平坐。

二、印度

印度馳名的史學家 Majumdar（1951-77, 1972, 1979）畢生鑽研印度史及其與東南亞的關係。有個概念貫穿在他的等身著作中，就是印度在西方紀元之初就開始殖民東南亞了。他側重印度文化和藝術的表現形式——如宗教、建築、雕塑、梵文的語言及文學、史詩、社會習俗等——對東南亞歷史發展之影響。他廣泛列舉各個古國或地區，含扶南、占婆（Champa）、柬埔寨、室利佛逝、緬甸、泰國、馬來半島、蘇門答臘、爪哇、峇里島、婆羅洲、蘇拉威西等，以證明印度文化之遍傳於東南亞。

Majumdar（1972: 81-82）還以雕像為例，點出印度與東南亞間的辯證關係。他說，印度的傳統訓練、觀念、題材和技術乃至實體的作品，都被帶到東南亞；東南亞在吸收印度傳到的有形無形資產後，予以修正或改編，進而於各地產製許多具有在地風格的作品；那些作品不同於印度的原型，但世人無法否認一個事實：印度的影子清晰可見。然而他只在談到東南亞的地理範圍、扶南的疆域、吳哥帝國留在寮國南方的瓦普寺（Wat Phu）時，簡單提及寮國一詞（Majumdar, 1972: 3, 21, 24）。

他的學說被後起的印度學者所傳承，他較少提到的寮國也漸漸有人留意。代表性的論點是：印度早在史前時期就與東南亞聯絡了；在紀元初的幾個世紀，印度教和佛教僧侶、各地商賈一波波前往東南亞設立據點、傳佈印度文化，其所傳佈的包括對君王的概念和體系、對高山和巨蛇的崇拜、宗教典籍和宗教藝術、文學和文字等，而且其傳佈之方式是和平、非政治性的，史上除了注輦（Chola）

王朝曾於1025年攻打室利佛逝之外,彼此向來和平相處;相對的,東南亞也自發性、非被迫地,擷取其所喜好、認為合適的印度文化,用於在地(Mishra, 2021)。

　　印度宗教在寮國烙下很深的痕跡。據當地傳說,寮國早在印度阿育王(265-238 BC)派人往外傳教時,就造了一座佛龕。法昂(Fa Ngum,1353-73在位)建立了第一個眾所承認的寮國,國名瀾滄,並使該國人民皈依南傳佛教;除了佛教之外,寮國也有本土信仰,這兩者相互結合,長期流傳於民間。此外,印度的梵文、巴利文,已深入寮國的語言、文字和文學,包括許多詞彙。印度史詩如《羅摩衍那》,在寮國很受歡迎,並被改編為寮國版;該史詩的核心主旨、故事情節,業已成為寮國人民價值觀的一部份,寮國許多民間故事也源自印度寓言(Mishra, 2021)。

三、西洋及其他

　　如同中國有中心主義,歐洲也有中心主義(Eurocentrism)。時間上,此論在希臘羅馬時代已有之(畢竟羅馬帝國曾經稱霸於地中海),近代更為強化,因近代歐洲大舉向外殖民,征服或消滅了世上許多國家或民族,幾乎所向無敵。空間上,其佔領亞洲、非洲、美洲及澳洲等土地;除了歐洲內部有競爭對手之外,近乎宰制全球。資源上,他們從世界各地獲取本身所不產或不足的物資,將其源源送回歐洲。由於在各大洲屢屢得勝,並在歐洲坐擁由各殖民地取得之豐厚資源,於是歐洲人甚具自我優越感,認為歐洲文明是最先進的,其發展的道路是最正確的;而歐洲以外的國家或民族可謂落後、野蠻,只能向歐洲看齊,跟隨在歐洲後面亦步亦趨。

　　近代歐洲的中心論建立在其「霸業」的基礎上。大約15至19世紀間,歐洲締造了許多空前的事業,如商業革命、文藝復興、大航海時代或「地理大發現」、啟蒙運動或理性時代、科學革命、工業革命、殖民帝國擴張及早期的資本主義等。他們認為歐洲文化征服了全球「黑暗空間」裡的「野蠻人」，例如黃種人是「不求進步的」，黑人是「懶惰、愚昧無知的」；而文明高尚的歐洲人足以「教化」那些「未開化者」。因此他們貶低「未開化者」的宗教、藝術甚至種族，並據此解釋全球的歷史發展，認為近代歐洲史即近代世界史，其他各區域是歐洲的附庸，只有在與歐洲相關時才「存在」。他們甚至把歐洲的殖民之舉定義成「帶領並教導千百萬非歐的人走上文明和進步的道路」。一言以蔽之，貶抑歐洲以外的文化（Blaut, 2000）。

這裡以法國為例。心態上，法國以創造並擁有高貴精緻的藝術而自豪，認為本身無與倫比。具體而言，其有享譽全球的啟蒙大師，如伏爾泰、盧梭；社會上，法國大革命的精神向各國傳播，引發廣泛的革命風潮，「法國一著涼，全歐打噴嚏」；政治上，「太陽王」路易十四於政壇呼風喚雨，在藝術上也引領風騷，還建造金碧輝煌、堂皇炫富的凡爾賽宮；繪畫上，法國陸續出了馬奈、雷諾瓦、莫內、塞尚、高更等舉世聞名的大畫家。由於具備雄厚「資產」，因此看輕其他國家（如寮國）的藝術；而且法國是殖民宗主國，自認在文化的精緻度上「遙遙領先」被殖民者。

舉白遼士（H. L. Berlioz, 1803-69）為例。其為作曲家、浪漫主義音樂大師、以《幻想交響曲》馳名、公認為確立浪漫主義音樂風格的首要作曲家。他在聆聽中國音樂之後說，那些歌手就如打哈欠的狗，或吞下魚刺之後在嘔吐的貓；聽那些樂器、歌唱，可說是折磨（Berlioz, 1851）。這種尖銳、負面的評論一針見血地暴露了19世紀歐洲上流社會對東方藝術的觀感。當時西洋雖然有人研讀並尊重東方，但更多的是嘲諷，尤其1842年中國被列強打敗、訂約之後；對東亞主要國家尚且如此評論，則其對寮國文化之評價如何，可想而知。

　　作為殖民宗主國，法國曾對寮國的史地進行研究。治東南亞史的泰斗賽岱司指出，根據寮國本身流傳的編年史《尼譚坤博隆》（Nithan Khun Borom），法昂在建國前曾被流放到柬埔寨宮廷，那時柬王把公主嫁予他，並在他回鄉建國後派遣佛教僧團赴寮國襄助，當時柬國流行錫蘭式的南傳佛教，於是寮國奉行南傳佛教；這個新政府還與周邊各邦友善往來或聯姻，因此在文化藝術上受其影響（Coedes, 1968: 223-26）。其次，賽岱司主張，東南亞多數國家在很多方面深受印度文化的影響，寮國就是例證；此說廣為流行。

　　作為藝文的愛好者，法國也研究東南亞藝術，但很少注意寮國。一，法國對柬埔寨、越南、泰國等國的藝術投注許多資源和熱情，例如其東方研究重鎮（法國遠東學院，École Française d'Extrême-Orient）在 1900 年設立於越南河內。其大將賽岱司自 1918 年起擔任泰國國家圖書館館長十餘年，並用後半生約三十年的精力解讀古代高棉文的碑銘，陸續出版八大冊的研究成果，然而他對寮國著墨不多（Wikipedia, 2024b）。少數的寮國藝術專書，如 Parmentier 的 L'Art du Laos 於 1954 年在他逝後出版，三十多年後重編，書中偏重建築；在逾 400 頁的正文裡佛像的部份只佔 16 頁，認為其樣貌不很自然，對其並無多少正面之辭（Parmentier, 1988: 268-83）。應該說明的是，在他之前各國多謂寮國藝術只是別國的附屬品，不存在一己的風格，學界既不願意正視寮國，也不覺得其佛像有何特點；在寮國的作品上見到的常是其他國家的元素或色彩，而非值得被稱為「寮」的特性。他的研究對象主要是吳哥、占婆，繼他之後研究寮國藝術者不多。

20 世紀末的情況大致類似。東南亞藝術代表性專書對寮國的論說仍少。例如，在全書 635 頁的 Art of Southeast Asia 中，泰寮兩國之圖文合為一章共 57 頁（頁 93-149），其主角是泰國，而寮國位居末節，篇幅不足五頁，概況如後。緒論約一頁，簡短說明歷史；雕像的部份只有一段，不到一頁，開頭的兩句是：寮國之作品往往被當成泰國或蘭那（Lanna，泰北古國）附屬品，但某些作品有特殊美學價值（Zaleski, 1998: 117）。這個頗具見地的評論甚為簡約。該段還指出寮國佛像常採坐姿，肉髻上的光芒很明顯，耳尖具特色，嘴角常帶笑容，手掌常有長度相同的四根手指；佛立像的雙手常作施無畏印，有吳哥晚期的影響；某些立像的雙手交叉於腹前，某些的雙臂呈現了解剖學上不可能的曲線。簡言之，其所指的特性可謂點到為止。其次，泰國藝術的彩圖有 22 幅，寮國的僅 3 幅。無論就該章的相對順序、輕重、篇幅、論說內容等方面來看，都以泰國為先、為重、為多、為範式之提供者，寮國都是次要的。

近年來法國持續出版成果。先以 Giteau（2001）的專書 *Art et Archéologie du Laos* 為例，其以不少篇幅談論寮國的史前文化、建國傳說、主要城鎮、寺院建築、浮雕等，相對而言雕像並非重點；在雕像專章裡雖然指出某些作品具美感，但數次提到鄰國（如柬埔寨、泰國）所給予的影響。其次，有人對前輩學者的論點提出異議，認為既有的文字和考古證據都不克支持「14 世紀中葉寮國因柬埔寨派赴僧團而開始奉行南傳佛教」之說，反而主張：寮國北部深受蘭那的影響；寮國的中南部受墮羅鉢底（Dvaravati，泰國的中部）、高棉吳哥、素可泰（Sukhothai，泰國的中北部）之影響；寮國在 15 世紀末已然奉行錫蘭式的南傳佛教（Lorrillard, 2017）。我們據此得知，近來法國學者把寮國接受錫蘭式南傳佛教的時間挪後約百年，而且在觀察寮國佛像時，其所看到的常是周邊國家或地區所提供之模型或靈感，但寮國本身之特點未必受彰顯。

基本上，歐美國家對寮國的佛教藝術論述不多。Rawson（1967：155-60）是 20 世紀涉獵寮國藝術的英國大家之一，但他說，那只是地方版的泰國藝術；很多造像是未經加工的（crude）泰國風格之作品。應說明的是，1967 年此書出版，1990、1995、2002 年又以初版之內容多次印行；亦即其論述仍然被許多人接受。Fisher（1993）的佛教藝術專書跳過寮國未提，全書唯一的地圖中也未標示該國；換言之，雖然身為佛教圈的一員，但寮國在這本佛藝專書裡缺席了。Kerlogue（2004）的東南亞藝術專書也沒有注意寮國；在談到地理概況、二戰之後東南亞諸國獨立時（於一連串國名中）列舉了該國，另則在談到 18-19 世紀殘存下來的壁畫時，才順道提及蘭那、琅勃拉邦（在寮國）之名，全書未把寮國視為一個論述的對象。

近現代日本的情況大致雷同。東南亞藝術專家之一伊東照司認為，寮國造像看來神似泰國的，就如泰國造像的地方流派那樣；但如果仔細看，亦可發現其特性。寮國造像曾受吳哥風格之影響，寮國南部就有吳哥帝國時期的寺廟；寮國造像也曾受泰北影響，16 世紀時尤其深染泰國風。但一尊佛坐像的右手放在腹部、作說法印，這樣的作品絕無僅有。某些佛像的耳朵之形狀特殊，有的佛立像之手臂很長，有些衣物看來奇特；以上幾種處理方式，都透露出寮國造像的在地性（伊東照司，1985：45-52）。應該說明的是，傳統上日本熟悉佛教，自 1970 年代起致力於東南亞研究，對寮國並無偏見，但在這文字共 117 頁（圖版的部份不計）的專書中，寮國僅佔八頁，這標誌著其未受重視；篇幅較多的國家達 19 或 20 頁，如泰國、印尼。

近現代泰國對寮國有所影響。泰國在 1778 年把寮國納為藩屬（陳鴻瑜，2017：48），但之前其文化早已大舉輸入寮境。一個民間故事描述一隻巨鷹遮蔽了日月，這隻巨鷹代表著暹羅，而月則隱喻著寮國；這故事折射出暹羅帝國對寮國之影響（Kislenko, 2009: 71），影響之層面當也包括藝術。近年來，泰國已能在大量案例上為寮國佛像分期並歸類，例如耳朵的造型、雕像的手印、衣袍的樣式等，並認為寮國除了受泰國影響外，也有少數來自越南占婆、越南京族等元素，而法國殖民時期在地雕像的生命力幾乎衰亡（Lopetcharat, 2000）。基本上，其將寮國視為泰國的親友或大家庭的一員，其論述沿用既有文獻經常採取的框架，亦即主張寮國佛像受到吳哥帝國、泰北、泰國中部等地方影響，本文將援引其珍貴照片數張。

　　綜上所述可知，長期以來寮國一直未受學界青睞。無論是由質或量的角度來看，隱藏於既有文獻背後的態度是：幾個古老國家或文明把寮國置於次要或微不足道之地。要言之，中國將其放在「蠻夷或化外之地」、不在「王化」範圍內；印度將其看作印度文化的殖民地；近代西洋往往將其視為泰國的地方版，而近年來法、日、泰雖有發現其某些特性，但是少作申論。一言以蔽之，學界沒有看見多少屬於寮國的特點，也不認為寮國有藝術上的主體性；在世界藝壇上，寮國幾乎沒有一席之地。

四、分析架構

　　上述評論之所以出現，應與評論者的背景有關。他們站在自己的立場，以本身的社會文化為標尺，偶爾參酌鄰近文化，藉以度量寮國。這裡以中國為例。中國人認為，其藝術起源於新石器時代，藝術遺產之內容極為豐富，項目繁多，並且程度甚深、燦爛輝煌。

其代表性領域包括建築、雕塑、繪畫、書法、音樂、舞蹈、戲曲、文學、服飾、美食等等，每一領域都有數千年歷史，皆有恢宏之創造，也是民族長期延續至今的智慧泉源；在未來的歲月中，傳統文化將起重要作用，指引後代子孫不停地前進（梁國楹、王守棟，2011）。亦即中國傳統藝術的內容，根植於民族長久生活的土壤，其不但展現了人民的思維、情感，並具風格特徵，日後也將在本族的土壤上繼續成長。

換個角度來解讀上述想法，則可獲致以下結果：一方面，中國人認為中國文化造詣高超，就如《中庸》第 27 章所說的「致廣大而盡精微，極高明而道中庸」；有了中國的傳統社會，於是產生如此的藝術文化。另一方面，又如《中庸》同一章所言「溫故而知新」，如此的藝術文化，不只是在過往數千年裡影響了中國的傳統社會，來日也將培養新一代的社會成員。易言之，社會環境深深影響著藝術，而藝術也影響著社會。這種思維，與藝術社會學的理論有相符之處。

這裡簡要說明藝術社會學理論。該理論指出，藝術與社會之間互相影響，互為主體，而且傳統與創新之間彼此相關。首先，一件藝品是其所從出的社會之產物，它必然與該社會具有關聯性；相對的，藝品通常蘊涵了其作者的某些理念，可用於傳達思維、展現想法，也可用於提倡特定理念，或具有宣傳教育之功能。其次，一件作品若是純然沿襲陳年的老套公式、了無新意，則它應該難以打動人心；相對的，若要求一件作品徹頭徹尾充滿了全新的概念，那幾乎是不可能的。我們翻開史冊、尋覓例證時可以發現：但丁、莎士比亞、哥德、伏爾泰、狄更斯等等文豪，莫不以其所處的時空為背景來從事創作，並以其筆力萬鈞的作品影響了無數世人，他們都不是在與社會絕緣的環境中描寫另一個世界的人物或故事（Hauser,

1990: 17-54）。

　　我們也可以這樣來理解該理論：首先，一件藝品的主題、內容、媒材及形式等面向，在很大的程度上皆受該社會的制約，很難橫空出世、與社會完全脫節。另一方面，藝術家往往試圖在作品中注入其思維，期盼能夠傳達某些理念，畢竟藝術作品常常具有宣傳或教育之功能。其次，一件作品若是全盤複製古董而不加入絲毫新意，則它應該無法引起廣泛的共鳴。另一方面，一件作品也不可能藉由「徹底消滅傳統、再於真空環境中重新打造」而創作出來，畢竟時間之流不能切割、傳統與創新之間無法一刀兩斷。我們以文藝復興為例即可知，達文西、米開朗基羅、拉斐爾等繪畫雕刻家，藉由其屢出新意、青出於藍的作品，展現了豐沛的才華及其自身的理念，並且引領風騷、影響後代無數的藝術家及其作品；然而這幾位身處於 15-16 世紀的傑出人物都有從古老的文化傳統中（例如希臘羅馬時代）汲取豐富的養分、再向前開創，而非全盤否定傳統。

　　應說明的是，藝術常會探索或碰觸到與「個人身份、社會認同」有關的事項。那些事項包括「我是誰？他人是誰？我與他人的關係是什麼？相對而言，我在群體或社會裡的位置、定位或特色是什麼？我如何與他人相處？他們如何與我相處？」以孩童為例，其常描繪自己和家人，且因此知道其與父母家人的相對位置為何（例如父母之年紀和形體都較大，而孩童年幼形體小）。藝術家也常有自畫像，並常直接間接將作品連結到其社會或先人；其中的重要面向是族群和文化傳承，包括該族群所共有的歷史記憶、共享的文化地景等。這些都與身份及認同有關。換句話說，藝術創作及其過程中的相互比較或觀摩對照，有助於展現自我特性，並且建構我／我們是怎樣的個人、族群、社會或國家（Blood & Sachant, 2024）。

據此，本文將研究寮國近現代的佛像。如上所述，學界大抵都把寮國藝術列在次要或無足輕重之地。然而，一個長久存在的國家會沒有生長於自己土壤上的藝術？寮國佛像就只是他國的地方版、別國的小支系、小流派？如果寮國（至少，其近現代的）佛像具有特殊性，則其情況為何？這是本文之目的。

參、寮國近現代的作品

在檢視寮國佛像之前，必須說明「三十二相、八十種好」。根據南傳的《三十二相經》，佛陀容貌端正，法相莊嚴，具「三十二相、八十種好」。換句話說，釋迦牟尼身上有許多祥瑞的特點，那是大丈夫的象徵；其較大的方面共三十二個，例如頭上有肉髻、手足柔軟諸指長（通妙譯，1995：138-41）。又，根據《大般若波羅蜜多經》第381卷，佛陀較細的祥瑞特點有八十種，包括雙耳大、耳垂飽滿等（玄奘譯，2024：968）。

以上是兩千多年前對佛陀的形象之描述，也是後來為佛陀造像的基準。這些基準以口耳相傳的形式保存下來，接著以文字的形式流傳下來。後世的弟子們，無論其為哪一國人，依照這些文字來再現或刻畫他們想像中的佛陀形象；這些基準，可以說是佛教圈共享的基本藝術語彙。但是，在執行或實踐這些基準上，各地區各時代會產生些許差異。

易言之，文字上的根據、造像上的實踐，二者相關但確實有別。文字上的根據可以說是經典的基準，那是一回事。然而製作是另一回事。不同時空的藝術工作者，雖然都依照相同的基準來行動，但仍可能產製出不同的作品。原因至少有幾：一則他們可能會以某個程度的自主性，對同一經典的語彙進行互異的重新詮釋及想像；二則他們會參酌不同時代或地區的藝術風格和技術，來製造自己的雕像；三則他們會受到其所處的時空之制約，例如某技術的進展、某必需材料的可得性等，常能影響當時的作品；四則某些獎懲制度、資源的投資或緊控等，常可吸引或限制藝術工作者去從事或避免某特定方面的創作；五則藝術家常有個別差異，例如其師承的派別、本身的經驗、火候、造詣、偏好等等，都可能左右其作品。在多重因素的交互作用下，不同時空的作品（例如佛像）之模樣各具特色；於是世界各地的佛像形貌各異，而非同一個模子出來的。為檢視寮國造像，本文作者前往寮國蒐集資料、進行田野調查，發現了該國造像的不少特點。說明如後：

一、肉髻上的光芒

佛陀肉髻上的光芒，是寮國佛像的特點之一。這裡先解釋經典中所說的「肉髻」。如前所言，「三十二相」裡有一相是頭上有肉髻。據《三十二相經》（通妙譯，1995：141）和《中阿含經》第 11 卷（瞿曇僧伽提婆譯，2024：494a）記載，佛陀的頭頂上、正中的部位，有一團隆起、形狀如髮髻的肉，名為肉髻。藉由長久持恆的修行、累積無數的功德、獲致無盡的福慧之人，始可能在頭頂生出肉髻，而人世間也唯獨佛陀（已證悟）才有肉髻。其次，在佛陀的「八十種好」裡，有一種是「無見頂相」，或稱為「頂相無能見者」。意思是在佛陀的肉髻上有個全部的天神及凡人都不能見到之頂點，這個頂點會放射出無盡光芒。根據《佛說觀佛三昧海經》第 3 卷記載：「佛頂肉髻生萬億光，光光相次」（佛陀跋陀羅譯，2024：659c）。

為說明肉髻在造像上的特性，這裡要話說從頭，溯源至印度的佛菩薩像。秣菟羅（Mathura）是印度早期製作雕像的中心之一

（Stoneman, 2019），其對於後來的東南亞宗教藝術之造型及風格，具有廣泛的影響力（Paul & Paul, 1989）。一座秣菟羅的典型雕像之主題人物結跏趺坐於獅子座上（圖 1），其頭頂上的肉髻隆起、表面飾著漩渦或蝸牛殼狀的紋路，兩道眉毛之間有一白毫，頭後有大圓形的頭光；它袒右肩，右手作施無畏印，右手掌及兩腳腳掌中各都有千輻輪相；雕像底座的銘文指其為菩薩，其年代應該是西元 1 世紀，也就是貴霜王朝初期（Wikipedia, 2023）。

之後，肉髻上的光芒逐漸演變。11、12 世紀時南印度佛像的肉髻上已有珠玉狀光芒（圖 2），12、13 世紀時緬甸蒲甘王朝的佛像也是。14 世紀時錫蘭佛像頂上出現音叉狀光芒，但肉髻並不明顯（圖 3）。數十年後，素可泰佛像隆起的肉髻上出現了蓮苞或火焰狀的光芒（圖 4、5），那是此後泰國佛像的關鍵標記之一（嚴智宏，2001）。接著，寮國佛像不僅有隆起的肉髻，肉髻上常有蓮苞或火焰狀的光芒，並且其光芒經常更高更大，造型也特殊：亦即除了有小型底座（其清楚地刻著花萼）、細長狀的數片花瓣，還有更為高聳的花柱（圖 6）。有意思的是，類似之造型可見於時間上更早、空間上緊緊圍繞在塔鑾（Pha That Luang，寮國國寶、國徽中之圖騰）中央大塔旁、樣式整齊劃一的眾多小塔上半部（圖 7），也可見於當今首都某些寺院的山門頂上（圖 8）和現代所造的雕像上，例如 1958 年在永珍成立的佛陀公園內就有。可知，這個特殊之處被保存下來；其可能的意涵是這種造型並非突發奇想、偶一為之的，而是傳承自該國傳統的國家象徵，並且依然活在現代社會裡，沒有過時。另外，有些現代佛像肉髻上的光芒又圓又大或很高（圖 9）。簡言之，寮國佛像肉髻上的光芒是其顯著的特點之一。肉髻上的光芒之發展，可說是歷時千百年之久的「大隊接力」。

為了呈現經典中所言之相（肉髻）好（無見頂相），因此歷代藝術工作者接續完成這個工程：在紀元前後、開始有佛像出現時，他們先在佛像頂上加了一個髻狀物；數百年之間，髻狀物有增高的趨勢，而且上面出現了光芒。那光芒的形狀各有千秋，有的如珠玉，有的如直立的珠串，有的如音叉，有的如圓形或方形寶瓶，有的如蓮苞或火焰等；後來，寮國佛像的頂上出現了更高、更大、更多層次的光芒。雖然肉髻和其上的光芒之發展不是都呈直線、單向的，也未必全都愈來愈複雜或愈來愈高大，但肉髻和其上的光芒成了藝術工作者展現各國特殊性的場域之一，它也蔚為寮國佛像的特點。

　　應說明的是，寮國佛像的肉髻和光芒，與他國某些「寶冠佛或轉輪聖王」的頭冠似有雷同，其實有別。寶冠佛或轉輪聖王所戴的頭冠（而非肉髻上的光芒）很繁複，並且全身幾乎都包覆著飾物，包括雙耳常有耳環，身上穿著華麗的衣服，手臂、手肘、手腕、雙腿、腳踝無不披金戴玉，可說除了臉孔之外，近乎滿佈著飾物。其頭冠上與其他各部位的裝飾，是經過整體設計、彼此合宜搭配、一體成形的。然而，寮國佛像肉髻上的光芒，有時與身上其他部位的裝飾略不相襯；亦即其細密的螺髮、高凸的肉髻、裝飾複雜的肉髻上光芒，如果與素樸的身上衣物相較，稍顯縟麗。

248 寮國──發展現況與展望

圖1：佛像，1世紀，秣菟羅　圖2：佛像，12世紀，南印度

圖3：佛像，14世紀，錫蘭　圖4：佛像，14-15世紀，泰國

圖5：佛像，14世紀，泰國　　圖6：佛像，19世紀，寮國

圖7：塔鑾，16世紀，寮國　　圖8：佛寺，21世紀，寮國

圖9：佛像，20世紀，寮國

二、頭身比例

　　這裡同樣要先溯源至印度的佛菩薩像。犍陀羅（Gandharan）也是印度早期製作雕像的首要中心之一。《大唐西域記》第2卷有言：「健馱邏國，東西千餘里，南北八百餘里，東臨信度河，國大都城號布路沙布邏。」（玄奘，2024：879b）。引文所說的「健馱邏」即為犍陀羅的同音異譯，其所說的「信度河」就是今天的印度河，其所說的大城「布路沙布邏」即為今天的巴基斯坦白沙瓦（Peshawar）以及今天的阿富汗東北。西元前4世紀，希臘的亞歷山大大帝東征時，曾經佔領該地；西元1世紀時貴霜王朝成立，定都於犍陀羅附近。由於該地區曾為希臘文化傳佈之地，因此採取其雕刻神像之方式來製作佛像，亦即以西方紀元前後的寫實風格及造型藝術，結合印度的宗教思想，製作出具有濃厚希臘化風味的佛像，後人多半以「犍陀羅藝術」稱之。貴霜王朝時的犍陀羅藝術盛極一時，馳名遠近。

從犍陀羅那時開始,雕像的頭身比例逐漸變化;頭部的比例不小,是寮國佛像常見(但並非永遠如此)的特點之一。犍陀羅藝術裡的佛坐像,頭身比例多介於 1:2.7 和 1:2.1 之間;一座犍陀羅的雕像(圖 10)就呈現這種法式。一千多年後,泰國佛坐像雖然在不同時空裡彼此有些微的差異,但大致而言其頭身比例已稍微縮小(圖 11);那是素可泰時期的典型作品之一,其與犍陀羅佛像的頭身比例相差不很大。但是,如果不含肉髻上光芒的話,寮國不少佛坐像的頭身比例約為 1:2 或 1:1.5,也就是頭部看起來頗大;如果以肩膀為準,則不少寮國佛坐像的肩膀以上、以下之高度相差不多(圖 12)。有些肉髻上光芒的長度,幾乎與臉的長度一樣,甚或比臉更長[2];如果頭部及頭光的長度相加,則幾乎與坐像的身體(從肩膀到膝蓋和兩腳)相等。與其他國家的佛坐像相較來說,頭身比例差距不大,常為區辨寮國佛像的標尺之一。

---

[2] 有些緬甸佛像的頭上有高聳飾物,這或許與寮國佛像頭上的光芒有關;這有待日後研究。

圖 10：佛像，2-3 世紀，犍陀羅　圖 11：佛像，14 世紀，泰國
圖 12：佛像，19 世紀，寮國

三、雙眉

　　世界上許多宗教造像的雙眉，以陽刻或陰刻的方式為之，有時也以描畫的方式來表示。陰刻、陽刻，是兩種相反的方法。所謂陰刻，是指下刀時，把所要呈現的部份剜為空缺、使其空白或凹陷，藉著這空白或凹陷所形成的線條或圖案，來顯現出作者所期待的效果。所謂陽刻，是指下刀時，把所要呈現的部份留著、使其以立體狀態凸出，同時把不需要的部份除去，藉由那凸出的部份所形成之線條或圖案，來顯現出作者所要的效果。但有些早期的佛像，未必以很清晰的方式來刻畫佛陀之雙眉（圖13）。在隨後大約兩千年的時間裡，基本上仍以上述三種不同的方式來再現雙眉。例如，圖14雖然有凸起的部份，但主要是以陰刻的方式來表示雙眉，而圖15的寮國佛像則是清楚地以陽刻的方式來呈現。

　　無論陰刻或陽刻，都是用以再現典籍中所說的「三十二相」之「世尊雙眉高顯光潤，形如初月」。在眼前的寮國佛像上，雙眉的模樣確實是彎彎的圓弧形，因此其符合典籍中所記載的「形如初月」之規範。這兩道濃眉的特殊之處在於寮國的藝術工作者不只以陽刻的方式為之，還讓其較別的國家大多數佛像之雙眉更寬、更厚、更為凸起、更立體，就如同額外貼上去的兩道厚厚彎月那樣。應該說明的是，雙眉本身容或稍有寬窄，例如眉尾常比眉峰窄約0.2公分以上，但厚度相差不大；而且這兩道幾乎都沒有相連的雙眉，通常被修飾得頗為光潤。上述情況符合教典中「雙眉高顯光潤」的規範。這是寮國佛像的特點之一，它們多出現於18（含）世紀之前，少（但不是完全沒有）見於他國。

圖 13：佛像，5 世紀，東印度　圖 14：神明頭，11 世紀，緬甸
圖 15：佛頭，19 世紀，寮國

四、耳朵

耳朵的特殊造型,是寮國佛像的特點之一。在解說它之前,仍須追本溯源。根據相關經典的記載,佛陀「八十種好」裡有一項是「耳輪垂埵」。在造像上,印度佛像的耳朵通常比大多數人的耳朵長,尤其是耳垂的部份(圖1、16);某些印度佛像的耳垂有既寬又長的耳洞(圖17)。我們觀察其他國家(如緬甸、錫蘭、柬埔寨)的佛像之耳朵時也能發現,其在形體上往往較常人的耳朵大些。14至15世紀時許多泰國佛像的耳朵仍然傳承這種規則(圖4、5),但已經比不少印度佛像的耳朵長了。

圖1:佛像,1世紀,秣菟羅　　**圖16:佛像,6世紀,印度**

256　寮國──發展現況與展望

圖 17：佛像，11 世紀，泰北　圖 4：佛像，14-15 世紀，泰國
圖 5：佛像，14 世紀，泰國

　　應該說明的是，無論大小長短、無論神明或凡人的耳朵，基本上其為自成一體的感官。大多數神明雕像及世間凡人的耳朵，縱然可以分為耳尖、耳輪或耳垂等各個部位而且各有形狀、尺寸及厚薄等區別，然而各部位互相連結、整合為一對耳朵，各部位彼此之間

並無明顯的界線。如果從大多數常人的左側來觀看，則左耳大致呈阿拉伯數字9的形狀；上面的部份略微大些（包括三角窩、耳輪、耳輪根），接著是耳甲腔、對耳輪，之下是耳垂。常人耳垂的形狀可能各異，而佛像的耳垂常有垂珠並且飽滿，這是常態；無論其狀貌如何、有否垂珠，凡人與神明雕像的耳朵皆可謂自成一個體系。

可是，不少寮國佛像的耳朵在結構上可以分為上半、下半，這上下兩個部份看來各成一區，並且某些耳垂之造型甚為特殊。換言之，其上半應該是三角窩、耳輪根、耳甲腔、對耳輪等類似@狀的部份，其自成一區，而下半部則延伸出略長的耳垂，它同樣自成一區。眼前這個例子（圖18）的耳垂之外觀，好比四個英文小寫字母的l，而且它們併排、靠攏、彼此等長，如同梳子的牙齒，也略似寮國某些佛像等長、平齊之手指（這點容後說明）。這種耳朵的造型──不僅醒目地分成上下兩半而且耳垂略似梳子──甚具特色，很難在其他國家看到。

圖18：佛像，19世紀，寮國

這裡進一步解說耳朵可分為上下兩半的情況。有一條線順著額頭髮際線而行，它在額角轉約 90 度，之後往下連結到鬢角，然後在鬢角再彎曲近 90 度，向耳朵橫著延伸過去，幾乎連接到耳輪。這條線不僅在橫向、幾乎可以連結到耳輪的那一段頗為清楚，其與耳垂之間的邊界也顯而易見（圖 19、20）。於是耳朵的上半部，往往與螺髮、鬢髮等部位合為一體，而下半屬於耳垂的部份，反倒像是一個在調性上不很相近的小區塊。據此看來，耳朵可分為兩半。有意思的是，上下兩半的耳朵造型，被延續至今。這種與眾不同的造型，可以在當代某些紀念品或文創產品上見到（圖 21）。據此可知，這個特點被保留下來，依然活在寮國此時的社會裡，沒有過期。

圖 19：佛耳，18 世紀，寮國　　圖 20：佛耳，18 世紀，寮國

圖 21：佛耳，21 世紀，寮國

五、手印或其姿勢

　　印度有很多佛坐像、佛立像，也有不少佛臥像，然而寮國的佛像大多為坐像，亦即採取端坐的姿勢。其次，寮國佛像通常是半跏趺坐（或稱單盤）。單盤是指把兩腳盤起，互相交疊，讓左腳尖靠近右膝蓋，讓右腳尖靠近左膝蓋；左腳在上或右腳在上皆可。無論哪一腳在上，雙腳的腳掌都朝上，而非兩小腿互相交叉、腳掌朝下、散盤而坐。第三，寮國佛坐像大多數是右腳在上，亦即以右足放在左足上，這可稱為吉祥之半跏。

　　手印方面，寮國的佛坐像大多結觸地印（又稱降魔印）。印度佛坐像所結的手印種類頗多，包括說法印、施無畏印、觸地印等，不一而足，並且這些手印都是單以右手所結的。可是寮國佛坐像大多（但不是全部）結觸地印（圖 12 及本文關於手指等單元之圖）；這種手印在寮國普遍流行，且歷時長久，甚至有佛像的雙手都各結觸地印，而非只以右手結此印。據此可知，寮國信徒對此手印似乎特別鍾愛。

另外，寮國也有特殊的手印造型。一尊佛坐像的右手所結之說法印，模樣或姿勢很少見於別的國家。必須說明的是，常人盤腿而坐時，如果右手放在大腿以上、腹部的位置，則手掌在自然狀態下應是平放，掌心向上，肌肉放鬆，無需用力。但是，如果要結說法印，則必須把擺在腹部的手掌用力往外、往上翻起，也必須將右手拇指、食指相扣，把另外的三指伸直並且使力，以便維持此一姿勢。由這個角度來看，這尊佛坐像的說法印頗不尋常。

寮國佛像還有些特殊的手印。一種是「祈雨式」。也就是佛立像的雙臂伸直，垂放於身體兩側，稍稍向外（沒有緊貼身軀），手掌心朝向大腿，指尖向下，衣袍貼在髖骨、大腿骨上，其下襬的兩角向上捲起，或在向上捲起之後又稍微朝下。無論樣式如何，下襬的兩角都是對稱的（圖22）。另一種是「禪思菩提樹」手印（圖23）。也就是佛像上半身的姿勢大抵同於「祈雨式」，但雙手放在下腹部前面，指尖向下，右手在上（Burk & Vaisutis, 2007: 57）。圖24的雕像雖然肉髻上的光芒、雙腳的腳掌都已不存，但是由其左手手掌留在腹前的小部份痕跡，以及其右手殘留在腹前的小段指頭可知，雕像的雙手在腹部大致形成一個英文字母的 X，因此它應該也是結「祈雨式」手印。

圖 22：佛像，19 世紀，寮國　圖 23：佛像，19 世紀，寮國
圖 24：佛像，19 世紀，寮國

六、手指

　　有些寮國佛像的五根手指長度相同，而且指尖切齊；這種五指平齊的作法，世所罕見。為說明這種情況，須再話說從頭。根據經典，在佛陀的「三十二相」中，與手指相關的部份之一是「諸指長」，其字面的意思已然清楚，就是雙手的十根手指頗長。其次，佛陀的「八十種好」中，與手指相關的部份是「指圓而纖細」，意思應該是：由縱剖面來看，每一根都纖秀細緻，並且依照長寬比例來說，十指都細長，而非粗糙短小；如果由橫切面來看，則每根手指大致都呈圓形，而非其他形狀如三角或菱形等。綜合上述兩句經文可知，其形容了手指的外觀；可是其並未規範十指之個別長度，也沒有解說十指相對長度，更沒有說在觸地之時各指的指尖是否切齊。

　　印度佛像的手指，大都如常人一樣，每根的長度不一。常人在注視本身的掌心時可以看到，掌心並非呈正方形，而且各手指的長度並不相等；在各手指的「立足點」（亦即掌指關節）上，通常中指最高，食指、無名指的稍低些，小指的又更低，拇指的最低。在造像時，無論印度佛像的雙手作哪一種手印，如果五指都伸直，則其每隻手的五根手指之長度皆有異，在觸地之時五指的指尖不會切齊。因此，如果佛像的右手作「觸地印」或「施無畏印」等，則觀者可以明白清楚地見到其拇指、小指較短，而其餘三指稍長（圖1、16、25）。

圖 1：佛像，1 世紀，秣菟羅　　圖 16：佛像，6 世紀，印度
圖 25：佛牌，9 世紀，東印度

然而，某些寮國佛像之右手，除了拇指之外，四指平齊，甚至五指切齊（圖 26、27）。觀者能見到，寮國某些作「觸地印」的佛像，其右手的五指之指尖切齊。也就是說，它們的五指可以一起碰觸膝蓋以下的同一個平面；即使五指都懸空、沒有直接碰到地面，

但是其指尖的位置、其所形成的整齊切面，依然分明。這確實是寮國某些佛像的特點之一。可是我們不能據此斷言「該國造像的右手四指或五指切齊是錯的」，因為經典上對此並無相關規定，只能說這是寮國佛像的特點之一。

圖26：佛手，18世紀，寮國　圖27：佛手，18世紀，寮國

七、衣服

在僧衣上，常可發現寮國佛像別出心裁之處。說明如後：一，南傳佛教圈裡的佛坐像，大多有個從佛陀左肩上斜斜伸出、在胸口折往腹部、向下垂放的衣角，其表面通常沒有裝飾。但某些寮國佛像在這部位刻畫著紋樣，如連珠紋、波浪紋、植物紋等。二，在某些佛像的胸膛與腰部之間有一圈橫幅（圖28），它並非腰帶；這種情況，很少出現於其他國家的佛像上。雖然在其他國家的作品上，有時能見到腰部附近的帶狀、水平裝飾，但那大都是位在菩薩像的

腰部,而非在佛像上。三,某些寮國佛像還在上腰部出現花結;換言之,這圈橫幅有時與從左肩上垂直而下的衣角交錯並打了花結,有的花結表面裝飾著各種紋樣。這種情況,他國幾乎不見(圖29、圖30)。

圖28:佛像,18世紀,寮國　圖29:佛像,19世紀,寮國
圖30:佛像,15世紀,寮國

在佛立像方面，也可以見到寮國佛像在衣服上的匠心獨具。早先，印度佛像如果有刻畫僧衣的話，則其僧衣通常由上至下垂掛，其在胸腹和下襬的寬度雖然有些差異但差異不大（圖31）。然而，某些寮國佛立像的衣袍之下襬較為寬大；觀者遠望雕像時，可以見到整件外袍稍微呈三角形（圖32）。亦即如果以肉髻或其上的光芒為頂點，並以兩個下襬衣角為三角形底邊的兩個內角，則整個佛像看來大致呈垂直拉高的等腰三角形[3]。較特別之處是下襬的兩個衣角，其有的往左右兩旁飄揚或上捲，有的在上揚之後稍微往下捲，有的呈漩渦狀。有的佛立像把雙手往兩側、各約45度伸展開來，使得手上的衣袍與身軀之間形成三角或菱形膜，看似有助於飛翔一樣（圖33）。上述關於寮國佛像衣服之種種，不常出現於其他國家的佛像上。

圖31：佛像，3世紀，南印度　圖32：佛像，19世紀，寮國

---

[3] 偶有泰國的佛立像也呈現此樣貌。

圖33：佛像，19世紀，寮國

大抵人類都需要衣服，釋迦牟尼佛原本是人類，自然需要衣服；以佛陀為模型所造的像，當然也需要衣服來裝扮。但在經典中，並沒有對佛陀的衣服作詳細的描摹或說明。因此，佛像的衣服成了藝人工匠發揮才華的空間之一，各國佛像的衣物裝飾各有巧妙之處；雕像上的衣服及其裝飾，也成為許多國家或地區的佛像之主要特點，或辨別其造像時代及地點的重要標尺之一。

肆、討論

從上述的文獻檢閱可知，寮國的佛像一直不受重視，也可說是被輕視或備受忽視。古時，科技尚未發達、交通並不方便，但是寮國文化已受地理上較為鄰近的中華帝國、印度王朝所輕忽。近代，雖然同為南傳佛教圈的一員，但是寮國感受到泰國長驅直入的力量。接著，寮國被遠渡重洋而到的法國殖民，在其「保護」下寮國的佛教造像瀕臨衰亡。在現代社會中，寮國經常性地被文化上掌握話語權、解釋權的英法等強國所忽視,其藝術被稱為某國的地方版、附屬品;換句話說,世上有甲國版、乙國版、丙國版,但是沒有寮國版,因為寮國往往沒有被當成一個主體對象來研究,其主體性尚未被強國肯認。

應說明的是,上述的外力可以分階序,而且在階序中不只沒有看到寮國的主體性,還往往把寮國排擠到更後面。首先,英國殖民印度達三個半世紀,而印度自認在文化上長久殖民了東南亞(含寮國);因此在這階序上,以英國為高,印度次之,寮國殿後。其次,法國於1884年起「保護」了越南(Goscha, 2016: 138),之前,越南曾經把寮國納為藩屬;而法國也曾於1893年打敗泰國(Stuart-Fox, 1997: 24-25),之前,泰國自1778年起把寮國納為藩屬,於是寮國(琅勃拉邦)曾經在同一時間受制於泰、越並向他們朝貢(陳鴻瑜,2017:48)。因此在這階序上,以法國為高,泰越居次,寮國又次之。據此可知,長久以來寮國持續不斷地受到多方的忽視,並被不同國家給予多重的輕視甚或貶抑。

在多方忽視、多重貶抑下,寮國依然在自身可以掌握的小空間裡,長期努力,不願放棄。應說明的是,1707年該國由於王位繼承問題而陷入紛爭,於是國家分裂為琅勃拉邦、永珍、占巴塞等三國;內亂引來外患,1767年前後它們成了泰國、緬甸兩國交戰的籌碼,之後淪為泰國、緬甸、越南這三個地區性強權分割或索取資源的對象;1893年被法國殖民,直到1953年才正式獨立,隨後又陷入內戰(維基百科,2023)。政治及社會長期紛亂,外力君臨,這必然殃及百姓、禍延經濟民生。在這情況下,宗教成了該國百姓精神寄託的主要對象,而宗教藝術則是他們可以伸展的場域。於是他們啟建寺院、雕造佛像、圖繪神明及其故事,以表達自己的心聲,敘說自己的故事。

宗教藝術可用於糾合民心、集結百姓。以泰國為例。西元13世紀該國獨立建國時所創造的宗教藝術（其關鍵之一是打造出別開生面的佛像、建築），其不只成為當時該國文化的核心要素，還為後代的國家藝術立下可長可久的典範（Diskul, 1999）。易言之，在掙脫吳哥帝國統治、建立新國家時，泰國運用了其所能掌控的各種領域和方式，以鍛造自己的新文化；其中，佛教藝術是非常重要的一環。藉由向外學習、多方嘗試，其創造了屬於自己的特殊佛像；藉此凝聚人心、型塑特色，並建立認同（嚴智宏，2023）。

在造像時，如本文所述的，寮國的藝術工作者應當也歷經了某些特定過程。亦即他們一方面延續教內的傳統，尊重源自印度的規範，但另一方面也加入在地、本土的元素；他們當然有參考周邊各國或地區（例如柬埔寨、錫蘭、泰北蘭那、泰國的中部等）之模型，但是也一定有把心血和新意灌注到本身的作品中，創造出別具一格的佛像。而藝術工作者之間，理應有各方面之個別差異，如所屬族群、師承派別、技術、經驗、對於經典的解釋、身心健康之情況等，情況不勝枚舉。

在時間的長流中，寮國的藝術工作者逐步摸索、嘗試創新，製作出頗具特色的佛像。縱然在草創時期以他方作品為參酌及模仿的對象，或向別的國家和地區之作品汲取靈感，因而製作出類似他國模型的雕像，但是寮國一步步找到自己的空間，加入別人所沒有的元素，鎔鑄出自己雕像的特殊性。

法國哲學家笛卡兒（Descartes）曾說，「我思考，所以我存在。」意思是，此刻我正在動腦思考，而無論此刻我所思考的對象是什麼、不管其內容是正確的或錯誤的，這都意指著必定有個思考的實踐者，那就是「我」；縱使我被惡魔騙了，則也必須先有「我」的存在，然後「我」才可以被惡魔欺騙。因此，在我思考時，我是一個主體、一個思考的實踐者,「我存在」這個事實是正確的、無可質疑的(Descartes, 1984: 16-17)。

準此,吾人可以推演如後。在我造像時,我已經先思考了我所要造的雕像之模樣,內心有譜,成竹在胸了。無論我所思考或設計的雕像是什麼模樣,那都清楚地標指著已有一個主體、一個製作雕像的實踐者,那就是「我」。即便我所製作的雕像至今一直無法吸引世人的眼光,或者在可預期的將來也不會備受矚目並引起大多數觀者的認可和稱讚,但是藉由「我動腦思考設計、我親手製作出雕像」這個過程,就已經證明「我的存在」。因此,我造佛像,故而我是存在的。

同理,藉由製作屬於自己的佛像,寮國向自身及世界證明其確實存在。雖然,長久以來世人不怎麼知道或認識寮國,對其不怎麼感興趣,甚至經常多方予以忽視,或予以多重的輕視或貶抑,但是寮國一樣在可以掌控的場域中有所作為,奮力造出具有特殊性的佛像。畢竟,外界「不怎麼知道它」,並不等於「它不存在」,也無損於「它存在」;外國對其「不怎麼感興趣」,同樣也無法否定其努力,更無法抹滅其所建立的特殊性。縱然外界多方予以忽視、多重予以輕視,依然不能全然壓抑其努力;即使往昔外界長年予以貶抑,但是依然抑制不了其奮力造像的意志。

從上述關於寮國佛像的各種藝術語彙中,我們可以看到其所造的雕像之特殊性。本文所舉的幾個類目及圖例,就是證據;如果將其拿來與印度、錫蘭、柬埔寨、泰北、泰中、緬甸或中國的佛像作比較,則不難發現其彼此間的差異。這些特殊性,是在普世性(universality)之下的變化。換言之,寮國近現代佛像確實呈現了不少在地特性,包括肉髻上的光芒、頭身比例、雙眉模樣、耳朵造型、所結手印、手指長度、衣服等等,詳如上文。

這裡以耳朵造型為例。大多數國家的佛像之耳朵，在外型上與常人的耳朵是大同小異的。耳朵本身雖有不同的小部位，然而它們已整合為一個自成單元的器官。與常人的小異之處是：根據經典，佛陀的「八十種好」之一是「耳輪垂埵」，在造像上佛耳比常人的耳朵大，其耳垂也比多數人的耳垂還長，這情況已見於早期的佛像。但不少寮國佛像的耳朵卻可分為上下兩個區塊，而且這個特殊處延續至今，出現在今日的寮國文創產品上（佛像的雙眉、肉髻上的光芒等，也代代相傳）。

　　它們的意涵可能是，這些造型受到當代社會的接受及認同。在寮國人反思自己、試圖對外介紹某些屬於「寮」的特性時，其所選擇的物件之一是這兩截式的佛耳。它當然不是瞬間從天而降，或霎時從地湧出的，也非藝術家神來一筆而出現的；它傳承自該國大多數百姓長久以來所信奉的宗教，尤其是出自該宗教的核心人物之古雕像。換言之，它具有深遠的歷史淵源，也隱含了該國不少人共享的傳統、象徵符號；它成了連結寮國的古與今、聯繫在地百姓與外界人士的「橋」之一。在地百姓可以藉此溫習其歷史文化底蘊，思索其共有的歷史記憶或是其與他國的不同之處，藉以進行自我的定位，同時以藝術（造像）的途徑再現其本身與外在世界的關係。

　　必須說明的是，本文所舉的例子是部份的佛像，而非全貌。在至少長達六百年的時間裡，寮國各地、各時期的造像各有其特點；並非寮國所有的佛像都如本文所討論的例子，並非每件作品都具備上述的每個特點。實際上，寮國的作品也非只有上述的模樣；畢竟，寮國有不同的族群，其藝術工作者也分屬不同的流派或淵源，各個時期各具特色。然而，具有上述特點的例子為數不少；本文所舉的，是部份的代表性例證，但沒有窮盡。

伍、結語

　　藝術是一個展現自我、傳達理念、型塑認同的重要場域，也可以說達到某種目的之手段。這種情況，自古而然。古埃及的人面獅身像、古希臘的斷臂維納斯、文藝復興時義大利的大衛全身像等，無不展露該社會當時的重要氛圍，並具深刻的時代意義。這種現象至今猶是。當代時尚名流莫不在各方面──包括頭髮、耳環、服裝、飾物、配件、姿勢等──展演自己的風格形貌，型塑特色，甚至建立品牌。上述多種類目，也可以在雕像上看見，印度、中國、希臘、羅馬、吳哥帝國等國之雕像皆然，寮國也是。

　　然而，寮國是一個經常被漠視或忽略的山國，在藝術上就是。自古以來，在國際政治上，其常被周邊大國當成邊陲之地、弱小之國。在敵國外患上，雖然其地處山區，但千百年來相繼被外力侵擾、佔領甚至殖民。在內憂上，其常有黨派路線之爭，幾次徘徊在彼此敵對的不同外力間，時而兄弟鬩牆、同室操戈。在經濟上，國破山河在，百姓無法長時間致力於耕耘。在文化藝術上，由於常遭各強國影響或君臨，因此每每遭貶為大國的「地方版」、被認為距離「自成一格」很遠，甚至乾脆略過不提。簡言之，在許多層面上（含藝術）寮國看似矮人一截。

　　確實，各項與造像相關的條件都不寬裕，但寮國沒有擯棄自己。換句話說，即使寮國在很多方面都不如意──地理位置偏遠、地形多高山高原、政局不穩、戰爭頻仍、經濟未發達、國運曲折坎坷──但是寮國身為歷史上長久存在的邦國，即使其境遇再怎樣困頓窘迫，路途再怎麼崎嶇險峻，仍不輕言放棄，依然在本身所能開展的小小空間裡努力為之。觀諸其近現代的作品，我們知道，寮國把握了藝術場域；其在藝術呈現上，以宗教為主要範圍，其中以佛像為焦點。因為,該國以南傳佛教為多數人的主要信仰,百姓在這個領域上貫注心力、製造一己的佛像(這是本文選擇佛像來討論的主因);該國藝術工作者將佛像作為其發揮才華、表露情感、傳達理念、型塑認同的主要場域之一,藉此建立其自我風格或在地特色。易言之,他們在此園地奮力耕種,用心製作屬於自我的佛像。

以幾個世紀的時間,寮國藝術工作者另闢蹊徑,終能獨具一格。首先,印度傳到的文字經典,是造像上的範式,他們自然予以尊重並遵守;但它們沒有成為寮國製作佛像時的限制。而且,寮國向外所學習到的,或各國傳到寮國的雕像模型,確實為造像時很好的參考對象;然而它們也沒有成為寮國造像時全然依賴的版本。其次,寮國不是止於把別國佛像搬遷、輸入而已,也非跟隨在周邊各國的佛像模型後面、全盤仿製、了無自己的個性;從其作品可知,寮國廣泛吸收外來養分,益以在地特性。我們在寮國所見到的近現代雕像,雖然可能含有某些印度、泰北或柬埔寨傳抵的元素,但它們仍是具有在地特性的作品。其在許多項目上頗有新意,如本文所談的肉髻上之光芒、耳朵、手指、手印及衣服等。僅就肉髻上的光芒之造型及其體積而言,就足以成為其匠心獨運之特色。

難能的是,寮國的藝術工作者戮力研發新樣式。在製作佛像上,寮國是後發者,在寮國之前已有眾多的先行者,例如印度、錫蘭、緬甸、柬埔寨及泰國等。如何在充滿前輩的既有天地裡,開創一片屬於自己的天空?這非常不容易;然而,如果選擇跟隨在前輩後面、依樣畫葫蘆,不必殫精竭慮也無須絞盡腦汁,那立即就可複製出新的雕像。可是那將坐實強國的詮釋(亦即此國的作品只不過是某國的附屬品罷了)。畢竟複製品做得再精美也只是複製品,而沒有本身的靈魂。因此,寮國再怎樣也要奮力做出屬於自我的雕像;此事很難,但是寮國做到了。

可貴的是,在長久被忽視或藐視甚至貶抑的情境下,寮國仍不輕言放棄。世上許多強國都沒有看見(或視而不見)寮國佛像的特點。寮國若要自我放棄,是很容易的,因為只需撒手即可,任由它花果飄零、灰飛煙滅;而不必堅此百忍、頂住世人的輕忽或負評。可是那樣將落實強國在寮國身上所貼的標籤(亦即此國藝術幾無特性可言,其雕像何足道哉)。畢竟維持不易,已然毀滅的古蹟和已經斷絕的造像傳統很難復原。然而,堅持下來能否被外界所肯認?這未知,可是有堅持就有希望,不堅持則沒有希望。因此,寮國的藝術工作者屹立在自己的土地上,韜光養晦,長期堅持造像,還創造出新成果;此事很可貴,寮國做到了。

必須強調的是,上述種種新意或變化,並沒有違反最原初的經典根源。亦即寮國藝術工作者的各種創新,不是對相關經典或規定的反抗或顛覆。相反的,近現代寮國佛像上所出現的各種改變,可說是在既有框架裡的創新,也可說是出新意於法度之中。從它們身上可以知道,寮國的藝術工作者尊重印度及寮國既有的藝術傳統,遵循長久以來的造像法式,但是在某些沒有提及或詳細規定的點上,他們找到可以自由揮灑的空間;在這空間上,他們把不少在地特性灌入其所造的佛像,為它們注入新鮮的活力[4]。

寮國的藝術工作者以造像的方式,持續再現了佛陀的形象,試圖創造自我與外界之間的關係。數百年來,佛教是他們心靈上集體的皈依之處,佛陀是他們精神上共同仰望的導師,寺院則是他們供奉佛像、禮拜佛陀的殿堂;各個鄉鎮經常有居民一起出資、合力建

---

[4] 當然,並非每一尊寮國造像都全然不同於印度(其為各國佛像的經典根源、造型根源)及泰國(其與寮國唇齒相依,並於近現代深刻影響了寮國)等國家的佛像。

造的、屬於該鄉鎮的寺院；一鄉鎮一或幾個寺院，各寺院通常座落在山間、丘陵、坡地或叢林裡的平緩處，寺內供著他們集體出錢出力所造的佛像，此為他們長期以來所熟稔的文化地景。基於他們對南傳佛教和文化地景的熟悉感、認同感，和他們對寮國土地的親切感、歸屬感，他們形成其對於在地的認知以及共同的記憶。透過宗教所型構的文化地景、熟悉感、認同感、親切感、歸屬感、在地共同的記憶等等，他們鎔鑄出在地知識、感情和理念等。這些都成為他造像時的重要依據或參考架構，也成了其自我（藉由佛像藝術）與外界（世界雕像藝術）連結的橋。

作為藝術上展現個性的主要場域之一，寮國佛像委實具有特殊性。在本文所討論的許多點上，它們確有自出機杼、獨樹一幟之處；它們從傳統文本、周邊模型中取經，又從既有的造型中走出來，創造出新的樣式。他們也藉此告知自己與外界說：「我們是生活在這片土地上的住民，我們是這個群體（南傳佛教圈）的成員之一，我們同其他成員一樣造像，而且我們所造的佛像具有在地特點」。只是這曖曖內含光的雕像群，長久以來常被各大文化或霸權給忽視，很少被外界所知曉、認識。即使情況如此，但他們依然努力。這個看似沒有特點的國家（a state of no significance）實際上有特點，至少在佛像藝術上是；其作品一直被忽視，但不等於沒有存在，也不等於沒有特殊性。

附表：圖片內容、目前所在位置及來源

編號	名稱	時代	地點	目前所在	資料來源
圖1	佛像	1世紀	秣菟羅	秣菟羅博物館	https://en.wikipedia.org/wiki/Art_of_Mathura
圖2	佛像	12世紀	南印度	紐約大都會博物館	https://www.metmuseum.org/art/collection/search/39607
圖3	佛像	14世紀	錫蘭	蘇格蘭皇家博物館	Zwalf, fig. 211
圖4	佛像	14-15世紀	泰國	蘭甘亨博物館	筆者攝
圖5	佛像	14世紀	泰國	蘭甘亨博物館	筆者攝
圖6	佛像（局部）	19世紀	寮國	寮國	Lopetcharat, p. 230
圖7	塔鑾（局部）	16世紀	寮國	永珍	筆者攝
圖8	佛寺山門	21世紀	寮國	永珍	筆者攝
圖9	佛像	20世紀	寮國	未詳	http://azibaza.com/readph.php?folder=P2970&cat=hg
圖10	佛像（局部）	2-3世紀	犍陀羅	大英博物館	https://www.britishmuseum.org/collection/object/A_1880-67
圖11	佛像	14世紀	泰國	蘭甘亨博物館	筆者攝
圖12	佛像	19世紀	寮國	永珍西薩格寺	筆者攝
圖13	佛像（局部）	5世紀	東印度	大英博物館	https://www.britishmuseum.org/collection/object/A_1880-7
圖14	神明頭	11世紀	緬甸	紐約大都會博物館	https://www.metmuseum.org/art/collection/search/38321
圖15	佛頭	19世紀	寮國	永珍西薩格寺	筆者攝

編號	名稱	時代	地點	目前所在	資料來源
圖 16	佛像（局部）	6 世紀	東印度	伽耶	Asher, pl. 24
圖 17	佛像（局部）	11 世紀	泰北	紐約大都會博物館	https://www.metmuseum.org/art/collection/search/39158
圖 18	佛像（局部）	19 世紀	寮國		Lopetcharat, p. 232
圖 19	佛耳	18 世紀	寮國		Lopetcharat, p. 182
圖 20	佛耳	18 世紀	寮國		Lopetcharat, p. 191
圖 21	佛耳	21 世紀	寮國	永珍	筆者攝
圖 22	佛像	19 世紀	寮國	永珍玉佛寺	Parmentier, p. 117
圖 23	佛像	19 世紀	寮國	永珍玉佛寺	Parmentier, p. 113
圖 24	佛像	19 世紀	寮國	永珍西薩格寺	筆者攝
圖 25	佛牌	9 世紀	東印度	大英博物館	https://www.britishmuseum.org/collection/object/A_1887-0717-81
圖 26	佛手（局部）	18 世紀	寮國	永珍因朋寺	Parmentier, p. 69
圖 27	佛手（局部）	18 世紀	寮國	未詳	Lopetcharat, p. 198
圖 28	佛像（局部）	18 世紀	寮國	未詳	Lopetcharat, p. 197
圖 29	佛像（局部）	19 世紀	寮國	未詳	Lopetcharat, p. 218
圖 30	佛像（局部）	15 世紀	寮國	未詳	Lopetcharat, p. 110
圖 31	佛像	9 世紀	南印度	紐約大都會博物館	https://www.metmuseum.org/art/collection/search/38237
圖 32	佛像	19 世紀	寮國	永珍西薩格寺	筆者攝
圖 33	佛像	19 世紀	寮國	未詳	Lopetcharat, p. 265

參考文獻

玄奘,2024(唐朝)。《大唐西域記》收於《大正新脩大藏經》冊 51。東京:大正一切經刊行會。
玄奘(譯),2024(唐朝)。《大般若波羅蜜多經》收於《大正新脩大藏經》冊 6。東京:大正一切經刊行會。
伊東照司,1985。《東南アジア仏教美術入門》。東京:雄山閣。
佛陀跋陀羅(譯),2022(東晉)。《佛說觀佛三昧海經》收於《大正新脩大藏經》冊 15。東京:大正一切經刊行會。
范曄,1986(劉宋)。《後漢書》。台北:台灣商務印書館。
常璩,2012(東晉)。《華陽國志》。中國濟南:齊魯書社。
耿德銘,2002。〈古籍中的哀牢國〉《雲南民族學院學報(哲學社會科學版)》19 卷 6 期,頁 70-74。
通妙(譯),1995。《三十二相經》收於元亨寺漢譯南傳大藏經編譯委員會(編)《漢譯南傳大藏經》。高雄:元亨寺、妙林出版。
陳鴻瑜,2017。《寮國史》。新北:台灣商務印書。
梁國楹、王守棟,2011。《中國傳統文化精要》。中國北京:人民。
維基百科,2023。〈寮國〉(https://zh.wikipedia.org/zh-tw/老挝)(2024/1/15)
維基百科,2024。〈哀牢〉(https://zh.wikipedia.org/zh-tw/哀牢)(2024/4/25)
錢穆,2018。《中國文化史導論》。台北:台灣商務印書。
瞿曇僧伽提婆(譯),2024(東晉)。《中阿含經·三十二相經》收於《大正新脩大藏經》冊 1。東京:大正一切經刊行會。
嚴智宏,2001。〈見證歷史,與時俱進:泰國佛像與歷史情境的關係〉。台北:中央研究院東南亞區域研究計畫,東南亞研究論文系列。
嚴智宏,2023。〈素可泰時期的佛教和佛教造像〉收於中台世界博物館(編)《佛國:館藏泰國造像特展》頁 82-85。埔里:中台世界博物館。
Asher, Frederick. 1980. *The Art of Eastern India, 300-800*. Minneapolis: University of Minnesota Press.
Azibaza. 2018. "Lao Buddha." (http://azibaza.com/readph.php?folder=P2970&cat=hg) (2024/1/24)
Berlioz, Hector. 1851. "Chinese Musical Customs." University of California, Santa Cruz (http://artsites.ucsc.edu/faculty/lieberman/Chinese.html) (2024/1/24)
Blaut, James Morris. 2000. *Eight Eurocentric Historians*. New York: Guilford Press.
Blood, Peggy, and Pamela J. Sachant. 2024. "Chapter Eight: Art and Identity." University System of Georgia and the University of North Georgia (https://alg.manifoldapp.org/read/introduction-to-art-design-context-and-meaning/section/546808d3-2803-4313-9fd4-c7c1b77e3bcf) (2024/1/24)
British Museum. 2024. "Buddha Preaching."

(https://www.britishmuseum.org/collection/object/A_1880-7) (2024/10/20)
British Museum. 2024. "Panel."
    (https://www.britishmuseum.org/collection/object/A_1880-67) (2024/10/20)
British Museum. 2024. "Plaque."
    (https://www.britishmuseum.org/collection/object/A_1887-0717-81) (2024/10/20)
Burke, Andrew, and Justine Vaisutis. 2007. *Lonely Planet Laos*. Fort Mill, S.C.: Lonely Planet.
Coedes, George. 1968. *The Indianized States of Southeast Asia*. Honolulu: Hawaii University Press.
Descartes, René. 1984. *The Philosophical Writings of Descartes*, Vol. 2. Cambridge: Cambridge University Press.
Diskul, M. C. Subhadradis. 1999. *Sukhothai Art*. Bangkok: Prince Maha Chakri Sirindhorn Anthropology Centre.
Fisher, Robert E. 1993. *Buddhist Art and Architecture*. London: Thames & Hudson.
Giteau, Madeleine. 2001. *Art et Archeologie du Laos*. Paris: Picard.
Goscha, Christopher（譚天譯），2016。《越南：世界史的失語者》（*The Penguin History of Modern Vietnam*）。新北：聯經。
Hauser, Arnold（居延安譯），1990。《藝術社會學》（*The Sociology of Art*）。台北：雅典。
Kerlogue, Fiona. 2004. *Arts of Southeast Asia*. London: Thames and Hudson.
Kislenko, Arne. 2009. *Culture and Customs of Laos*. Westport, Conn.: Greenwood Press.
Lopetcharat, Somkiart. 2000. *Lao Buddha: The Image and Its History*. Bangkok: Amarin Printing & Publishing Public Co.
Lorrillard, Michel. 2017. "Early Buddhism in Laos: Insights from Archaeology," in Peter Skilling, and Justin Thomas McDaniel, eds. *Imagination and Narrative: Lexical and Cultural Translation in Buddhist Asia*, pp. 231-64. Chiang Mai: Silkworm Books.
Majumdar, Ramesh Chandra, ed. 1951-77. *The History and Culture of the Indian People*, 11 vols. Bombay: Bharatiya Vidya Bhavan.
Majumdar, Ramesh Chandra. 1972. *Ancient Indian Colonization in South-East Asia*. Vadodara, India: Maharaja Sayajirao University of Baroda Press.
Majumdar, Ramesh Chandra. 1979. *India and South-east Asia*. Delhi: B. R. Publishing.
Metropolitan Museum of Art. 2024. "Buddha."
    (https://www.metmuseum.org/art/collection/search/38237) (2024/10/20)
Metropolitan Museum of Art. 2024. "Head of a Male Deity."
    (https://www.metmuseum.org/art/collection/search/38321) (2024/4/20)
Metropolitan Museum of Art. 2024. "Seated Buddha."
    (https://www.metmuseum.org/art/collection/search/39607) (2024/10/20)

Metropolitan Museum of Art. 2024. "Standing Buddha."
  (https://www.metmuseum.org/art/collection/search/39158) (2024/4/20)
Mishra, Patit Paban. 2021. "India's Historical Impact on Southeast Asia." *Education About Asia*, Vol. 26, No. 1, pp. 1-7.
National Gallery of Art (USA). 2024. "Expressing the Individual."
  (https://www.nga.gov/learn/teachers/lessons-activities/uncovering-america/expressing-individual.html) (2024/4/20)
Parmentier, Henri. 1988. *L'Art du Laos*. Paris: École française d'Extrême-Orient.
Paul, Pran Gopal, and Debjani Paul. 1989. "Brahmanical Imagery in the Kuṣāṇa Art of Mathurā: Tradition and Innovations." *East and West*, Vol. 39, Nos. 1-4, pp. 111-43.
Pew Research Center. 2024. "Buddhists."
  (https://www.pewresearch.org/religion/2012/12/18/global-religious-landscape-buddhist/) (2024/1/24)
Population Division of the United Nations Department of Economic and Social Affairs (UNDESA). 2022. "World Population Prospects 2022."
  (https://population.un.org/wpp/) (2024/1/29)
Rawson, Philip S. 1967. *The Art of Southeast Asia: Cambodia, Vietnam, Thailand, Laos, Burma, Java, Bali*. London: Thames & Hudson.
Stoneman, Richard. 2019. *The Greek Experience of India: From Alexander to the Indo-Greeks*. Princeton: Princeton University Press.
Stuart-Fox, Martin. 1997. *A History of Laos*. Cambridge: Cambridge University Press.
Wikipedia. 2023. "Art of Mathura." (https://en.wikipedia.org/wiki/Art_of_Mathura) (2024/1/29)
Wikipedia. 2024a. "Laos." (https://en.wikipedia.org/wiki/Laos) (2024/1/24)
Wikipedia. 2024b. "George Cœdès." (https://en.wikipedia.org/wiki/George_Cœdès) (2024/1/24)
Zaleski, Valerie. 1998. "The Art of Thailand and Laos," in Maud Girard-Geslan, ed. *Art of Southeast Asia*, pp. 93-150. New York: Harry N. Abrams.
Zwalf, W. 1985. *Buddhism: Art and Faith*. London: British Museum.

台灣國際研究叢書054　PF0361

寮國
—— 發展現況與展望

主　　編／施正鋒、紀舜傑
責任編輯／吳霽恆、鄭伊庭
圖文排版／楊家齊
封面畫作／謝肇耿
封面設計／王嵩賀
共同策畫出版／台灣國際研究學會
發　行　人／宋政坤
法律顧問／毛國樑　律師
製作發行／秀威資訊科技股份有限公司
　　　　　地址：114 台北市內湖區瑞光路76巷65號1樓
　　　　　電話：+886-2-2796-3638　傳真：+886-2-2796-1377
　　　　　服務信箱：service@showwe.com.tw
展售門市／國家書店【松江門市】
　　　　　地址：104 台北市中山區松江路209號1樓
　　　　　電話：+886-2-2518-0207　傳真：+886-2-2518-0778
網路訂購／秀威網路書店：https://store.showwe.tw
　　　　　國家網路書店：https://www.govbooks.com.tw

出版日期／2025年2月　BOD一版　定價／360元

|獨立|作家|
Independent Author

寫自己的故事，唱自己的歌

版權所有‧翻印必究　Printed in Taiwan　本書如有缺頁、破損或裝訂錯誤，請寄回更換
Copyright © 2025 by Showwe Information Co., Ltd.All Rights Reserved

讀者回函卡

寮國：發展現況與展望/施正鋒, 紀舜傑主編. -- 一版.
-- 臺北市：獨立作家, 2025.02
　面；　公分. -- (台灣國際研究叢書；PF0361)
BOD版
ISBN 978-626-7565-14-8(平裝)

1. CST: 國家發展　2. CST: 經貿外交　3. CST: 寮國

552.385　　　　　　　　　　　　　　113020562

國家圖書館出版品預行編目